U0932138

应用型高等教育财经类专业“十三五”规划教材

跨境电商物流

薛士龙　王玉芹　主编

上海财经大学出版社

图书在版编目(CIP)数据

跨境电商物流/薛士龙,王玉芹主编.—上海:上海财经大学出版社,2020.7

(应用型高等教育财经类专业"十三五"规划教材)

ISBN 978-7-5642-3512-3/F·3512

Ⅰ.①跨… Ⅱ.①薛… ②王… Ⅲ.①电子商务—物流管理—高等学校—教材 Ⅳ.①F713.365.1

中国版本图书馆 CIP 数据核字(2020)第 059810 号

□ 策划编辑 刘 兵
□ 责任编辑 杨 娟
□ 封面设计 张克瑶

跨境电商物流

薛士龙 王玉芹 主编

上海财经大学出版社出版发行
(上海市中山北一路 369 号 邮编 200083)
网 址:http://www.sufep.com
电子邮箱:webmaster @ sufep.com
全国新华书店经销
上海华业装璜印刷厂印刷装订
2020 年 7 月第 1 版 2024 年 7 月第 3 次印刷

787mm×1092mm 1/16 12.75 印张 326 千字
印数:3 001－3 500 定价:39.00 元

前言

本教材基于“实践导向，任务引领”的编写理念；注重理论与实践有机融合；满足“做中学，学中做”的教学需求，让学生在完成任务的过程中掌握理论知识，提高综合职业能力；注重融入学生职业素养的提升，对每一项目都经过精心设计，力求真正培养出合格的、具有较强职业能力、专业知识和良好职业素质的跨境电商物流专员。

本教材编写从传统的按学科知识的逻辑体系来设计教材结构，转变到按照跨境电商物流职业能力、业务流程、岗位需求等设置教材的结构，项目内容按能力提升进行构建；从理论与实践分离的教材结构设计思路，转变到理论与实践紧密结合的教材结构设计思路，设计成理实一体的教材；从注重教师“教”的教材设计，转变到注重学生“学”的教材设计；从教师为主体的教材设计，转变到以学生为主导的教材设计，搭建起学生自主学习、小组学习、团队学习的基本构架。本教材内容，包括认识跨境电商物流行业、认识跨境电商平台、认识跨境电商物流、跨境电商直邮出口操作、跨境电商海外仓出口操作、跨境电商直邮进口操作与跨境电商保税进口操作等7个典型的工作项目。学生通过本课程的学习，不仅能掌握跨境电商物流的基础理论知识，而且能培养和提升跨境电商物流职业综合能力。

本教材是上海市品牌专业、开放课程建设、校企合作的成果。

本教材由薛士龙、王玉芹主编并统稿。各章节主要编写者为：项目一，黄裕程、戴忠民；项目二，王珏、张炜；项目三，杨昱旻；项目四，宋宁宁、王迪赟；项目五，陈莉、王玉芹；项目六，朱立平、杨白玫；项目七，左芬。在教材的编写过程中，多家企业参与了教材的编写，对教材中项目、案例的选取等给予了悉心指导，提出了许多宝贵意见和建议，在此表示衷心的感谢。

由于编者水平有限，加上时间仓促，错误和不足之处难免，恳请读者批评、指正。

编　者

2019年8月

目　录

前言

第一部分　跨境电商物流准备篇

项目一　初识跨境电商物流行业 ······ 3
　任务一　区分跨境电商与国际物流 ······ 3
　任务二　认识跨境电商物流网络 ······ 12
　任务三　初识海关报关报检 ······ 21

项目二　认识跨境电商平台 ······ 27
　任务一　认识跨境电商进口平台 ······ 27
　任务二　认识跨境电商出口平台 ······ 33

项目三　认识跨境电商物流 ······ 42
　任务一　认识"一带一路" ······ 42
　任务二　了解跨境运输方式 ······ 48

第二部分　跨境电商物流出口篇

项目四　跨境电商直邮出口操作 ······ 57
　任务一　选择物流方式 ······ 57
　任务二　选择包装材料 ······ 66
　任务三　填制跨境物流面单 ······ 74
　任务四　计算跨境物流运费 ······ 84

项目五　跨境电商海外仓出口操作 ······ 93
　任务一　认识海外仓模式 ······ 94
　任务二　分析海外仓选品 ······ 100
　任务三　执行海外仓仓储管理 ······ 109
　任务四　计算海外仓头程费用 ······ 115
　任务五　核算海外仓税金 ······ 121

任务六　认识亚马逊 FBA …… 127
任务七　核算亚马逊 FBA 费用 …… 133

第三部分　跨境电商物流进口篇

项目六　跨境电商直邮进口操作 …… 145
任务一　区分个人代购与海淘 …… 145
任务二　了解直邮进口模式 …… 152
任务三　计算跨境电商综合税 …… 159

项目七　跨境电商保税进口操作 …… 164
任务一　认识上海自由贸易区 …… 164
任务二　执行保税商品入库 …… 170
任务三　盘点保税仓库 …… 179
任务四　执行保税商品出库及退换货 …… 184

习题答案 …… 191

第一部分
跨境电商物流准备篇

准备好了吗?

“新员工”

项目一　初识跨境电商物流行业

项目背景

王梦是一名跨境电商物流专业的应届毕业生，通过严格面试后，她成功地进入一家跨境电商企业，成为该企业物流部的一名业务员。

为了让王梦更快地适应职场，上级指定物流部资深员工 John Liu，作为王梦的带教老师。第一天就职，John 给王梦介绍了公司情况及行业背景。

项目要点

◇ 跨境电商与国际物流含义

◇ 跨境电商与国际物流的关系

◇ 跨境电商物流与传统物流的差异

◇ 跨境电商物流网络节点的内涵和组成

◇ 海关特殊监管区域的种类

◇ 中国海关的职能和权力

◇ 海关政策对跨境电商物流的影响

任务一　区分跨境电商与国际物流

任务导入

John：王梦，欢迎你加入我们的团队，我们是一家跨境电商物流企业，我是你的带教老师，物流部的刘伟，你可以直接叫我 John。

王梦：谢谢 John。

John：我们公司原先是做国际物流的，近两年开始拓展跨境电商业务。你对跨境电商和跨境电商物流了解吗？

王梦：我知道近几年来各大电商平台都在开展跨境电商业务，像京东、小红书等，但是对于跨境电商物流有些陌生。

John：跨境电商物流是指一个或多个国家之间货物的运输送达，它不仅打破了国家间跨境贸易的壁垒，使国际贸易逐渐演变成无国界贸易，同时也给世界贸易带来不可忽视的影响。跨境电商物流发展中最重要的环节是海关监管和物流，而物流又是其中最核心的关键点。

任务实施1

分组讨论：以下是跨境电商的定义，从中找出“关键词”，说说你理解的“跨境电商”。

跨境电子商务，简称跨境电商，是指发生在不同国境及不同地域之间的，通过互联网电子商务平台或者移动终端所进行的，包括B2B、B2C、C2C、B2B2C等类型的一切产品及服务等交易活动的全过程，即分属不同关境的交易主体，通过电子商务平台达成交易、进行支付结算，并通过跨境物流送达商品、完成交易的一种国际商业活动。

跨境电商的概念里涉及几个关键词：关境、电子商务平台、跨境物流、国际商业活动。可以用一句通俗的话来解释跨境电商，就是外贸企业通过电商平台将产品和服务卖到国外去，与之前国内传统企业通过淘宝等平台卖出货物是一个道理，就是增添了外贸业务的属性。

小贴士：“关境”

关境是“海关境界”的简称，亦称“关税国境”，是执行统一海关法令的领土范围。在通常情况下，关境与国境是一致的，而有些国家和地区关境同国境并不完全一致。如一国境内有自由港或自由区，即不属于该国关境范围之内。在此情况下，关境小于国境；在缔结关税同盟的国家，它们的领土成为统一的关境。在此情况下，关境则大于国境。

图1-1-1 国境与关境的3种关系

一国与毗邻国家间，共同拥有的统一而又独自对外的关境区域，或在国家领土范围内，在一定条件下，实行独自对外的海关法规和关税制度的关境区域，称为单独关税区。欧洲联盟关境由27个成员国（截至2018年底）关境的总和构成，称为单独关境地区。

一、国际物流定义

国际物流在广义上是指国际贸易及非贸易物流、国际物流投资及合作等，在狭义上是指存在于两个不同关境的交易主体的物流服务模式。

在大数据、物联网、人工智能等技术融合驱动下，不同关境或者不同国家的贸易过程高度信息化后，使跨境电商进一步优化、整合了传统国际贸易的资金流、商流、信息流、人流、物流，在降低成本同时，供应链上下游也需要匹配优化。促进国际物流发展、连接不同关境

的国际物流正是构建跨境电商供应链的必备环节。跨境电商的流程包括谈判、立约、支付、物流等多个环节，跨境电商的发展也为与这些环节相关的企业的发展提供市场机遇，特别是国际物流。

跨境电商物流是指网上平台销售的物品从供应地到不同国家地域范围接收地的实体流动过程，包括国际运输、包装配送和信息处理等环节。

二、跨境电商与国际物流的关系

伴随人工智能、大数据等技术发展与跨界融合，国际流通领域的业务延展，跨境电商进入了新时代，国际物流已经成为影响跨境电商发展最重要的因素。跨境电商与国际物流是相互影响、紧密联系的两个行业。

跨境电商企业为国际物流的发展带来了市场。传统商务模式已经越来越不能满足人们的需求，新时代消费者更为重视商品的质量及商品种类的丰富程度。此外，消费者会更为看重购物体验，而跨境电商的出现则在很大程度上提升了购物的便捷性、满足消费者需求、优化消费者的购物体验。同时，跨境电商的出现，在改善企业服务质量、提高供应链有效性、增进企业经营效益、提升国际贸易成交量及开展范围等方面发挥作用，因此，现今很多传统企业都纷纷引入跨境电商经营模式。巨大的跨境电商市场，为跨境电商必备环节——国际物流的发展提供市场机遇，而国际物流的完善则是跨境电商发展的必要环节之一。

（一）跨境电商与国际物流相互促进

跨境电商要求国际物流进行多元化的渠道整合，提供全球化的高效服务，并且对国际物流作业效率的系统性和智能性提出了标准化的要求。高效的国际物流体系为跨境电商带来了更低的物流成本和更好的物流体验，国际物流的全球化也扩大了跨境电商的市场发展范围。

（二）跨境电商和国际物流相互依存

对于跨境电商企业而言，产品是王道，物流是链条。国际物流是其运作过程中的重要保障，整个跨境电商活动都需要国际物流来完成。在跨境电商运作过程中，不同的交易方式会产生不同的物流模式。在跨境电商企业的成本中，采购成本、人工成本、物流成本在其总成本中占据了很大的比例，其中物流成本的比重大概在20%～25%。如果没有多元化的国际物流体系为跨境电子商务服务，那么这些物流成本的比重将会更大。所以，跨境电商与国际物流不仅是相互促进、相互制约的关系，更重要的是相互依存的关系。

跨境电商之中，企业与消费者合约践行的基础就在于非虚拟性的国际物流，而影响消费者消费体验的因素也在于物流的效率及成本；因此跨境电商不仅为国际物流的发展提供了市场机遇，更为其发展带来了挑战；因而国际物流发展水平高低也成为跨境电商供应链融合及跨境电商供应链企业获得经营效益的关键因素。

视频中是一家国际物流公司为跨境电商企业提供的一系列解决方案，跨境电商迫使国际物流体系更高效、更增值的同时，反过来也带给跨境电商更好的客户体验。

三、跨境电商物流特征(见图 1-1-2)

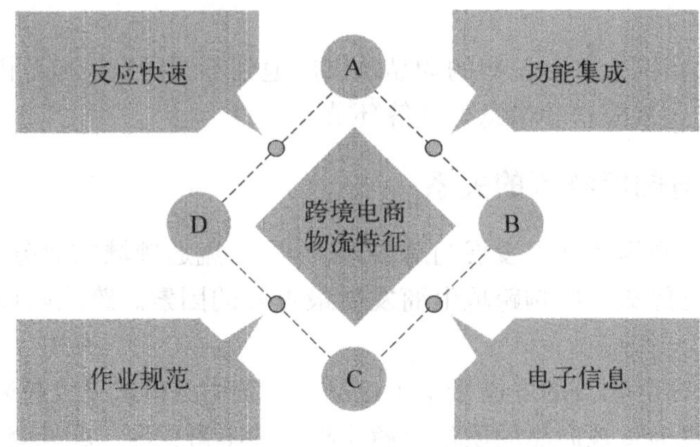

图 1-1-2 跨境电商物流特征

(一) 物流速度反应快速化

跨境电商要求国际物流供应链上下游对物流配送需求的反应速度要非常迅速,因此整个跨境电商物流前置时间和配送时间间隔越来越短,商品周转和物流配送时效也越来越快。

(二) 物流功能的集成化

跨境电商将国际物流与供应链的其他环节进行集成,包括物流渠道与产品渠道的集成、各种类型的物流渠道之间的集成、物流环节与物流功能的集成等。

(三) 物流作业的规范化

跨境电商物流强调作业流程的标准化,包括制定物流订单处理模板选择、物流渠道的管理标准制定等操作,使复杂的物流作业流程变成简单的、可量化的、可考核的物流操作方式(见图 1-1-3)。

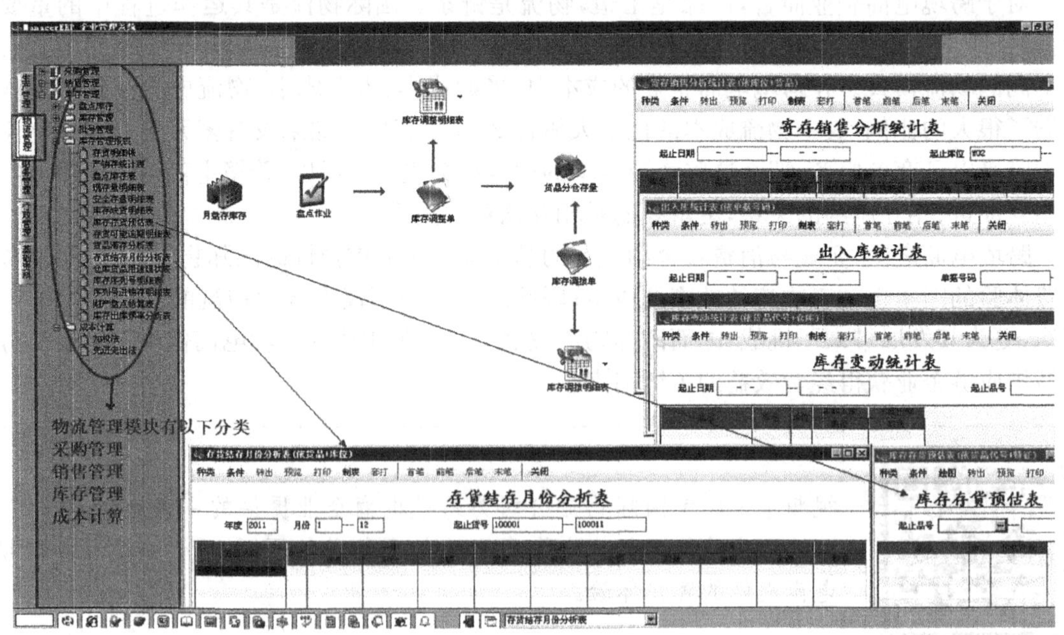

图 1-1-3 某物流 ERP 系统

（四）物流信息的电子化

跨境电商物流强调订单处理、信息处理的系统化和电子化，用企业资源计划 ERP 信息系统功能完成标准化的物流订单处理和物流仓储管理模式。通过 ERP 信息系统对物流渠道的成本、时效、安全性进行有效的关键业绩指标 KPI 考核，以及对物流仓储管理过程中的库存积压、产品延迟到货、物流配送不及时等进行有效的风险控制。

任务实施 2

观看视频，分组讨论跨境电商物流与传统物流的差异，并完成对比表 1－1－1。

表 1－1－1　　跨境电商物流与传统物流差异表

差异点	跨境电商物流	传统物流
对物流的敏捷性和柔性要求	跨境电商压缩了空间，加速了时间，这样一个改变让物流的容错能力大大降低，敏捷性、柔性要求大大提高	传统物流过程的每一个转运点都是一个核查过程，可以检验错误的发生
存储区域	由于跨境电商多品种、小批量的特点，必须以专门的存储区来提高存储利用率；专门的拣货区提高拣选效率	存储区和拣配区域大都共用，其实质就是少品种、大批量的出入模式所决定
商品包装	因为商品经过重组，“新产品”则处于无包装状态，跨境电商仓库包装线则需要有设计包装能力，并进行响应操作，需要根据不同的商品特征，在成本时间的约束下，研制包装方案，保证在途货物的安全	自工厂运出后，包装一般不需要再行调整，所以传统物流没有明显的包装线，其包装的起因是加固或安全
出库复核	跨境电商的出库复核几乎是重新清点，通过电子设备终端一一完成校验	传统出库的复核程序重要，但基本上基于数量清点，以及零头箱，以及品种校验，也多为人工单独可以完成
信息元素	跨境电商物流严格要求标签信息规范性和完整性。在同一时间的订单内容，如果没有标签、条码信息，就如石沉大海，发票也必须和货物同步流动	传统物流货物上的信息元素要求不高，因为货物本身外表或物理属性可以区分，即使不贴标签也行，也不需要有票据一一对应，即发票可以和货物异步流通

无论是跨境电子商务的国际物流还是传统物流，都是在一定可控的成本下基于对物品的实体流动过程，这是两者的共同点。但是跨境电商对物流的具体要求又不同于传统物流，两者的差异性体现在如下几点。

一、运营模式对物流的敏捷性和柔性要求不同

跨境电子商务"多品种、小批量、多批次、短周期"的运营模式对物流的敏捷性和柔性提出了更高的要求。跨境电子商务网上交易后对物流信息的敏捷性需求强调库存商品快速分拣配送的原则,对国际物流的柔性需求强调建立多元化的物流渠道。而传统的商业模式"少品种、大批量、少批次、长周期"的运营模式决定了传统物流的固化性和单一性。

二、物流功能性的附加价值不同

对于跨境电商商家来说,国际物流除了运输的功能,还包括客户对国际物流时效的体验,以及国际物流的成本对产品的竞争优势的影响;而传统物流除了运输的功能以外,附加价值的体现并不明显。

三、点面服务范围不同

跨境电商物流强调整合化和全球化服务,而传统物流强调的是"门到门""点对点"服务。

四、服务的主动性不同

跨境电子商务的国际物流是主动服务,传统物流是被动服务。前者是产品、物流、信息流、资金流的统一,交易完成后主动把物流信息发送给客户,并时时监控货物直到完成投递。后者只是完成物品的运输,信息流往往在货物送达以后才发生。

五、IT 系统化、信息智能化重视程度不同

跨境电商物流注重 IT 系统化、信息智能化。在跨境电子商务的推动下,以信息技术为核心,对国际物流全过程进行优化。现在各大国际物流服务商致力于开发技术领先的物流 ERP 系统,以期望提供更全面、更简单的物流信息操作模式,实现跨境电子商务网上购物的一体化和智能化。而传统物流的传统作业流程相对固定,且变通性不强,是单一环节的管理,所以对于 IT 系统的重视程度和智能化程度远远不如跨境电商物流高。

任务实施 3

登录招聘网站,输入"跨境电商物流"搜索职位,查看与之相关的企业的类型(见图 1-1-4 所示)。

跨境电商物流企业是指从事国际物流活动的经济组织,至少从事运输(含运输代理、货物快递)或仓储一种经营业务,并能够按照客户物流需求对运输、储存、装卸、包装、流通加工、配送等基本功能进行组织和管理,具有与自身业务相适应的信息管理系统,实行独立核算、独立承担民事责任的经济组织。跨境电商物流企业有综合型物流企业、机能整合型物流企业、代理型物流企业之分。

综合型物流企业的业务范围往往覆盖全球,它能应对货主企业的全球化经营对物流的需求,如 DHL、中远集团、中外运集团等。这类物流企业具有功能整合度高、物流服务广、综合实力强大、能为客户提供全方位综合物流服务的特点。

机能整合型物流企业以货物对象、功能或市场为核心,导入系统化的物流,通过推进货物分拣,追踪提供输送服务,如中国邮政速递服务公司(EMS)、中铁快运有限公司(CRE)、中国

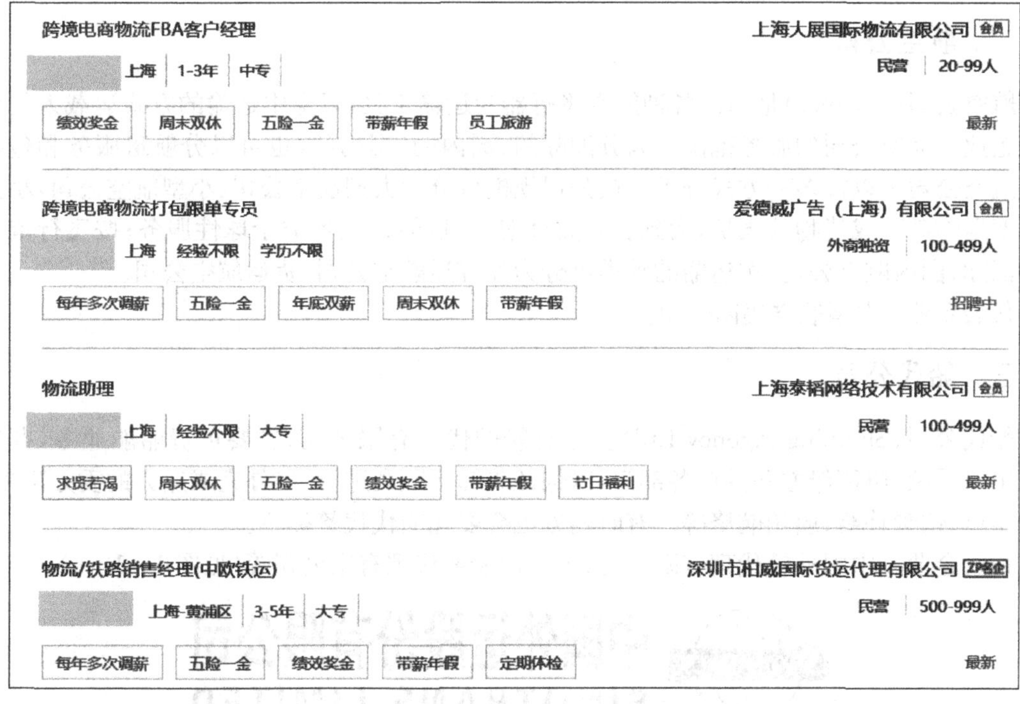

图 1－1－4　某招聘网站，岗位栏输入“跨境电商物流”搜索结果

航空快递有限责任公司(CAE)及众多码头堆场、机场公司等。这类企业能自身承担从集货到配送等物流活动，可以调度实现机能整合。由于企业服务的是特定的货物、功能或市场，所以其服务的范围受到限制。

代理型物流企业机能整合度低，但服务范围广，通常自身不拥有运送手段，而是以综合运用铁路、航空、船舶、汽车等各种手段运输，靠经营网络的优势，开展货物混载代理业务。它们具有把不同的物流服务项目组合，以满足客户需求的能力。

跨境电商物流主要涉及的企业有：

一、集装箱班轮公司

集装箱班轮公司是指运用自己拥有或自己经营的船舶，提供国际港口之间班轮运输服务的船舶运输企业。

代表企业：中远海运、宁波远洋(见图 1－1－5 所示)。

图 1－1－5　中远海运

二、航空公司

航空公司(Airlines)是指以各种航空飞行器为运输工具,以空中运输的方式运载人员或货物的企业。航空公司的服务范围可以分洲际的、洲内的、国内的,也可以分航班服务和包机服务。航空公司可以按多种方式分类。按公司规模可分为大型航空公司、小型航空公司,小到只有一架运输邮政或货物的飞机,大到拥有数百架飞机,能提供各类全球性服务;按飞行范围可分为国际、国内航空公司;按运输的种类可分为如客运航空公司、货运航空公司。

代表企业:中国航空集团公司。

三、船代公司

船代公司(Shipping Agency Ltd)全称是船舶代理有限公司,主要负责船舶业务,办理船舶进出口手续,协调船方和港口各部门,以保证装卸货顺利进行,另外完成船方的委办事项,如更换船员、伙食补给、船舶航修等。有时船方也会委托船代代签提单。

代表企业有中国外轮代理有限公司、中外运船务代理有限公司等(见图 1-1-6)。

图 1-1-6 中外运 logo

四、国际货运代理公司

国际货运代理公司是指接受进出口货物收货人、发货人的委托,以委托人的名义或者以自己的名义,为委托人办理国际货物运输及相关业务并收取服务报酬的法人企业。根据其经营范围,国际货运代理按运输方式分为海运代理、空运代理、汽运代理、铁路运输代理、联运代理、班轮货运代理、不定期船货运代理、液散货货运代理等;按委托项目和业务过程分为订舱揽货代理、货物报关代理、航线代理、货物进口代理、货物出口代理、集装箱货运代理、集装箱拆箱装箱代理、货物装卸代理、中转代理、理货代理、储运代理、报检代理和报验代理等。

国际货运代理企业作为代理人或者独立经营人从事经营活动,其经营范围包括:

(1) 揽货、订舱(含租船、包机、包舱)、托运、仓储、包装;

(2) 货物的监装、监卸、集装箱装拆箱、分拨、中转及相关的短途运输服务;

(3) 报关、报检、报验、保险;

(4) 缮制签发有关单证、交付运费、结算及交付杂费;

(5) 国际展品、私人物品及过境货物运输代理;

(6) 国际多式联运、集运(含集装箱拼箱);

(7) 国际快递(不含私人信函);

(8) 咨询及其他国际货运代理业务。

代表性企业有:中国外运长航集团有限公司、中远国际货运有限公司、中国物资储运集团有限公司、上港集团物流有限公司、锦程国际物流集团股份有限公司(见图 1-1-7)、嘉里大通物流有限公司等。

图 1-1-7 锦程物流集团股份有限公司 logo

五、报关公司

报关公司(Customs Broker)是指经海关准予注册登记，接受进出口货物收发货人的委托，以进出口货物收发货人名义或者以自己的名义，向海关办理代理报关业务，从事报关服务的境内企业法人的企业。报关公司可以分为专业报关公司、代理报关公司、自理报关公司。专业报关公司是指经海关批准设立，办理注册登记手续，专门从事进出口货物代理报关业务，具有境内法人地位独立核算的经济实体，专业报关公司必须在名称中冠以“××报关行”或“××报关服务公司”字样；代理报关公司是指经营国际货物运输代理、国际运输工具代理等业务，并接受委托代办进出口货物的报关纳税等事宜的境内法人；自理报关公司是指有进出口经营权的国有、集体和外商投资公司，自理报关公司只能办理本公司进出口货物的报关手续，不能代理其他公司报关。

六、集装箱码头公司

集装箱码头是指包括港池、锚地、进港航道、泊位等水域以及货运站、堆场、码头前沿、办公生活区域等陆域范围的能够容纳完整的集装箱装卸操作过程的具有明确界限的场所。集装箱码头是水陆联运的枢纽站，是集装箱货物在转换运输方式时的缓冲地，也是货物的交接点，因此，集装箱码头在整个集装箱运输过程中占有重要地位。集装箱码头通常由一家独立的公司来管理。

代表企业有：天津港集装箱码头有限公司、上海集装箱码头有限公司(见图 1-1-8)等。

图 1-1-8　上海沪东集装箱码头

课后习题

1. 单选题：跨境电商相比传统电商，增加了(　　)属性。

A. 物流　　B. 外贸业务　　C. 支付　　D. 平台

2. 多选题：以下哪些是跨境电商概念的关键词？(　　)

A. 关境　　B. 电子商务平台　　C. 跨境物流　　D. 支付结算

E. 国际商业活动

3. 多选题：以下符合跨境电商物流特征的是(　　)。

A. 物流反应速度快　　B. 物流功能集成化

C. 物流作业规范化　　D. 物流信息电子化

4. 多选题：关于关境的说法中，正确的是(　　)。

A. 关境不同于国境

B. 关境就是国境
C. 我国关境是除单独关境以外的中华人民共和国的全部领域
D. 目前我国法律已明确的单独关境有香港特别行政区和澳门特别行政区

5. 多选题：航空公司按运输的种类可分为(　　)。

A. 客运航空公司　　B. 货运航空公司
C. 国内航空公司　　D. 国际航空公司

6. 判断题：跨境电商就是外贸企业通过电商平台将产品和服务卖到国外去。(　　)
7. 判断题：自理报关公司既能办理本公司进出口货物的报关手续，也能代理其他公司报关。(　　)
8. 判断题：集装箱码头通常由一家独立的公司来管理。(　　)
9. 简答题：简述跨境电商与国际物流之间的联动关系。
10. 简答题：跨境电商物流与传统物流区别有哪些？

学习评价

序号	评价内容	参考分值	得分
1	理解跨境电商的含义	10	
2	能区分关境和国境的含义	10	
3	理解国际物流的含义	10	
4	知道跨境电商与国际物流的关系	10	
5	知晓跨境电商物流的特征	10	
6	理解跨境电商物流和传统物流的区别	10	
7	认识跨境电商物流代表企业	10	
8	能够积极参与任务实施	10	
9	能够积极参与小组讨论	10	
10	能够积极回答老师提问	10	
总分			

任务二　认识跨境电商物流网络

任务导入

John：王梦，作为一家跨境电商物流企业的员工，要对整个跨境电商物流网络有初步了解，不然和客户沟通时，碰到相关话题，应对不上来的话，会让客户对我们的专业度产生怀疑。

王梦：John，您说的“跨境电商物流网络”具体是指哪方面呢？

John：跨境电商物流网络是指由多个收发货节点连接而成的物理网络及与之相伴的信息网络组成的整体，包括各级仓库、口岸（国际港口、国际航空港）、保税区、出口加工区、自由贸易区等。

任务实施 1

跨境物流运输必须经过“口岸”，请按交通运输方式进行分类。

跨境电商物流网络是指由多个收发货节点连接而成的物理网络及与之相伴的信息网络组成的整体，包括各级仓库、口岸、保税区、出口加工区、自由贸易区等。

口岸(Port)是国家指定的对外往来的门户，是国际货物运输的枢纽和节点，除了对外开放的沿海港口之外，口岸还包括国际航线上的飞机场，山脉国境线上对外开放的山口，国际铁路、国际公路上对外开放的火车站、汽车站，国际河流和内河上对外开放的水运港口。口岸按出入境的交通运输方式划分，分为港口口岸、陆地口岸和航空口岸。

港口口岸是国家在江河湖海沿岸开设的供货物和人员进出国境及船舶往来挂靠的通道；陆地口岸是国家在陆地上开设的供网络认知货物和人员进出国境及陆上交通工具停站的通道；航空口岸是国家在开辟有国际航线的机场上开设的供货物和人员进出国境及航空器起降的通道。

一、国际海运港口

(一) 内涵和分类

1. 内涵和组成

港口是国际物流的特殊节点，是水陆交通的集结点和枢纽，工农业产品和外贸进出口物资的集散地，船舶停泊、装卸货物、上下旅客、补充给养的场所。

海运港口由水域和陆域所组成(见图 1-2-1)。

图 1-2-1　港口组成

水域通常包括进港航道、锚泊地和港池。进港航道要保证船舶安全方便地进出港口，必须有足够的深度和宽度，适当的位置、方向和弯道曲率半径，大型船舶的航道宽度为80—300米，小型船舶的宽度为50—60米；锚泊地是指有天然掩护或人工掩护条件能抵御强风浪的水域，船舶可在此锚泊、等待靠泊码头或离开港口；港池是指直接和港口陆域毗连，供船舶靠离码头、临时停泊和调头的水域。

陆域指港口供货物装卸、堆存、转运和旅客集散之用的陆地面积。陆域上有进港陆上通道（铁路、道路、运输管道等）、码头前方装卸作业区和港口后方区。前方装卸作业区供分配货物，布置码头前沿铁路、道路、装卸机械设备和快速周转货物的仓库或堆场（前方库场）及候船大厅等使用。港口后方区供布置港内铁路、道路、较长时间堆存货物的仓库或堆场（后方库场）、港口附属设施（车库、停车场、机具修理车间、工具房、变电站、消防站等）以及行政、服务房屋等。

设备包括陆上设备、港内陆上运输机械设备、水上装卸运输机械设备等。陆上设备包括间歇作业的装卸机械设备（集装箱起重机、卸车机等）、连续作业的装卸机械设备（带式输送机、斗式提升机等）、供电照明设备、通信设备、给水排水设备、防火设备等。港内陆上运输机械设备包括火车、载重汽车、自行式搬运车及管道输送设备等。水上装卸运输机械设备包括起重船、拖轮、驳船及其他港口作业船、水下输送管道等。

2. 海运港口分类

海运港口分为基本港和非基本港。

基本港（Base port）是运价表限定班轮公司的船一般要定期挂靠的港口。大多数为位于中心的较大口岸，港口设备条件比较好，货载多而稳定，运往基本港的货物一般均为直达运输，无须中途转船。凡基本港以外的港口都称为非基本港（Non-Base Port），非基本港一般除按基本港收费外，还需另外加收转船附加费，达到一定货量时则改为加收直航附加费。例如新几内亚航线的霍尼亚拉港（HONIARA），是所罗门群岛的基本港，而基埃塔港（KIETA），则是非基本港。运往基埃塔港口的货物运费率要在霍尼亚拉运费率的基础上增加转船附加费43.00美元（USD）/FT。

（二）世界主要海港

世界航运和港口吞吐量是全球经济的重要晴雨表，目前海上运输是国际上商品交换中最重要的运输方式之一，国际货物80%以上的运输量都是需要通过海运来完成的，而我国更是90%以上的外贸货物需要通过海运完成。作为交通和物流枢纽，港口在世界进出口贸易中扮演着重要角色。

在全球有35个国际化的大城市中有31个是海运港口类型的城市，海运港口的便利迅速带动了当地经济的发展，而在全球最繁忙、吞吐量最大的10个海运港口中国就占据了7个（见表1-2-1）。

表1-2-1　　2018全球十大港口排名

排　名	港口名称	吞吐量（亿吨）	排　名	港口名称	吞吐量（亿吨）
1	舟山港	7	6	釜山港	4.5
2	上海港	6.3	7	广州港	4.3
3	新加坡港	6	8	苏州港	4
4	天津港	5	9	青岛港	3.8
5	深圳港	4.9	10	迪拜港	3.5

二、国际航空港

（一）内涵和组成

航空港是指位于航线上的、为保证航空运输和专业飞行作业用的机场及其有关建筑物和设施的总称，是空中交通网的基地。

航空港和机场是不同的，所有可以起降飞机的地方都可以叫机场，而航空港专指那些可以经营客货运输的机场。航空港由飞行区、客货运输服务区和机务维修区三部分组成。其中，飞行区是航空港面积最大的区域，设有指挥台、跑道、滑行道、停机坪、无线电导航系统等设施。客货运输服务区是指为旅客、货主提供地面服务的区域，主体是候机楼，此外还有客机坪、停车场、进出港道路系统等，货运量较大的航空港还专门设有货运站。机务维修区是飞机维护修理和航空港正常工作所必需的各种机务设施的区域，区内建有维修厂、维修机库、维修机坪和供水、供电、供热、供冷、下水等设施。航空港的主要任务是完成客货运输服务，保养与维修飞机，保证旅客、货物和邮件正常运送以及飞机安全起降。

（二）世界著名航空港

2018 年全球排名前十的机场（见表 1-2-2）中，亚特兰大与北京首都是全球唯一两座吞吐量过亿级的机场。

表 1-2-2　　2018 全球十大机场排名情况

2018 排名	机 场 名 称	吞吐量量级	2017 排名
1	亚特兰大	亿级	1
2	北　京	亿级	2
3	迪　拜	8 000 万	3
4	洛杉矶	8 000 万	5
5	日本羽田	8 000 万	4
6	芝加哥	8 000 万	6
7	希斯罗	8 000 万	7
8	中国香港	7 000 万	8
9	上海浦东	7 000 万	9
10	巴　黎	7 000 万	10

任务实施 2

绘制海关特殊监管区域的政策和功能的差异表。

海关特殊监管区域是指在海关批准范围内，储存、加工接受海关查验的进出口、过境、转运、通关货物，以及保税货物和其他尚未办结海关手续的进出境货物的场所。在海关特殊监管区域内的货物一般被称为保税货物，即经海关批准未办理纳税手续进境，在境内储存、加工、装配后复运出境的货物。改革开放以来，我国先后设立了保税仓库(1981年)、保税区(1990年)、出口监管仓库(1992年)、出口加工区(2000年)、保税物流中心(2004年)、保税物流园区(2005年)、保税港区(2005年)、自由贸易试验区(2013年)等若干海关特殊监管区域及场所。

一、保税仓库

保税仓库(Bonded Warehouse)是指经海关批准设立的专门存放保税货物及其他未办结海关手续货物的仓库。保税仓库按照使用对象不同分为公用型保税仓库、自用型保税仓库、专用型保税仓库。专用型保税仓库包括液体危险品保税仓库、(加工贸易)备料保税仓库、寄售维修保税仓库和其他专用型保税仓库。保税仓库与一般仓库最不同的特点是，保税仓库及所有的货物受海关的监督管理，非经海关批准的货物不得入库和出库，并且保税仓库只能做进口，国内货物不能进入，所存储货物可以进行包装、分级分类、加刷唛码、分拆、拼装等简单加工，不得进行实质性加工。

二、保税区

保税区(Free Trade Zone)是经国务院批准设立的由海关监管的特定区域，其功能定位为“保税仓储、进出口加工、国际贸易”，享有“免证、免税、保税”政策，实行“境内关外”运作方式，是中国对外开放程度最高、运作机制最便捷、政策最优惠的经济区域之一。运入保税区的货物可以进行储存、改装、分类、混合、展览，以及加工制造，但必须处于海关监管范围内。外国商品存入保税区，不必缴纳进口关税，尚可自由出口，只需交纳存储费和少量费用，但如果要进入关境则需缴纳关税。保税区主要分布在口岸，如上海、天津、大连、张家港、深圳、福州、海口、厦门、广州、青岛、宁波、汕头、珠海等。上海外高桥保税区是中国第一个保税区，成立于1990年6月。

三、出口监管仓库

出口监管仓库(Export Supervised Warehouse)是指经海关批准设立，对已办结海关出口手续的货物进行存储、保税物流配送以及提供流通性增值服务的海关专用监管仓库。出口监管仓库分为出口配送型仓库和国内结转型仓库，其中出口配送型仓库是指存储以实际离境为目的的出口货物的仓库，国内结转型仓库是指存储用于国内结转的出口货物的仓库。经海关批准，出口监管仓库可以存入下列货物：一般贸易出口货物，加工贸易出口货物，从其他海关特殊监管区域、场所转入的出口货物。出口配送型仓库可以存放为拼装出口货物而进口的货物、为改换出口监管仓库货物包装而进口的包装物料，以及其他已办结海关出口手续的货物。

四、出口加工区

出口加工区(Export Processing Zone)是指经国务院批准、由海关实行封闭式管理、专门从事出口加工业务的特殊经济区域。它是主要针对出口加工企业，专为制造、加工、装配出口商品而开辟的特殊区域，其产品的全部或大部分供出口。出口加工区功能定位为“加工制造为主，保税物流为辅”，拓展研发、检测、维修业务。对出口加工区外企业(简称“区外企业”)运入出口加工区的货物视同出口，由海关办理出口报关手续，签发出口货物报关单(出口退税专用联)。目前国内有深圳出口加工区、昆山出口加工区、郑州出口加工区、青岛出口加工区、重庆出口加工区、上海金桥出口加工区、天津出口加工区、厦门出口加工区等。

五、保税物流中心

保税物流中心是指封闭的海关监管区域并且具备口岸功能，分 A 型和 B 型两种(见表 1－2－3)。A 型保税物流中心，是指经海关批准，由中国境内企业法人经营、专门从事保税仓储物流业务的海关监管场所；B 型保税物流中心，是指经海关批准，由中国境内一家企业法人经营，多家企业进入并从事保税仓储物流业务的海关集中监管场所。保税物流中心的主要功能是保税仓储、国际物流配送、简单加工和增值服务、检验检测、进出口贸易和转口贸易、商品展示、物流信息处理、出口退税。截至 2018 年 10 月，国家海关共批复 58 家保税物流中心，如苏州工业园区保税物流中心、上海西北物流园区保税物流中心等。

表 1－2－3　　保税物流中心 A、B 型区别

区　别	保税物流中心 A 型	保税物流中心 B 型
构成区别	保税物流中心 A 型是指由一家法人企业设立并经营的保税物流服务的海关监管场所	保税物流中心 B 型是指由多家保税物流企业集中布局的保税物流的海关监管场所
审批和验收程序	保税物流中心 A 型应由企业申请经直属海关审批并由直属海关会同省级国税、外汇管理部门验收	物流中心 B 型由直属海关受理审核后报海关总署审批，并由海关总署国家税务总局和国家外汇管理局等部门组成联合验收小组进行验收
企业资格条件	因主要针对大型生产型的跨国公司和大型物流企业，因而对申请设立企业的资格要求较高，要求企业注册资本最低为 3 000 万元人民币	物流中心经批准设立后，对企业的入驻资格要求较低，以注册资本为例，只需达到 5 万元人民币即可
出口中心货物管理	货物存储期限上，保税物流中心 A 型货物存储期限为 1 年	保税物流中心 B 型货物存储期限为 2 年，特殊情况可予延期
功能上的区别	以一个物流公司为主，满足跨国公司集团内部物流需要开展保税货物仓储、简单加工、配送的场所	由多家保税物流企业在空间上集中布局的公共型场所，是海关封闭的监管区域，即海关对保税物流中心 B 型按照出口加工区监管模式实施区域化和网络化的封闭管理，并实行 24 小时工作制度

六、保税物流园区

保税物流园区是指经国务院批准，在保税区规划面积或者毗邻保税区的特定港区内设立的、专门发展现代国际物流业的海关特殊监管区域。业务范围主要包括：存储进出口货物及其他未办结海关手续货物、对所存货物开展流通性简单加工和增值服务、进出口贸易(转口贸易)、国际采购、分销和配送、国际中转、检测、维修、商品展示。园区内不得开展商业零售、加工制造、翻新、拆解及其他与园区无关的业务。海关对园区与境外之间进、出的货物实行备案制管理，但园区自用的免税进口货物、国际中转货物或者法律、行政法规另有规定的货物除外。园区货物运往区外视同进口，园区企业或者区外收货人(或者其代理人)按照进口货物的有关

规定向园区主管海关申报；区外货物运入园区视同出口，由园区企业或者区外发货人（或者其代理人）向园区主管海关办理出口申报手续。

七、保税港区

保税港区是指经国务院批准，设立在国家对外开放的口岸港区和与之相连的特定区域内，具有口岸、物流、加工等功能的海关特殊监管区域。保税港区的功能具体包括仓储物流、对外贸易、国际采购、分销和配送、国际中转、检测和售后服务维修、商品展示、研发、加工、制造、港口作业等功能。保税港区享受保税区、出口加工区、保税物流园区相关的税收和外汇管理政策：国外货物入港区保税；货物出港区进入国内销售按货物进口的有关规定办理报关，保税港区叠加了保税区和出口加工区税收和外汇政策，在区位、功能和政策上优势更明显。我国目前已设立上海洋山保税港区、天津东疆保税港区等。

八、自由贸易试验区

自由贸易区有两个本质上存在差异很大的概念：一个是 FTA（Free Trade Area），另一个是 FTZ（Free Trade Zone）。FTA 源于 WTO 有关“自由贸易区”的规定，是由两个或多个经济体组成集团，集团成员相互之间实质上取消关税和其他贸易限制，但各自独立保留自己的对外贸易政策，目前世界上已有欧盟、北美自由贸易区、中国—东盟自由贸易区等 FTA。FTZ 源于 WCO（世界海关组织）有关“自由区”的规定，其特点是一个关境内的一小块区域，是单个主权国家（地区）的行为，一般需要进行围网隔离，且对境外入区货物的关税实施免税或保税，而不是降低关税。目前在许多国家境内单独建立的自由港、自由贸易区都属于这种类型。如德国汉堡自由港、巴拿马科隆自由贸易区、中国自由贸易区等。FTA 与 FTZ 的对比如表 1-2-4 所示。

表 1-2-4 **FTA 与 FTZ 对比**

比较项目		FTA	FTZ
不同点	设立主体	多个主权国家（或地区）	单个主权国家（或地区）
	区域范围	两个或多个关税地区	一个关税区内的小范围区域
	国际惯例依据	WTO	WCO
	核心政策	贸易区成员之间贸易开放、取消关税壁垒，同时又保留各自独立的对外贸易政策	海关保税、免税政策为主，辅以所得税税费的优惠等投资政策
	法律依据	双边或多边协议	国内立法
相同点		两者都是为降低国际贸易成本，促进对外贸易和国际商务发展而设立的	

中国自由贸易区是指在国境内关外设立的，以优惠税收和海关特殊监管政策为主要手段，以贸易自由化、便利化为主要目的的多功能经济性特区。原则上是指在没有海关“干预”的情况下允许货物进口、制造、再出口。中国自由贸易区是政府全力打造中国经济升级版的最重要的举动，其核心是营造一个符合国际惯例的，对内外资的投资都要具有国际竞争力的国际商业环境。

九、海关特殊监管区域及场所政策与功能比较(见表 1-2-5 所示)

表 1-2-5　　我国海关特殊监管区域及场所政策与功能比较

	普通区域	保税区	出口加工区	保税物流中心	保税物流园区	保税港区
监管模式	海关对区外分散经营的加工贸易采取开放式的管理,并实行8小时工作制度	海关对保税区实行围网管理,实行24小时监管海关稽查制度	全封闭、卡口式管理,海关在围网及卡口设置闭路电视监控系统,并实行24小时工作制度	采取联网、视频、实地核查等方式对进出中心的货物、物品、运输工具等实施动态监管	设置符合要求的卡口、围网隔离设施、视频监控系统及其他监管所需设施,实行24小时监管	实行封闭管理,港区和陆地区域参照出口加工区的标准建设隔离监管设施
基本功能	没有特殊规定	加工制造、国际贸易、现代物流和展示展销	区内企业进口原材料生产加工成成品后复出口。不得经营商品零售、一般贸易、转口贸易及其他与加工区无关的业务	存储进出口货物及其他未办结海关手续货物;对所存货物开展流通性简单加工和增值服务;全球采购和国际分拨、配送;转口贸易和国际中转;其他经批准的物流业务。但不得开展商业零售、生产和加工制造、维修、翻新及其他无关的业务	除可以存储进出口货物及其他未办结海关手续货物,对所存货物开展流通性简单加工和增值服务,从事进出口贸易、转口贸易、国际采购、分销配送和国际中转业务外,还可以开展检测与维修业务。但不得开展商业零售、加工制造、翻新及其他无关业务	充分发挥区位优势和政策优势,发展国际中转、配送、采购、转口贸易和出口加工等业务,拓展相关功能
通关模式	货物进出口采取异地报关或转关运输的方式,手续繁杂	出境为两次出境备案;出口为一次出口报关和一次进区报关手续。实现"集中报关、分批出区"制度	货物进出口采取"一次申报、一次审单、一次查验"的新通关模式	可以分批次进出货物,并按照海关规定办理月度集中报关	对区内与境外的货物实行备案制管理。对于少批量、多批次的货物,实行"分批出区、集中报关、凭保放行"。海关、国检、边检等区内监管单位实行"一次申报、一次查验、一次放行"	"一次申报、一次查验、一次放行"
退税政策	加工贸易企业使用国内原材料、物料加工产品,其产品必须实际离境后才能办理出口退税手续	进入保税区的国内货物,必须等货物实际离境后才能办理出口退税手续	国内原材料、物料等进入加工区视同出口,税务部门给予办理出口退(免)税手续	货物从境内进入物流中心视同出口,办理出口报关手续	国内货物进去视同出口,予以退税	国内货物入港区视同出口,实行退税

续表

	普通区域	保税区	出口加工区	保税物流中心	保税物流园区	保税港区
保税时限	非海关特殊监管区域、场所不得开展保税仓储	不设时限	不设时限	货物保税存储期限为2年。经主管海关同意可以予以延期,除特殊情况,延期不得超过1年	不设时限	无时限

课后习题

1. 单选题:截至2018年10月,我国国家海关共批复(　　)家保税物流中心。
   A. 60　B. 58　C. 55　D. 46
2. 单选题:保税物流中心的货物保税存储期限为(　　)年。经主管海关同意可以予以延期,除特殊情况,延期不得超过(　　)年。
   A. 2,1　B. 3,2　C. 1,1　D. 2,2
3. 多选题:口岸按出入境的交通运输方式划分,分为(　　)。
   A. 港口口岸　B. 航空口岸
   C. 陆地口岸　D. 贸易口岸
4. 多选题:下列哪些货物可以存入出口监管仓库(　　)。
   A. 一般贸易出口货物
   B. 加工贸易出口货物
   C. 从其他海关特殊监管区域、场所转入的出口货物
   D. 国内结转的出口货物
5. 多选题:下列哪些区域是实行24小时海关监管工作的(　　)。
   A. 普通区域　B. 保税区
   C. 出口加工区　D. 保税物流园区
6. 判断题:FTA源于WCO,FTZ则源于WTO。(　　)
7. 判断题:FTA和FTZ都是为降低国际贸易成本,促进对外贸易和国际商务发展而设立的。(　　)
8. 判断题:进入保税区的国内货物,随时可以办理退税手续。(　　)
9. 英译中:
   Base port
   Bonded Warehouse
   Free Trade Zone
   Export Processing Zone
   WCO
10. 拓展题:中国(上海)自由贸易试验区是属于FTA,还是FTZ?查阅网络新闻,再分别列举一个我国的FTA和FTZ自由贸易区。

学习评价

序　号	评　价　内　容	参　考　分　值	得　分
1	理解国际港口的内涵和分类	10	
2	知晓全球主要海港、航空港	10	
3	知晓海关特殊监管区域的种类	10	
4	区分不同海关特殊监管区域的含义	10	
5	能区分A型和B型的保税物流中心	10	
6	理解FTA和FTZ的本质差异	10	
7	读懂海关特殊监管区域政策和功能比较表	10	
8	能够完成课后拓展题	10	
9	能够积极参与小组讨论	10	
10	能够积极回答老师提问	10	
总　分			

任务三　初识海关报关报检

任务导入

John：商品无论出口还是进口都需要经过海关。

王梦：我知道报关的对象是海关，报检的对象是检验检疫部门。

John：不对，关检已经合并了，2018年4月20日海关及原出入境检验检疫部门统一整合为“中国海关”，两者共用监管设施设备，实现一个窗口对外，现在办理商品出口入口要比以往更便捷。

任务实施1

观看视频，分组讨论，派代表简述海关的基本任务。

2019年1月28日，钱江海关揭牌。钱江海关是隶属于杭州海关的副厅级机构，为国家进出关境的监督管理机关，依法承担对杭州市(除萧山机场)进出境的运输工具、货物、物品进行征税、监管、缉私、统计、卫生检疫、动植物检疫、商品检验、进出口食品安全监管等工作。

海关报关是指进出口货物的收发货人、受委托的报关企业，按照海关的规定以及有关法律的要求，办理货物、物品、运输工具进出境，采用电子数据报关单和纸质报关单的形式，向海关报告实际进出口物品的情况，并接受海关审核的行为。

二、海关的性质

1. 海关是国家行政机关。
2. 海关是国家进出境监督管理机关。
3. 海关的监督管理是国家行政执法活动。

二、海关的任务

《中华人民共和国海关法》（以下简称《海关法》）明确规定海关有以下四项基本任务：

（一）监管进出境的运输工具、货物和物品。

对进出境的运输工具、货物、行李物品、邮递物品和其他物品进行监管是海关最基本的任务。

（二）征收税费。

海关的另一项重要任务是代表国家征收关税和其他税费。

（三）查缉走私。

查缉走私是海关为保证顺利完成监管和征税等任务而采取的保障措施。

（四）编制海关统计。

搜集、整理、分析我国对外贸易进出口货物原始资料，并形成海关统计资料。

2018 年 4 月，按照《深化党和国家机构改革方案》，出入境检验检疫管理职责和队伍划入海关。海关在传统职能基础上，新增以下检验检疫职能：

◇ 国境卫生检疫。
◇ 进出境动植物检疫。
◇ 进出口食品安全监督管理。
◇ 进出口商品检验。

三、海关的权力

海关权力，是指国家为保证海关依法履行职责，通过《海关法》和其他法律、行政法规赋予海关的对进出境运输工具、货物、物品的监督管理权力。

海关在执行职务过程中，可以行使以下权力：

（一）检查权

除法律另有规定的以外，在海关监管区检查进出境运输工具；在海关监管区和海关附近沿海沿边规定地区，检查有走私嫌疑的运输工具和有藏匿走私货物、物品的场所，检查走私嫌疑人的身体，检查与进出口活动有关的生产经营情况和货物。

（二）查阅、复制权

查阅、复制进出境人员的证件，查阅、复制与进出境运输工具、货物、物品有关的合同、发票、账册、单据、记录、文件、业务函电、录音录像制品和其他的有关资料。

（三）查问权

查问违反《海关法》或相关法律法规的嫌疑人。

（四）查验权

查验进出境货物、个人携带进出境的行李物品、邮寄进出境的物品。

（五）查询权

查询被稽查人在商业银行或者其他金融机构的存款账户。

（六）稽查权

稽查企业进出境活动及进出口货物有关的账务、记账凭证、单证资料等。

（七）扣留权

扣留违反《海关法》的进出境运输工具、货物和物品及与之有关的合同、发票、账册、单据、记录、文件、业务函电、录音录像制品和其他资料。扣留走私罪嫌疑人，时间一般不超过 24 小时，特殊情况可延长至 48 小时。

（八）连续追缉权

对违抗海关监管逃逸的进出境运输工具或个人，连续追至海关监管区和海关附近沿海沿边规定地区以外，将其带回处理。

（九）行政处罚权

对尚未构成走私罪的违法当事人处以行政处罚。包括对走私货物、物品及违法所得处以没收，对有走私行为和违反海关监管规定行为的当事人处以罚款，对有违法的报关企业和报关员处以暂停或取消报关资格。

（十）佩带和使用武器权

海关为履行职责，可以依法佩带武器，海关工作人员在履行职责时可使用武器。

（十一）强制执行权

是在有关当事人不依法履行义务的前提下，为实现海关的有效行政管理，按照法定程序，采取法定的强制手段，迫使当事人履行法定义务。海关的强制执行权包括强制扣税、强制履行海关处罚决定等。

四、海关的管理体制与机构

（一）海关的领导体制

1980 年 2 月，《国务院关于改革海关管理体制的决定》指出："全国海关建制归中央统一管理，成立中华人民共和国海关总署作为国务院直属机构，统一管理全国海关机构和人员编制、财务及其业务。"恢复了海关集中统一的垂直领导体制。1987 年 1 月，《海关法》规定："国务院设立海关总署，统一管理全国海关"，明确了海关总署作为国务院直属部门的地位，把海关集中统一的垂直领导体制以法律的形式确立下来（中国海关标志如图 1－3－1 所示）。

图 1－3－1　中国海关标志

（二）海关的设关原则

《海关法》以法律形式明确了海关的设关原则："国家在对外开放的口岸和海关监管业务集中的地点设立海关。海关的隶属关系，不受行政区划的限制。"对外开放的口岸是指的国务院批准，允许运输工具及所载人员、货物、物品直接出入国（关）境的港口、机场、车站以及允许运输工具、人员、货物、物品出入国（关）境的边境通道。国家规定，对外开放的口岸必须设置海关。

小贴士：国际海关组织(World Customs Organization，WCO)

国际海关组织(World Customs Organization，WCO)，又称世界海关组织，其前身为海关合作理事会(Customs Cooperation Council，CCC)，是国际性的海关组织，也是世界性的、为统一关税、简化海关手续而建立的政府间协调组织。世界海关组织标志如图1-3-2所示。

图1-3-2 世界海关组织标志

国际海关组织现有成员161个，来自世界各大洲，代表不同的社会经济发展水平，通过政策协调和合作帮助各个成员实现其确定的经济发展目标。我国于1983年7月18日加入国际海关组织。

任务实施2

观看视频，分析“关检合一”的好处。

2018年4月20日海关及原出入境检验检疫部门统一整合为“中国海关”，“关检合并”首月福州口岸通关效率大幅提升。

“关检合一”后，海关的职责更宽广，队伍更壮大，达到“1+1>2”的效果。

一、“三个一”通关作业标准化

关检合一后，通关作业上就会实现“一次申报”“一次查验”“一次放行”的“三个一”标准。对于广大进出口企业来说，企业通关费用将会减少，通关效率提升，贸易便利化程度进一步提高。

(一) 一次申报

在海关现有通关作业信息化尚未进行整合的情况下，通过“单一窗口”可实现“一次申报”，统一通过“单一窗口”实现报检，从而进一步加大“单一窗口”标准版的推进力度。我们相信，在关检机构合并的大背景下，假以时日，关检信息化系统可以实现完全融合。

(二) 一次查验

海关、检验检疫的查验指令下达，保留3个环节即：查验指令下达、实施查验、查验结果异常处置3个环节。

(三) 一次放行

收发货人凭海关放行指令提离货物。海关向监管场所发送放行指令，在放行环节核碰，实现一次放行。

综上，也就是说，此次合并意味着关检“两头跑”的时代结束。以前同一批货物进出口，要经历检疫、海关两部门申报，采用海关、检疫不同的两套系统。合并后，同一栋楼，同一个机构，甚至同一个窗口，同一班人马就能完成，手续简化，货物通关速度将会加快，同时相关的费用降低。

二、报关报检企业资质一次注册

企业报关报检资质合并，报关员与报检员资质合并，企业只需获取相关的备案，即可同时具备报关报检资质，大大提高企管能力及效率。企业因此可以精简人员，工作量的减少，报检员与报关员不再细分，甚至可以一人饰两种角色。

三、口岸查验费用降低

关检合并后，一是可完全避免关检重复查验所产生的费用及时间成本。二是在诸多口岸，海关查验无问题费用由政府承担，合并后检验检疫查验无问题的，也享受同等待遇。

课后习题

1. 单选题：(　　)，海关及原出入境检验检疫部门统一整合为“中国海关”。
   A. 2018 年 1 月 1 日　　B. 2018 年 4 月 1 日
   C. 2018 年 4 月 20 日　　D. 2019 年 1 月 1 日
2. 单选题：根据《中华人民共和国海关法》的规定，我国海关是属于下述(　　)性质的机关。
   A. 司法　　B. 税收
   C. 监督管理　　D. 监察
3. 多选题：根据《海关法规定》，海关的任务有(　　)。
   A. 监管进出境货物　　B. 征收税费
   C. 查缉走私　　D. 编制海关统计
4. 多选题：关检合一后，通关作业上就会实现(　　)“三个一”的标准。
   A. 一个窗口　　B. 一次申报
   C. 一次查验　　D. 一次放行
5. 多选题：海关的监管对象包括(　　)。
   A. 进出境人员　　B. 进出境运输工具
   C. 进出境货物　　D. 进出境行李物品
6. 多选题：按照《海关法》规定，设立海关的地点为(　　)。
   A. 对外开放口岸　　B. 海关监管业务集中的地点
   C. 边境　　D. 沿海城市
7. 判断题：海关是指设在沿海口岸的关口。(　　)
8. 判断题：中国是国际海关组织的成员国之一。(　　)
9. 判断题：海关有权查验进出境人员的证件，查阅、复制与进出境运输工具、货物、物品有关的合同、发票、账册、单据、记录、文件、业务函电、录音录像制品和其他的有关资料。(　　)
10. 判断题：中华人民共和国海关总署是国务院直属机构。(　　)

学习评价

序　号	评　价　内　容	参　考　分　值	得　分
1	明确海关的性质	20	
2	知晓海关的任务	20	
3	了解海关的权利	20	
4	能理解关检合一的意义	20	
5	能够积极参与小组讨论	10	
6	能够积极回答老师提问	10	
总　分			

项目二　认识跨境电商平台

项目背景

这周，John Liu 安排王梦对常见的跨境电商平台进行调研，按平台的运营模式分类分析，王梦发现跨境电商平台与跨境物流密切相关。

对于进口，常见的跨境平台有：天猫国际、京东海囤全球、小红书、蜜芽等；

而出口则有：速卖通、亚马逊、兰亭集序、Wish 等。

项目要点

◇ 认识主流跨境电商进口平台

◇ 认识主流跨境电商出口平台

◇ 识别跨境电商平台进、出口模式

◇ 平台运营模式的优缺点对比

◇ 绘制跨境电商物流进、出口流程图

任务一　认识跨境电商进口平台

任务导入

John：王梦，平时有在网上买过进口商品吗？

王梦：我在天猫、小红书上买过化妆品，十几天就收到货了，价格还很便宜。

John：那你知道这两个平台的运营模式有什么区别吗？

王梦：从买东西的下单流程来看，没什么区别呀。

John：我们来给几大主流跨境电商进口平台模式做个分类吧。

任务实施 1

罗列目前主流的跨境电商进口平台网址及其标志 logo(见表 2－1－1)。

表 2-1-1　　跨境电商进口平台简介

跨境进口平台	网　址	Logo	平 台 简 介
天猫国际	https://www.tmall.hk	天猫国际	入驻天猫国际的商家均为境外的公司实体，具有海外零售资质；销售的商品均原产于或销售于海外，通过国际物流经中国海关正规入关
海囤全球	https://www.jd.hk	海囤全球	海囤全球由原“京东全球购”更名而来，主营跨境进口商品业务，是京东旗下所属品牌
苏宁国际	https://g.suning.com	苏宁易购 suning.com	苏宁国际是江苏苏宁易购电子商务有限公司在苏宁易购网站上开设的为海外商家与有海外商品购物需求的境内买家提供涉外网络交易服务的第三方网络交易频道
亚马逊海外购	https://www.amazon.cn	亚马逊 amazon 海外购	亚马逊海外购是专为中国消费者打造的海淘专区。其商品均为亚马逊海外网站的在售商品，由亚马逊海外站点直接发货，并通过亚马逊全球领先的物流配送至中国顾客手中
网易考拉	https://www.kaola.com		网易考拉是网易旗下以跨境业务为主的综合型电商，于 2015 年 1 月 9 日公测，销售品类涵盖进口母婴，进口美食、进口美妆、进口电子数码等
小红书	http://www.xiaohongshu.com	小红书	小红书，自称“海外购物神器”，由自营跨境电商、第三方品牌授权/直营、UGC(用户创造内容)的口碑分享社区三部分组成。它的用户增量完全靠平台用户“写笔记”，分享购物心得、产品使用体验等内容缓慢自然推动
蜜芽	https://www.mia.com	蜜芽 mia.com	蜜芽的前身是蜜芽宝贝，于 2011 年创立，是中国首家进口母婴品牌限时特卖商城
洋码头	https://www.ymatou.com	洋码头	洋码头，成立于 2009 年，其卖家可以分为两类，一类是个人买手，模式是 C2C(消费者对消费者，即 Customer to Customer)，另一类是商户，模式就是 M2C(生产厂家对消费者，即 Manufacturers to Customer)

任务实施 2

跨境电商进口平台，从运营模式上进行分类，可以分为"海外直供""海外优选""全球买手""线上线下"四种类型，请将上述跨境电商平台进行归类。

一、海外直供模式

代表企业：天猫国际、海囤全球、苏宁国际、亚马逊海外购。（海外直供模式流程如图 2-1-1 所示。）

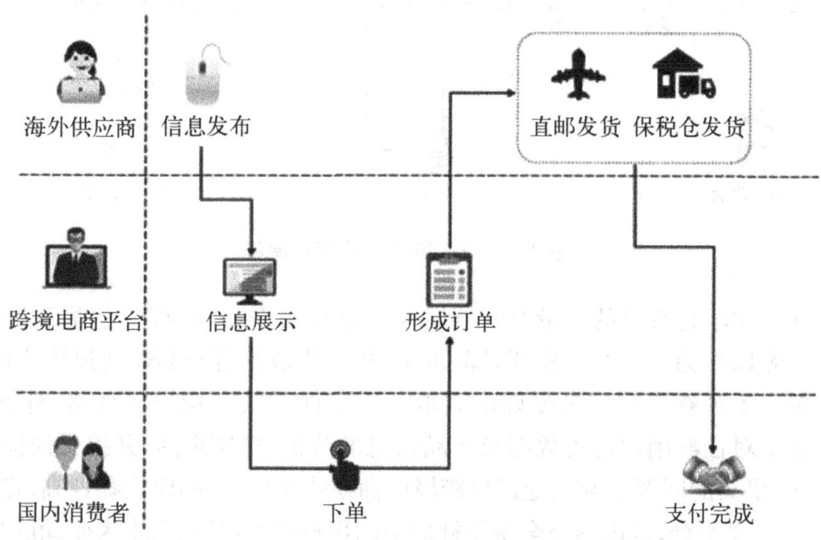

图 2-1-1　海外直供模式流程

该模式为典型的平台型 B2C 模式，通过跨境电商平台将海外经销商与国内消费者直接联系起来。平台制定适合进口跨境电商交易的规则和消费流程，打造良好的用户体验，主要盈利点在于商家的入驻费用和交易佣金。海外直供模式根本上建立在买卖双方的聚集程度上，对于该类模式，平台的流量和服务要求较高。因此，海外直供模式对于供应商一般要求具有海外零售资质和授权，并且需要提供相应的本地售后服务。该模式为消费者提供了丰富的商品选择及便捷高效的购物体验，加之平台背书，用户的信任度较高，商品一般采用海外直邮的方式送达国内消费者手中。对于品牌端的管控及供应链的缩短是海外直供模式发展的主要趋势。

二、海外优选模式

代表企业：网易考拉、小红书、蜜芽。

该模式主要以自营型 B2C 为主，平台直接参与货源的组织、物流仓储及销售过程。由于优选模式对产品端及供应链的控制较好，商品规模化采购，一般采取保税备货的模式，物流时效性较高，用户体验相对更好。该模式的主要盈利点为销售产品所产生的利润以及相关的营销等增值服务，随着用户体验的不断提高，会员服务费成为优选模式的又一盈利点。优选模式要求电商企业对于市场消费需求的把控比较突出，在选品方面对企业提出了较高的要求，也限制了产品的丰富程度。同时，采购需占用企业大量的资金，有效地提高动销率是优选模式企业优化的方向。因此该模式的企业通常会采用限时特卖或直邮闪购等运营方式，以丰富品类及缓解供应链压力(见图 2-1-2)。

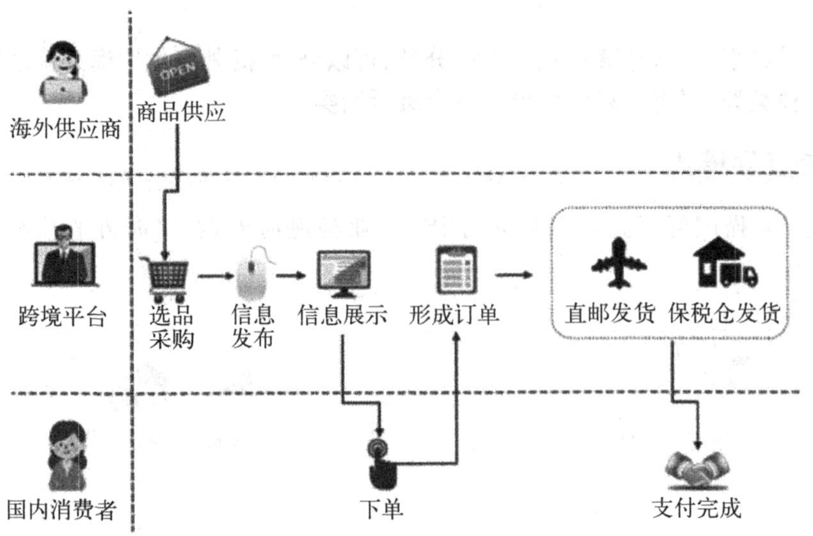

图 2-1-2 海外优选模式流程

此种模式中，比较有特点的是带有社群属性的小红书平台，小红书起源于论坛社区，主要以社交型 C2C 及 B2C 为主。社群模式，即 UGC(用户生成内容)模式，通过用户原创分享的海外购物经验，聚集了具有相同兴趣爱好的人群。一方面解决了用户买什么、什么值得买的问题；另一方面基于对社群用户行为数据及产品信息的分析，精准选品，并提供便捷的购物体验，解决了用户在哪里买的问题。与其他进口跨境电商模式相比，社群模式黏性高、竞争壁垒显著，商品也区别于综合型平台，其内容完全基于社群中的用户产生，是以需求为驱动的自下而上的一种创新模式。其主要盈利点来源于销售商品所得到的利润，主要运营点在于提升用户的转化率。随着移动社交电商的兴起，这种达人经济、意见领袖的模式受到年轻消费者的喜爱。

三、全球买手模式

代表企业：洋码头、淘宝全球购。全球买手模式流程如图 2-1-3 所示。

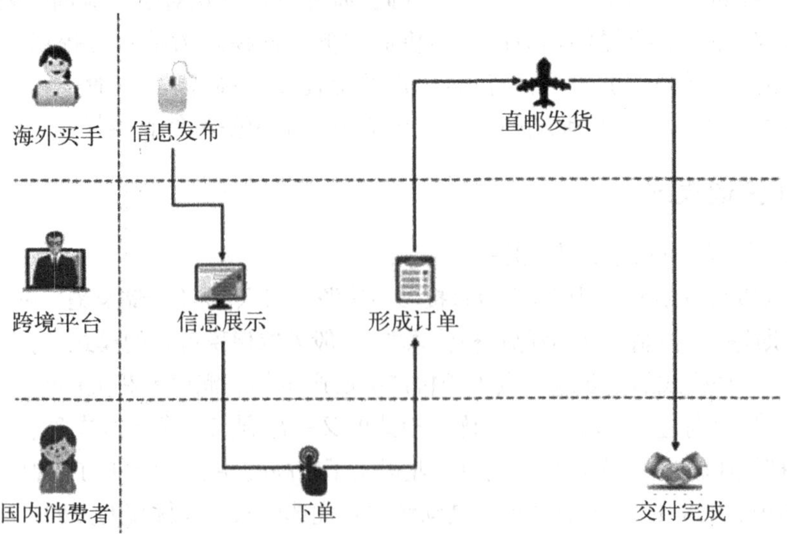

图 2-1-3 全球买手模式流程

该模式通过海外买手入驻平台开店，建立起海外买手与国内消费者的联系进而达成交易，是典型的平台型C2C模式。盈利点一般为提供转运物流服务等，以及平台本身的一些增值服务，平台入驻一般不收取任何费用。买手模式在品类上主要以长尾非标品为主，兼有个性化的商品。买手模式所覆盖的行业及商品较为广泛，买手对于海外市场的敏感度较高，产品迭代速度较快，消费黏性较高，存在一定的价格优势，满足了在进口消费中个性化、细致化、多样化的需求。商品交付一般以个人行邮为主，整个模式中比较依赖买手，服务体验参差不齐，信任度及品牌授权等法律风险问题或将限制其规模和发展。

四、线上线下融合模式

代表企业：京东海囤全球、天猫国际、网易考拉、聚美优品。线上线下融合模式流程如图2－1－4所示。

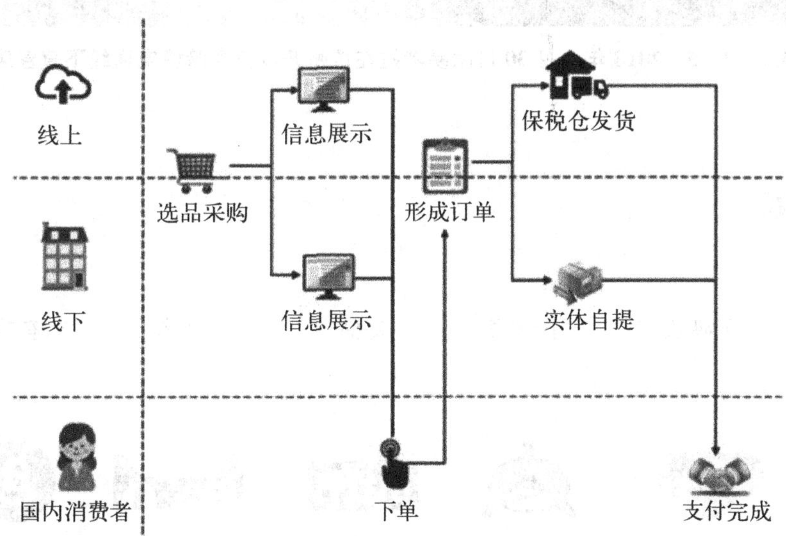

图2－1－4　线上线下融合模式流程

该模式为创新的O2O模式，通过线上线下融合的方式，将进口商品在线下进行展示，以扫码购买方式向线上导流。主要业务模式有保税备货模式及一般贸易模式，通过线下体验店与移动应用在系统层面打通，为消费者提供所见即所得的流畅体验。线上线下融合模式源于国内电商的O2O模式，应用在进口跨境电商中，在一定程度上可以缩短交易流程。通过线下实体展示，能够增强消费者对商品的信任度，同时能够触及具有跨境商品需求却无电商消费习惯的人群。线上线下融合模式目前看来多数处于创新探索阶段，各企业盈利点也略有不同，线下体验店成本较高，一般不作为盈利点，而是通过向线上导流，最终实现线上盈利。移动电商的快速发展，使得线上线下融合成为现实，随着人工智能、虚拟现实、增强现实等新兴技术的进一步发展，线上线下模式也将为传统零售业注入新的活力。目前国内很多进口跨境电商平台都在布局O2O线下体验店，不断探索提升用户体验。（如图2－1－5所示。）

图 2-1-5　2018 年 1 月 30 日网易考拉在杭州开设首家跨境电商线下直营店

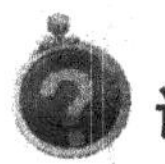

课后习题

1. 连线题：

亚马逊　　洋码头　　小红书　　天猫　　京东　　蜜芽　　网易

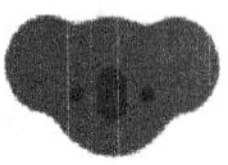

2. 单选题：小红书按运营模式分类，属于以下哪种模式(　　)。
   A. 海外直购　　B. 海外优选
   C. 全球买手　　D. 线上线下融合
3. 单选题：自称“海外购物神器”，是以下哪个平台(　　)。
   A. 小红书　　B. 海囤全球
   C. 洋码头　　D. 网易考拉
4. 单选题：海囤全球的前身是(　　)。
   A. 海豚网　　B. 全球购　　C. 跨境通　　D. 京东全球购
5. 多选题：洋码头，成立于 2009 年，一类是个人买手，模式是(　　)，另一类是商户，模式是(　　)。
   A. B2C　　B. O2O　　C. C2C　　D. M2C
6. 多选题：以下符合线上线下相融合模式的平台有(　　)。
   A. 海囤全球　　B. 聚美优品　　C. 网易考拉　　D. 天猫国际

7. 判断题：海外直供模式对于供应商一般要求具有海外零售资质和授权，并且需要提供相应的本地售后服务。（　）
8. 判断题：全球买手模式的盈利点是通过为买家卖家提供转运物流等服务的增值服务费以及商家入驻的手续费。（　）
9. 判断题：全球买手模式的平台，一般都是直邮发货的。（　）
10. 拓展题：
    登录“e网聚鲜”平台(www.ewfresh.com)，通过网络搜索等方式，说一说它是属于什么模式的？

学习评价

序　号	评　价　内　容	参　考　分　值	得　分
1	认识主流跨境电商进口平台	10	
2	能区分各平台的标志 logo	10	
3	能根据平台运营模式将平台进行分类	20	
4	掌握四种模式的具体流程	15	
5	能完成课后拓展题	15	
6	能够积极参与小组讨论	10	
7	能够积极回答老师提问	20	
总　分			

任务二　认识跨境电商出口平台

任务导入

John：相对于跨境进口平台来说，出口平台略复杂一点，你先说说知道哪些跨境出口平台？

王梦：我在新闻里看得最多的就是阿里巴巴的速卖通和亚马逊了，另外还听说过 eBay 和 Wish。

John：你说的这四个是目前最主流的跨境电商出口平台，这四个是全球综合平台，业务集中分布在欧美市场，除了这四个平台，还有一些针对东南亚、巴西、俄罗斯、印度等地的平台也十分有市场。

王梦：这个我还真没了解过。

John：我们来给几大主流出口跨境电商平台模式做个分类吧。

任务实施 1

罗列四大主流的跨境电商出口平台网址及其标志 logo。

跨境电商出口平台如表 2-2-1 所示。

表 2-2-1 跨境电商出口平台简介

跨境出口平台	网　　址	Logo
亚马逊	https://www.amazon.com	amazon
速卖通	https://www.aliexpress.com	AliExpress
eBay	https://www.ebay.cn	ebay
Wish	https://www.wish.com	wish

任务实施 2

将以下平台与其特征关键词配对连线。

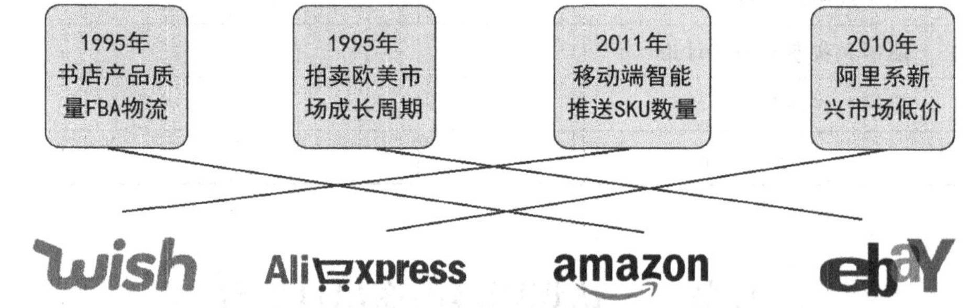

一、亚马逊(Amazon)

亚马逊最初只是一个网络书店(和国内的当当网类似),随着时间的推移,逐渐发展成为一个多元化、拥有社交媒体、搜索引擎、女性购物网站等 20 多个类目的全平台网站。商品发展到如今更是达到了 28 个大类覆盖了美食、生鲜、家电、首饰、图书等高达 600 多万种产品。

1995 年前,杰夫·贝佐斯用 30 万美元作为启动资金,在西雅图郊区租来的车库中,创建了全美第一家网络零售公司——Amazon.com(亚马逊公司)。贝佐斯用全世界最大的一条河流来命名自己的公司,是希望它能成为图书公司中名副其实的"亚马逊"。

亚马逊是面向全球的跨境电商平台,全球多站点运作,基本覆盖全球各个国家地区。亚马逊也是最先开展中国卖家跨境出口的国际电商平台。最初,中国卖家想要进驻亚马逊,只能以当地公民的身份注册账号,中国公民是很难入驻亚马逊的。现在,亚马逊为了让中国公民更好地进入亚马逊平台销售产品,在中国组建了亚马逊中国团队,并开启了"全球开店"的项目,让中国卖家可以直接通过中国招商团队更容易地进入亚马逊平台。亚马逊的全球开店项目是针对中国卖家开通亚马逊账户的一个快捷方式。

截至2019年5月1日,亚马逊在全球共有14个站点,"全球开店"项目中对中国企业开放的主要有10个海外站点,分别为:美国、加拿大、墨西哥、英国、法国、德国、意大利、西班牙、日本、澳大利亚。归类为我们常说的4个站点:

(一)北美站:美国、加拿大、墨西哥

一个北美站卖家账号就可以同时在亚马逊美国站、加拿大站、墨西哥站销售商品。美国是亚马逊最大的市场。

(二)欧洲站:英国、法国、德国、意大利、西班牙

卖家只需在欧洲任意一个亚马逊站点注册卖家账号,即可凭借这个账号在其他4个亚马逊欧洲站点销售商品。卖家只需要将产品发送到亚马逊的一个欧洲物流中心,亚马逊会根据物流系统将产品库存分配到欧洲的各个物流中心。

(三)日本站:日本

亚马逊卖家除了需要注册亚马逊日本站卖家账号外,还需寻找一个本地代理人来帮助办理进口报关和纳税。

(四)澳洲站:澳大利亚

亚马逊澳洲站需要独立注册。

二、亿贝(eBay)

亿贝平台的市场主要位于跨境电商产业相对成熟的欧美地区。相对于亚马逊,亿贝平台开店也较为简单,但该平台最大的一个特点就是其规则更加注重于维护消费者的权益,当买家因为产品或者物流方面的问题而与卖家发生纠纷时,亿贝进行的裁决往往会倾向于买家,从而导致卖家有可能遭受较高的损失。

亿贝平台的主要特点:

虽然在亿贝平台中开店相对比较简单,但卖家还需要详细了解其规则及制度。

1. 首先,卖家需要准备发送银行账单等相关资料及文件。

2. 与淘宝、天猫等国内电商平台不同的是,在亿贝上架产品需要付费。

3. 亿贝对卖家制定的考核期相对较长,而且一开始卖家只能上架10个品类以内的产品,交易形式被限制为拍卖,只有当卖家的交易量及店铺信誉达到一定的标准后,才能成为正式入驻卖家。

4. 当店铺被买家投诉时,很容易出现店铺被封停的情况,因此卖家要格外注意自己的产品质量,并为消费者提供优质服务。

全球商务领导者亿贝于2019年1月15日成功举办"上海品牌卖家高峰会暨eBay 2018年度上海品牌之星颁奖典礼"。

据亿贝内部数据显示,2018年亿贝上海卖家销售额最大的五大品类分别是:汽配、家居园艺、工业用品、服饰鞋帽及配饰、DIY家具。

三、速卖通 AliExpress

阿里巴巴旗下的速卖通于2010年9月正式开始运营,它不但依托淘宝、天猫等平台提供的强大资源,成为全球品类最为齐全的跨境电商平台之一,更凭借着极高的用户流量在国际市场取得了较高的话语权。

早期的速卖通卖家跟国内淘宝一样,主要是低价策略,但随着2015年开始的平台卖家企业化,随后的品牌化和品牌类目管理政策的实行后,速卖通也随着跟亚马逊一样变成一个十分注重产品品质和品牌的平台。

(一) 速卖通和淘宝的区别

淘宝面向国内卖家,通过国内快递发货;速卖通面向海外买家,通过支付宝国际账户进行担保交易,并使用国际快递发货。

(二) 速卖通和阿里巴巴国际站的区别

阿里巴巴国际站是让供应商完成信息的发布和展示的平台,买家如果在国际站上采购样品或外贸试单,就像在自由市场买东西,产品价格需要买卖双方商议确认后订单才能继续进行的。而全球速卖通则是在线交易平台,要求卖家标明价格、支持第三方担保支付以及国际快递发货,适合支持国际快递的中小订单交易。简单来说就像在超市采购。

四、Wish

Wish是一款移动APP平台,和其他电商平台最大的区别在于Wish是基于手机端APP的运用,买家都是通过移动端浏览和购物的。

2011年12月Wish成立于美国。成立之初,Wish只能向用户推送信息,并不涉及商品交易。2013年3月升级为购物平台,同年6月推出移动APP。Wish在美国市场中拥有大量的忠实用户群体,该平台中销量较高的产品主要为服装、配饰、珠宝等。平台中的绝大部分用户流量来自移动终端,拥有超过4 700万名用户。从消费需求日趋移动化、碎片化的发展趋势来看,Wish平台在未来将拥有巨大的发展前景(见图2-2-1)。

Wish的商业模式特点如下:

(一) 盈利模式

Wish平台主要收入来源是每次交易的佣金,目前收费标准是交易额的15%(即产品和运费总和的15%),卖家入驻Wish不收取平台费,也不需要缴纳保证金、押金,更不用交推广费用,卖家上传商品后,Wish APP会根据你的产品进行定向推送。

(二) 技术模式

Wish淡化了品类浏览和搜索,去掉促销、专注于关联推荐。优势在于wish能通过智能化推荐技术,与用户保持一种无形的互动,从而极大地增强用户的黏性。Wish既能像导购网站一样,为用户推荐商品,也能像社交网站一样,以一种瀑布流的方式为用户展示精美图片。

(三) 经营模式

Wish的优势在于技术,把智能推送算法技术完全运用到电商中,采用本土化的网站建设方式,针对不同国家采用当地的语言,简易可读。网站门槛低,以免费的方式吸引卖家注册用户,成为会员,汇聚商流,活跃市场,从而创造商机。

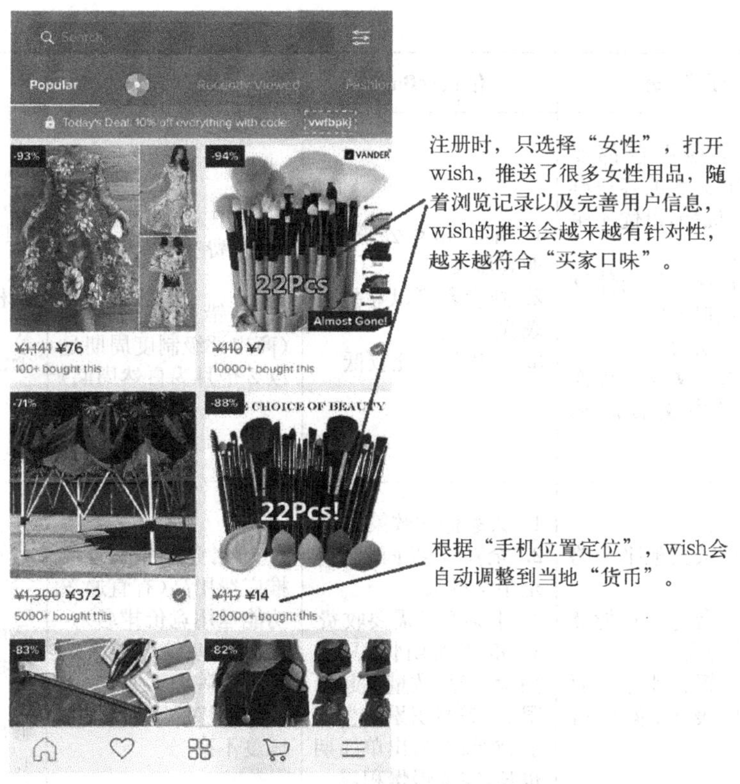

图 2-2-1　Wish APP 界面

（四）业务推广模式

- 鼓励用户通过社交媒体注册：鼓励新用户使用 Facebook 和 Google+等社交媒体账户与站点互动，这样 Wish 就能根据用户兴趣向其展示产品，专注于社交媒体也使得 Wish 保持客户的透明度。
- 专注于核心产品：由于 Wish 采用的是移动技术，因此公司在用户界面及移动应用程序方面花费了大量信息，将资源集中投入于核心平台的改进工作，而不是分散关注多个不同的收入流。
- 将社交媒体与购物相结合：Wish 应用程序本身就像是一个社交媒体站点，用户可以相互关注，查看彼此喜欢的产品和交换 Wish 清单。

任务实施 3

将任务一中的四大主流跨境电商出口平台，从销售模式、平台优势、平台劣势、平台排名影响因素四方面进行横向比较，填制对比表(见表 2-2-2)。

表 2-2-2　　四大主流跨境电商出口平台对比表

类别	亚 马 逊	亿贝(eBay)	速 卖 通	Wish
销售模式	主要针对企业客户，业务多元化	主要针对个人消费者，在欧美比较受欢迎	主要针对企业客户，75%的海外市场分布在俄罗斯、巴西、美国、西班牙和土耳其	数据分析起家，主要针对移动端买家，能够根据客户的兴趣推送产品

续表

类别	亚马逊	亿贝(eBay)	速卖通	Wish
优势	1. 比其他平台都要早,拥有庞大的客户群和流量优势,以优质服务著称 2. 具有强大的仓储物流系统和服务 3. 站点联动 4. 提供中文注册界面和卖家中文版店铺后台	1. 排名相对公平,专业客服支持 2. 新卖家可以靠拍卖曝光 3. 开店门槛比较低	1. 全中文操作界面 2. 免费发布大部分品类 3. 容错性相对较高(商户评级制度周期是以2个月为自然周期)	1. 良好的本土化支持 2. 上架货品非常简单,主要运用标签进行匹配 3. 利润率非常高、竞争相对公平 4. 精准营销,点对点个性化推送 5. 客户满意率较高 6. 社交网站引流,营销定位清晰
劣势	1. 手续较其他平台略复杂 2. 同一台电脑只能登录一个账号 3. 收款银行账号需要注册自美国、英国等国家	1. 买家保护政策强势 2. 全英文界面(已有全中文网页) 3. 上架产品需要收费 4. 审核周期长,只能拍卖,产品数量有起始限制,需要积累信誉才能越卖越多,出单周期也长,需要慢慢积累	1. 价格竞争激烈宣传推广费用高(有直通车功能运用竞价排名) 2. 运营政策偏向大卖家和品牌商 3. 买家对于平台的忠诚度不高	1. 商品审核时间过长,短则2个星期,长则2个月 2. 费用较高,15%商品成交费用和1.2%的提现费用 3. 物流解决方案不够成熟 4. 平台的买卖纠纷规则模糊
平台排名影响因素	关键词、满意度、买家评价	卖家表现、产品数量和更新速度、产品价格	卖家评级、价格、产品销量、产品评级	标签准确性、产品数量、描述和图片、产品价格

任务实施4

除了四大主流跨境电商出口平台外,一些针对俄罗斯、巴西、东南亚等新兴市场国家和地区的电商平台也非常值得关注,将以下平台与国家或地区进行连线。

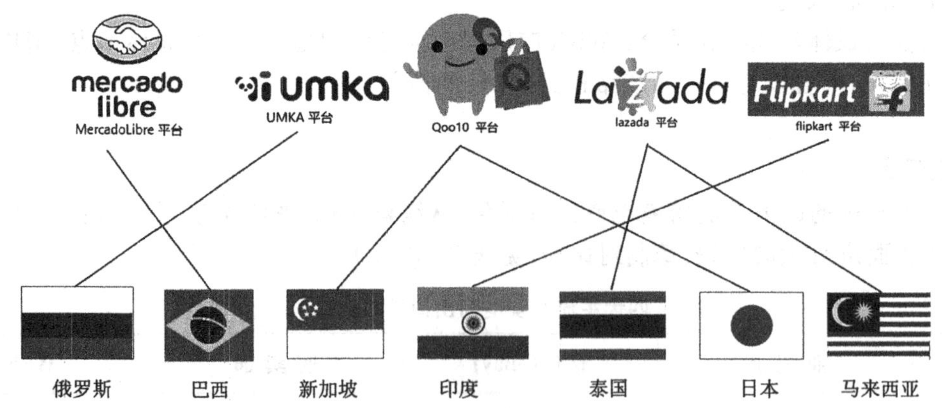

一、UMKA平台

UMKA(俄语翻译为“熊孩子”),是俄语地区最大的中国商品在线购物网站之一。平台于

2015年6月18日对中国卖家正式开放入驻，2015年7月30日正式上线。中国零售商通过UMKA平台渠道可以简单、直接地接触到俄语区12个国家约3.5亿的消费者。UMKA平台上拥有大量的产品，产品种类涵盖电子产品、家庭用品、影音器材、户外运动、汽车配件等。

小贴士：俄罗斯人的消费习惯

俄罗斯被誉为跨境电商潜力最大的市场，且牢牢占据了中国跨境电商交易的头把交椅。2018年，从中国出口发往俄罗斯的包裹多达2亿个，占中国出口包裹的12%。相关资料显示，在网上最受俄罗斯人欢迎的产品类别是服装、鞋子、电子产品以及美容品。

俄罗斯人的消费习惯：

1. 保暖用品冬季必备

俄罗斯的冬天十分寒冷，保暖用品帽子、围巾、手套是必备品。卖家在俄罗斯冬季的时候要做好保暖用品的库存工作，注重商品的保暖性能。

2. 热销的家居服饰

俄罗斯人在家换家居服饰、家居鞋，洗完澡会穿浴袍，睡觉的时候喜欢穿薄的睡衣。因此，卖家要了解俄罗斯人的生活习惯，深层次挖掘不同的家居用品。

3. 爱度假的俄罗斯人

在俄罗斯，尤其是年轻人和孩子，有度假的习惯。一到节假日、放假的时候会带上家人朋友去海滩，此时，泳装、适宜海滩的衣服、沙滩鞋之类的度假用品都是不可或缺的。

4. 运动是俄罗斯人生活的重要组成部分

俄罗斯人会经常购买运动服、运动鞋、泳装等体育用品。俄罗斯品牌“Forward”是俄罗斯第一家全国性的运动服装品牌，该品牌受到了俄罗斯总统普京的高度评价，深受俄罗斯人的喜爱。

5. 俄罗斯女性偏爱美容产品

据调查，有超过一半的俄罗斯网购消费者年龄在25～34岁，主要集中在莫斯科和圣彼得堡，51%的网购者是女性。俄罗斯女性很喜欢追赶流行，时刻关注新款的服装、鞋、包。一些当季热门和热卖的新奇、创意、流行的商品比较受追捧。此外，对美容类以及饰品，头饰产品也十分喜爱。

6. 节假日购物

每逢俄罗斯重要传统的节假日，如元旦、圣诞节、洗礼节(1月19日，洗礼节是俄罗斯族的传统宗教节日)，俄罗斯人都会给家人、朋友们购买礼物。商家可针对不同的节假日，推出适合的礼品，满足他们送礼的需求。

二、Mercado Libre平台

Mercado Libre是拉丁美洲最大的电子商务平台，目前其电商业务范围已覆盖巴西、阿根廷、墨西哥、智利、哥伦比亚等19个拉丁美洲国家。Mercado Libre是世界第七大访问量的零售网站。平台成立于1999年，从2015年开始，Mercado Libre把平台开放给国际卖家，正式开展跨境电商业务，相继开放美国、中国市场，并设立分公司。

拉美地区制造业并不发达，工厂并不多，反观国内服装制造业和消费电子制造业非常繁荣，所以中国卖家在拉美地区有非常大的优势。经过统计，Mercado Libre平台上热卖的产品

类目有：手机、时尚、家居、园艺、汽车配件和体育用品等类目。

三、Qoo10 平台

Qoo10 是一个综合性的 B2C 平台。以新加坡、日本为重点，已在亚洲 6 个国家和地区共有 7 个购物站点，并拟定在不久的将来继续向其他亚洲国家和地区扩充和发展。

Qoo10 目前在新加坡站最为出色，是新加坡的第一大电商平台，可谓新加坡版的淘宝。它也是东南亚 B2C 平台中最成熟的一个本地化 B2C 平台。平台商品种类繁多，包括了各种电子配件、服装、食品甚至门票。

Qoo10 的一大特色是可以在当地的便利店 7－11 付款，方便了那些没有信用卡的人。

四、Flipkart 平台

印度以人口全球第二而为人所熟知，但是印度是电商用户数量排名全球第二的国家这一点可能就没有多少人知道了。Flipkart 就是印度本土电商中的佼佼者。

Flipkart 平台成立于 2007 年，是由亚马逊的两名印度籍员工萨钦·班萨尔（Sachin Bansal）和比尼·班萨尔（Binny Bansal）共同创建。公司总部设立于印度班加罗尔，起初平台与亚马逊类似，专注于图书销售，之后扩展到其他的品类，如消费电子、服饰、时尚品等。截至 2017 年，Flipkart 在印度本土的市场占有率达到 39.5%的份额。2018 年 8 月 18 日沃尔玛以 160 亿美元的价格收购其 77%的股份。

平台的优势有以下几点。

（一）平台流量优势

Flipkart 平台的月访客数高达 6 980 万，网站国内排名第 9，全球排名 173 名，整站用户数量超过 10 亿。

（二）平台产品优势

Flipkart 平台上 SKU（库存量单位，Stock Keeping Unit）数量超过 80 万。

（三）平台物流优势

物流覆盖 1 000 座城市以上，因此卖家入驻后不需要考虑商品的物流问题，只需要提供商品提货点给到 Flipkart，平台的物流合作商会协助运输。

五、Lazada 平台

Lazada 是东南亚地区最大的在线购物网站，成立于 2012 年，总部设在新加坡。目前开设印度尼西亚、马来西亚、菲律宾、新加坡、泰国和越南 6 个东南亚国家站点，覆盖大约 6 亿消费者。据 Lazada 平台介绍 Lazada 年经营额已达 10 亿美元，日均访问量 400 万，入驻 Lazada 平台的商家数超过 1.5 万。Lazada 的移动端销售业务占到了 50%以上，包括移动端和 wap 版的网站等，而移动端下载量最高能达到 30 万次每月。2015 年 Lazada 开始在中国招商，2016 年 4 月，被阿里巴巴以 10 亿美元收购。

东南亚地区地理条件特殊，Lazada 开立站点的六个国家均是岛国，各国绝大多数用品都是通过进口的模式，消费者在主要城市之外很难买到想要的商品。另外，东南亚人口年轻化，是电商行业的主要受众群体。Lazada 的发展前景非常良好。

课后习题

1. 单选题："移动端、智能推送"是以下哪个平台的关键词？（　　）
   A. 亚马逊　　B. 速卖通　　C. eBay　　D. Wish
2. 单选题：亚马逊最初主营的商品是（　　）。
   A. 书籍　　B. 母婴　　C. 服装　　D. 化妆品
3. 单选题：Wish平台主要收入来源是（　　）。
   A. 物流费　　B. 交易佣金　　C. 推广费　　D. 商品上架费
4. 多选题：亚马逊北美站，包括以下哪些国家（　　）。
   A. 美国　　B. 加拿大　　C. 古巴　　D. 墨西哥
5. 多选题：速卖通的劣势有（　　）。
   A. 价格竞争激烈宣传推广费用高（有直通车功能运用竞价排名）
   B. 运营政策偏向大卖家和品牌商
   C. 买家对于平台的忠诚度不高
   D. 新卖家可以靠拍卖曝光
6. 多选题：在亿贝，影响排名的因素有（　　）。
   A. 产品数量　　B. 卖家表现　　C. 产品更新速度　　D. 产品价格
7. 判断题：在eBay，买家因为产品或者物流方面的问题而与卖家发生纠纷时，eBay进行的判决往往会倾向于卖家。（　　）
8. 判断题：Mercado Libre是拉丁美洲的电子商务平台。（　　）
9. 判断题：在Qoo10上下单的买家，可以在当地7-11便利店进行付款。（　　）
10. 判断题：Lazada是东南亚地区最大的在线购物网站，成立于2012年，总部设在泰国。（　　）

学习评价

序　号	评　价　内　容	参　考　分　值	得　分
1	认识主流跨境电商出口平台	10	
2	能对主流跨境电商出口平台进行横向比较	10	
3	认识新晋地区性跨境电商出口平台	20	
4	认识跨境电商出口平台Logo	15	
5	能完成课后习题	15	
6	能够积极参与小组讨论	10	
7	能够积极回答老师提问	20	
总　分			

项目三　认识跨境电商物流

项目背景

午休时，公司食堂的电视屏幕正在播放央视“一带一路”的公益广告，John Liu就给王梦科普了“一带一路”对跨境物流的重要意义。

我国跨境电商发展相对于国内电商发展的速度而言，是比较缓慢的，造成这一现象的主要原因是物流方式的发展受限，不能够满足需求。而“一带一路”政策的实施对跨境电商的发展起到了极大的促进作用。

另外，下周王梦将进入公司物流部进行轮岗学习，她的表现如何呢？

项目要点

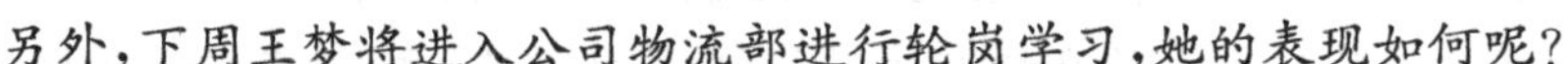

◇ “一带一路”的内容和意义
◇ “六廊六路多国多港”的内容
◇ “一带一路”对跨境电商物流的影响
◇ 跨境电商物流运输的六种方式
◇ 选择合适的跨境物流运输方式

任务一　认识“一带一路”

任务导入

王梦：一直听新闻说“一带一路”，那“一带”是什么，“一路”又是什么呢？

John：一带指“丝绸之路经济带”，是在古丝绸之路概念基础上形成的一个新的经济发展区域。圈定新疆（“丝绸之路经济带”核心区）、陕西、甘肃、宁夏、青海、内蒙古、黑龙江、吉林、辽宁、广西、云南、西藏、重庆13省市；一路指“21世纪海上丝绸之路”，圈定上海、福建（“21世纪海上丝绸之路”核心区）、广东、浙江、海南5省市。“一带一路”不是一个实体和机制，而是合作发展的理念和倡议。

任务实施 1

简述"六廊六路多国多港"的含义。

2013 年 9 月 7 日，国家主席习近平在哈萨克斯坦纳扎尔巴耶夫大学发表演讲，提出了共同建设"丝绸之路经济带"的畅想。同年 10 月 3 日，习近平在印度尼西亚国会发表演讲，提出共同建设"21 世纪海上丝绸之路"。这二者共同构成了"一带一路"重大倡议。为推进"一带一路"建设，我国提出"六廊六路多国多港"的建设框架思路。

一、"六廊"

"六廊"是指六大国际经济合作走廊，"六廊"具体指中蒙俄、新亚欧大陆桥、中国—中亚—西亚、中国—中南半岛、中巴、孟中印缅六条国际经济合作走廊。

六大经济走廊已经成为"一带一路"的战略支柱、作为"一带一路"倡议的主要内容和骨架，这些优先发展的经济走廊将沿线 60 多个发展中国家列为中国对外交往的优先和重点对象，并将"一带一路"倡议构想落到了实处。

其中新亚欧大陆桥经济走廊中的"中欧班列"项目对中俄跨境电商物流起着决定性的促进作用。

新亚欧大陆桥又名"第二亚欧大陆桥"，是从江苏省连云港市到荷兰鹿特丹港的国际化铁路交通干线，国内由陇海铁路和兰新铁路组成。大陆桥途经江苏、安徽、河南、陕西、甘肃、青海、新疆 7 个省区，到中哈边界的阿拉山口出国境。出国境后可经 3 条线路抵达荷兰的鹿特丹港。中线与俄罗斯铁路友谊站接轨，进入俄罗斯铁路网，途经斯摩棱斯克、布列斯特、华沙、柏林到达荷兰的鹿特丹港，全长 10 900 千米，辐射世界 30 多个国家和地区。

"中欧班列"是指按照固定的车次、线路、班期和全程运行时刻开行，往来于中国与欧洲以及"一带一路"沿线各国的集装箱国际线路联运班列。中欧班列具有安全快捷、绿色环保、受自然环境影响小等综合优势，已成为国际物流中陆路运输的骨干方式，为服务中国对外经贸发展，贯通中欧陆路贸易通道，实现中欧间的道路联通、物流畅通，推进国家"一带一路"建设提供了运力保障。

从 2011 年 3 月 19 日重庆首趟"渝新欧"班列开行以来，南昌、成都、郑州、武汉、苏州等 16 个城市立足本地区域优势、铁路运输条件和产业基础，相继开通了前往德国杜伊斯堡、汉堡，西班牙马德里等 12 个欧洲城市的集装箱班列。中欧班列的开行有利于推动"一带一路"发展战略，加快物流网络现代化建设，全面提升对外开放水平；对节约物流成本，提高国际市场竞争力，促进中国经济社会发展具有积极意义。目前，中国铁路已经铺画了班列运行线路 39 条，全国已累计开行中欧班列 1 700 列以上，但随着班列的发展，也出现了名称标识不统一、市场发展不规范等问题。

2016 年 6 月 8 日，中国铁路决定正式启用中欧班列统一品牌。印有同一品牌标志的中欧班列当日分别从重庆、成都、郑州、武汉、长沙、苏州、东莞、义乌八地始发。今后，中国开往欧洲的所有中欧班列将全部采用这一标志。

小贴士："沪欧通"跨境电商中欧班列

2018 年 3 月 30 日，随着几声汽笛的长鸣，一列身披红花、满载商品的货运专列从上海杨浦站缓缓发出——由中国铁路上海局集团有限公司、中铁集装箱运输有限责任公司、中远海集装箱运输有限公司和大洋物流集团有限公司(NEP Logistics)共同推出的“车轮上的海外仓”——跨境电商中欧班列(沪欧通),正式开启了从上海到莫斯科的旅程。

“沪欧通”计划以一周一列定时定点开出,12 天直达俄罗斯、中亚、欧洲等国,比海运的速度快了近一倍(见图 3-1-1)。

图 3-1-1 首列跨境电商中欧班列(沪欧通)从上海杨浦站发车

二、“六路”

“六路”是指铁路、公路、水路、空路、管路、信息高速路互联互通路网。它是“一带一路”基础设施互联互通的主要内容(见图 3-1-2)。

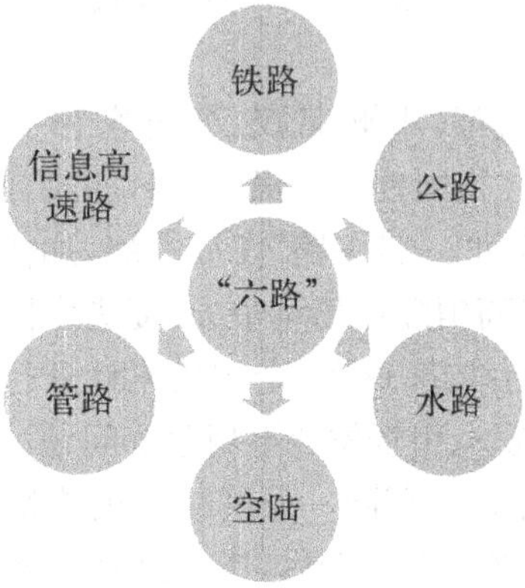

铁路
信息高速路
公路
“六路”
管路
水路
空陆

图 3-1-2 “六路”

(一) 铁路合作

截至 2018 年底,中欧班列已经联通亚欧大陆 16 个国家的 108 个城市,累计开行 1.3 万列。

(二) 公路合作

中国与 15 个沿线国家签署了包括《上海合作组织成员国政府间国际道路运输便利化协定》在内的 18 个双多边国际运输便利化协定。

(三) 港口合作

中国与 47 个沿线国家签署了 38 个双边和区域海运协定。

(四) 航空运输合作

自“一带一路”倡议提出后的 5 年,中国与沿线国家新增国际航线 1 239 条,占新开通国际航线总量的 69.1%。

(五) 能源设施建设

中国与沿线国家签署了一系列合作框架协议和谅解备忘录,在电力、油气、核电、新能源、煤炭等领域开展了广泛合作。

（六）通信设施建设

中缅、中巴、中吉、中俄跨境光缆信息通道建设取得明显进展。

三、“多国”

“多国”是指选取若干重要国家作为合作重点。

“一带一路”沿线有众多国家，中国既要与各国平等互利合作，也要结合实际与一些国家率先合作，争取有示范效应、体现“一带一路”理念的合作成果，吸引更多国家参与共建“一带一路”。一批先期合作国家，也就是我们说的“多国”。

目前，陆上丝绸之路主要以中亚五国为合作对象，而海上丝绸之路以“东盟”为合作对象，沿线共包含 65 个国家。主要包括以下国家：

中国、蒙古、俄罗斯；

东南亚 11 国（东盟）：印度尼西亚、泰国、马来西亚、越南、新加坡、菲律宾、缅甸、柬埔寨、老挝、文莱、东帝汶；

南亚 8 国：印度、巴基斯坦、孟加拉国、斯里兰卡、阿富汗、尼泊尔、马尔代夫、不丹；

西亚北非 16 国（石油重要产出地）：沙特阿拉伯、阿联酋、阿曼、伊朗、土耳其、以色列、埃及、科威特、伊拉克、卡塔尔、约旦、黎巴嫩、巴林、也门共和国、叙利亚、巴勒斯坦；

中东欧 16 国：波兰、罗马尼亚、捷克共和国、斯洛伐克、保加利亚、匈牙利、拉脱维亚、立陶宛、斯洛文尼亚、爱沙尼亚、克罗地亚、阿尔巴尼亚、塞尔维亚、马其顿、波黑、黑山；

中亚 5 国：哈萨克斯坦、乌兹别克斯坦、土库曼斯坦、吉尔吉斯斯坦、塔吉克斯坦；

独联体其他 6 国：乌克兰、白罗斯、克鲁吉亚、阿塞拜疆、亚美尼亚、摩尔多瓦。

四、“多港”

“多港”就是建设若干海上支点港口，同时要重点建设三条蓝色经济通道：以中国沿海经济带为支撑，连接中国—中南半岛经济走廊，经南海向西进入印度洋，衔接中巴、孟中印缅经济走廊，共同建设中国—印度洋—非洲—地中海蓝色经济通道；经南海向南进入太平洋，共建中国—大洋洲—南太平洋蓝色经济通道；积极推动共建经北冰洋连接欧洲的蓝色经济通道。

任务实施 2

图 3-1-3 是“一带一路”国际合作高峰论坛的 Logo 标志，从其设计含义，来分析“一带一路”的共建原则。

2019 年 4 月 27 日，第二届“一带一路”国际合作高峰论坛在北京雁栖湖国际会议中心举行圆桌峰会。共 40 个国家和国际组织的领导人出席圆桌峰会，围绕“共建‘一带一路’、开创美好未来”的主题，就推进互联互通、加强政策对接以及推动绿色和可持续发展等议题深入交换意见，达成广泛共识，并通过了联合公报。中国国家主席习近平主持会议。

图 3-1-3 “一带一路”国际合作高峰论坛 Logo

会议标志以金、蓝色丝带代表“丝绸之路经济带”和“21 世纪海上丝绸之路”，辅以红、蓝、棕、白、黑色彩元素。既体现“一带一路”多样性，也具有中国特色。两条丝带汇聚形成球形，体现包容、团结、合作的寓意，代表全球合作，互利共赢的利益共同体、命运共同体。同时丝带构成英文字母“S”，代表丝绸（Silk）。球形中心隐含“大雁塔”，寓意丝绸之路是以中国为中心，始于西安，惠及全球。丝带下方嵌入高峰论坛英文简称缩略语“BRF”。

会议再次强调，“一带一路”共建必须遵守和平共处五项原则，即尊重各国主权和领土完整、互不侵犯、互不干涉内政、和平共处、平等互利。

- 坚持开放合作。“一带一路”相关的国家基于但不限于古代丝绸之路的范围，各国和国际、地区组织均可参与，让共建成果惠及更广泛的区域。
- 坚持和谐包容。倡导文明宽容，尊重各国发展道路和模式的选择，加强不同文明之间的对话，求同存异、兼容并蓄、和平共处、共生共荣。
- 坚持市场运作。遵循市场规律和国际通行规则，充分发挥市场在资源配置中的决定性作用和各类企业的主体作用，同时发挥好政府的作用。
- 坚持互利共赢。兼顾各方利益和关切，寻求利益契合点和合作最大公约数，体现各方智慧和创意，各施所长，各尽所能，把各方优势和潜力充分发挥出来。

任务实施 3

观看视频，分组讨论，古今“丝绸之路”的差异，并完成对比表 3-1-1。

2014 年 6 月 22 日在卡塔尔多哈进行的第 38 届世界遗产大会宣布，中哈吉共同申报的“丝绸之路”项目，成功列入世界文化遗产，成为首例跨国合作、成功申遗的项目。

表 3-1-1　古今“丝绸之路”差异表

	古代丝绸之路	现代丝绸之路
时代背景	农业社会的自然经济	工业化、信息化、经济全球化
范　　围	亚欧大陆和非洲	全球（包括南北美洲）
经济交流方式	商品输出	商品和资本输出
贸易方式	中转贸易	直接贸易
交通通信方式	人力、畜力、帆船	现代交通技术和现代通信技术

从时代背景上来讲，古代丝绸之路出现在农业社会的自然经济条件下；今天一带一路则出现在工业化、信息化和经济全球化的时代。

从范围上讲，古代陆上丝绸之路是连接欧亚的陆上通道，海上丝绸之路是中国与印度洋各国间的海上通道；而当今的一带一路则是覆盖全球，包括南北美洲的经济文化交流网络。

从经济交流方式看，古代丝绸之路是商品输出，即东西方物产、商品的贸易往来；而如今在商品输出的同时，资本输出，即对外投资，也成为经济交流的重要手段。

从交通方式来看，古代海上丝绸之路主要利用古帆船，陆上丝绸之路则利用人力和畜力；

当今丝绸之路则利用公路、铁路(欧亚大陆桥)、航空、远洋航运等现代交通技术以及现代通讯技术展开了高效便捷的交往。

课后习题

1. 单选题:2013年9月7日,中国国家主席习近平在哈萨克斯坦发表重要演讲,首次提出了加强政策沟通、道路联通、贸易畅通、货币流通、民心相通,共同建设(　　)的倡议。
   A. 丝绸之路经济带　B. 21世纪海上丝绸之路
   C. 一带一路　D. 丝绸之路
2. 单选题:"一带一路"构想是对古代丝绸之路、海上丝绸之路的(　　)。
   A. 开拓和创新　B. 复兴和开拓　C. 继承和发展　D. 传承和延续
3. 单选题:"一带一路"共建原则体现为(　　),各尽所能。
   A. 各取所需　B. 各抒己见　C. 各施所长　D. 物尽其用
4. 单选题:"一带一路"这条世界上跨度最长的经济大走廊,发端于(　　)。
   A. 德国　B. 日本　C. 美国　D. 中国
5. 单选题:新亚欧大陆桥又名"第二亚欧大陆桥",是从江苏省连云港市到(　　)的国际化铁路交通干线。
   A. 荷兰鹿特丹港　B. 荷兰阿姆斯特丹港
   C. 葡萄牙里斯本港　D. 德国不来梅港
6. 多选题:丝绸之路起始于古代中国,是连接(　　)的古代商业贸易路线。
   A. 亚洲　B. 欧洲　C. 非洲　D. 美洲
7. 多选题:"一带一路"构想提出了沿线国家合力打造平等互利、合作共赢的(　　)。
   A. 经济共同体　B. 利益共同体　C. 道义共同体　D. 命运共同体
8. 多选题:为推进"一带一路"建设,我国提出(　　)的建设框架思路。
   A. 六廊　B. 六路　C. 多国　D. 多港
9. 判断题:"中欧班列"是指按照固定的车次、线路、班期和全程运行时刻开行,往来于中国与欧洲以及"一带一路"沿线各国的集装箱国际线路联运班列。(　　)
10. 判断题:目前,陆上丝绸之路主要以南亚8国为合作对象,而海上丝绸之路则以"东盟"为合作对象。(　　)

学习评价

序　号	评　价　内　容	参　考　分　值	得　分
1	知晓"一带""一路"的含义	10	
2	知晓"六廊六路多国多港"的具体内容	10	
3	能指出"六廊"在地图上的位置	10	
4	了解中欧班列对跨境电商物流的影响	10	
5	知晓"一带一路"合作国家	10	

续表

序号	评价内容	参考分值	得分
6	能够说出“一带一路”国际合作高峰论坛Logo标志的设计含义	10	
7	熟记“一带一路”共建原则	10	
8	能够填制古今丝绸之路差异表	10	
9	能够积极参与小组讨论	10	
10	能够积极回答老师提问	10	
总分			

任务二　了解跨境运输方式

任务导入

John：王梦，还记得“一带一路”中提到的“六路”吗？

王梦：记得，“六路”分别指的是铁路、公路、水路、空路、管路、信息高速路互联互通路网。

John：这里的“铁路、公路、水路、空路”是跨境物流中四种货物运输方式，我们要根据合同、商品、运输路线、价格费用及政策环境等实际情况，选择一种最恰当的运输方式来运输。

任务实施1

根据公路、铁路、水路和空路四种运输方式的特点进行比较，评出运量第一名、运价第一名、速度第一名、连续性第一名和灵活性第一名详见表3-2-1。

表3-2-1　四种运输方式排名比较

运输方式	公路	铁路	水路	空路
运量	3	2	1	4
运价	3	2	1	4
速度	2	3	4	1
连续性	2	1	4	3
灵活性	1	3	4	2

一、公路运输

国际公路货物运输是指国际货物借助一定的运载工具，沿着公路作跨及两个或两个以上国家或地区的移动过程，起重要的衔接作用，见表 3-2-2。

表 3-2-2　　公路运输的特点

公路运输的特点	
定　义	最普及的一种运输方式，主要运载工具为汽车。
时　间	公路运输相比起其他运输模式，可以装车后直接开始运输，货物申报流程也比较简单，在短距离运输的情况下有时间优势。
距　离	因为公路运输本身的特性，运输距离越近，性价比越高。随着运输距离的增加，性价比逐渐下降。
货　损	因为公路运输装卸环节少，货损货差小，损失比例也较小。
局限性	1. 运输能力小。汽车运输的运输单位小，运输量和汽车台数与操作人员数成正比，产生不了大批量输送的效果。 2. 安全性差。在运行中司机的自由意志起主要作用，容易发生交通事故，对人身、货物、汽车本身造成损失。

总的来说，公路运输速度快、机动性强、运量小、运营成本高、可靠性一般。因此，公路运输比较适宜在内陆地区运输货物；可以与铁路、水路联运，为铁路、港口疏运物资；可以深入山区及偏僻的农村进行货物运输；在远离铁路的区域从事干线运输。

二、铁路运输

铁路货物运输是现代运输主要方式之一，也是构成陆上货物运输的两个基本运输方式之一。它在整个运输领域中占有重要的地位，并发挥着越来越重要的作用。

铁路运输由于受气候和自然条件影响较小，且运输能力及单车装载量较大，在运输的经常性和低成本性方面占据了优势，再加上有多种类型的车辆，使它几乎能承运任何商品，几乎可以不受重量和容积的限制，而这些都是公路和航空运输方式所不能比拟的，见图 3-2-1。

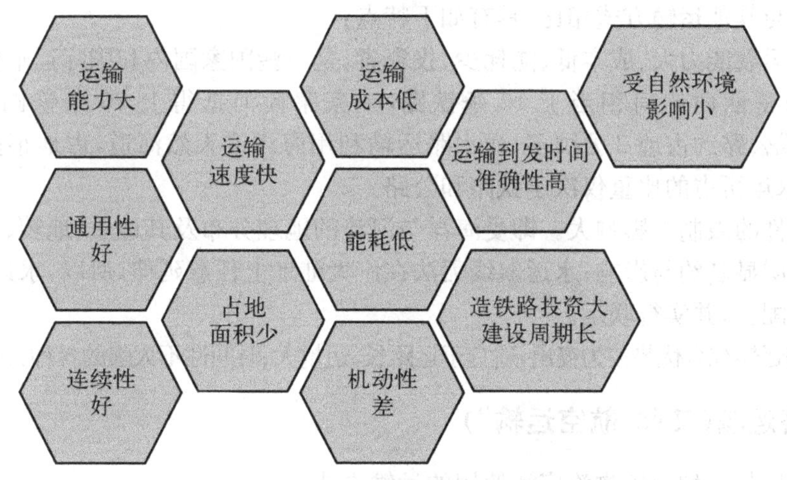

图 3-2-1　铁路运输的特点

根据中国铁路现有技术条件，铁路货物运输种类分为整车、零担、集装箱三种。三者的主要区别是：

① 整车运输要求货物在 3 吨以上，且适合整车装运；整车适合运输大宗货物。

② 零担运输即不适合整车装运的货物；零担适合运输小批量的零星货物。

③ 集装箱运输要求是集装箱单元进行装载的。集装箱适合运输精密、贵重、易损的货物。

综合考虑，铁路适合在内陆地区运送中、长距离、大运量，时间性强、可靠性要求高的一般货物和特种货物。

三、水路运输

水路运输是以船舶为主要运输工具、以港口或港站为运输基地、以水域包括海洋、河流和湖泊为运输活动范围的一种运输方式。水运至今仍是世界上许多国家最重要的运输方式之一。

水路运输是目前各主要运输方式中兴起最早、历史最长的运输方式。其技术经济特征是载重量大、成本低、投资少，但灵活性小，连续性也差。较适用于担负大宗、低值、笨重和各种散装货物的中长距离运输，其中特别是海运，更适于承担各种外贸货物的进出口运输。

对跨境物流来说，水路运输在远距离大宗货物运输上有无可替代的地位。

按照不同的分类方法可以归纳为以下种类(见表 3 - 2 - 3)。

表 3 - 2 - 3　　水路运输的分类

分类方法	种　类	分类方法	种　类
按贸易种类分	1. 外贸运输 2. 内贸运输	按运输工具分	1. 船舶运输 2. 排筏运输
按航线区域分	1. 远洋运输 2. 沿海运输 3. 内河/湖泊运输	按船舶营运组织形式分	1. 定期船运输 2. 不定期船运输 3. 专用船运输
按运输对象分	1. 货物运输 2. 旅客运输		

水路运输与其他运输方式相比，具有如下特点：

水路运输运载能力大、成本低、能耗少、投资省，是一些国家国内和国际运输的重要方式之一。例如一条密西西比河相当于 10 条铁路，一条莱茵河抵得上 20 条铁路。此外，修筑 1 000 米铁路或公路约占地 3 公顷多，而水路运输利用海洋或天然河道，占地很少。在我国的货运总量中，水运所占的比重仅次于铁路和公路。

受自然条件的限制与影响大。即受海洋与河流的地理分布及其地质、地貌、水文与气象等条件和因素的明显制约与影响；水运航线无法在广大陆地上任意延伸，所以，水运要与铁路、公路和管道运输配合，并实行联运。

总之，水路运输综合优势较为突出，适宜于运距长、运量大、时间性不太强的各种大宗物资运输。

四、空路运输(又称“航空运输”)

航空运输也是一种跨境物流广泛使用的运输方式。

航空运输，简称“空运”，它是在具有航空线路和飞机场的条件下，使用飞机、直升机及其他航空器运送人员、货物、邮件的一种运输方式。具有快速、机动的特点，是国际贸易中的贵重物品、鲜活货物和精密仪器等货物运输中所不可或缺的。

航空运输具有下列特点：

（一）商品性

航空运输所提供的产品是一种特殊形态的产品——“空间位移”，其产品形态是改变航空运输对象在空间上的位移，产品单位是“人千米”和“吨千米”，航空运输产品的商品属性是通过产品使用人在航空运输市场的购买行为后实现的。

（二）国际性

航空运输已成为现代社会最重要的交通运输形式，成为国际政治往来和经济合作的纽带。这里面既包括国际友好合作，也包含着国际激烈竞争，在服务、运价、技术协调、经营管理和法律法规的制订实施等方面，都要受国际统一标准的制约和国际航空运输市场的影响。

（三）资金、技术、风险密集性

航空运输业是一个高投入的产业，无论运输工具，还是其他运输设备都价值昂贵、成本巨大。因此其运营成本非常高，航空运输业由于技术要求高，设备操作复杂，各部门间互相依赖程度高，因此其运营过程中风险性大。任何一个国家的政府和组织都没有相应的财力，像补贴城市公共交通一样去补贴本国的航空运输企业。出于这个原因，航空运输业在世界各国都被认为不属于社会公益事业，都必须以盈利为目标才能维持其正常运营和发展。

（四）自然垄断性

由于航空运输业投资巨大，资金、技术、风险高度密集，投资回收周期长，对航空运输主体资格限制较严，市场准入门槛高，加之历史的原因，使得航空运输业在发展过程中形成自然垄断。

小贴士：管道运输——著名的“西气东输”工程

管道运输是用管道作为运输工具的一种长距离输送液体和气体物资的运输方式，是一种专门由生产地向市场输送石油、煤和化学产品的运输方式，是统一运输网中干线运输的特殊组成部分。管道运输石油产品比水运费用高，但仍然比铁路运输便宜。

西气东输工程是中国天然气发展战略的重要组成部分，是西部大开发的标志性工程（见图 3－2－2）。

图 3－2－2　激荡四十年·西气东输

它以新疆塔里木气田为主气源，以我国中东部的长江三角洲地区为目标消费市场，以干线管道、重要支线和储气库为主体，连接沿线用户，形成横贯中国西东的天然气供气系统。“西气”主要是指中国新疆、青海、川渝和鄂尔多斯四大气区生产的天然气；“东输”主要是指将上述地区的天然气输往长江三角洲地区。2002 年 7 月 4 日正式动工建设，2004 年 12 月 31 日正式向上海等地输气。

五、国际多式联运

国际多式联运(International Multimodal Transport)简称多式联运，是在集装箱运输的基础上产生和发展起来的，是指按照国际多式联运合同，以至少两种不同的运输方式，由多式联运经营人将货物从一国境内的接管地点运至另一国境内指定交付地点的货物运输。国际多式联运适用于水路、公路、铁路和航空多种运输方式。在国际贸易中，由于 85%～90%的货物是通过海运完成的，故海运在国际多式联运中占据主导地位。

任务实施 2

某公司，有笔订单，是一套组合家具(包装重量 60 kg，包装尺寸 250×160×80 cm^3)，要在一个月内运往美国旧金山，请为其选择合适的运输方式。

对于任何一批需要跨境运输的货物，选择何种方式，首先要看他国与我国的地理位置。如果是俄罗斯远东地区、中南半岛国家、中亚等内陆国家，与我国有陆地接壤，可以选择铁路和公路运输。而欧洲、非洲、美洲、大洋洲、东南亚、南亚等国家则缺乏陆路运输的条件，一般可以选择航空和水路运输。水路运输一般要求两国均拥有完善的货运码头，适合大批量运输的货物。航空运输拥有最快的速度，但运量小、成本高，适合附加值高，并且对时效性有高要求的商品以及紧急补货等特殊情况。

一、明确运输商品、时效和收货地址信息

商品名称：组合家具
商品尺寸与重量：60 kg，250×160×80 cm^3
时效：一个月
目的地：美国旧金山

二、考虑地理位置

因为要将货物发往大洋彼岸的美国旧金山，所以属于陆路运输方式的公路和铁路运输不能使用。王梦需要从航空运输和水路运输之间做出选择。

三、考虑运输价格

经过调查，目前市场上空运到美国的价格平均为人民币 10 元/千克，而海运大约为人民币 2 元/千克。虽然还有协商空间，但水路空间的成本远低于航空运输。

四、考虑运输时间

采用航空运输发往美国西海岸港口，一般只需 1—2 天，采用水路运输一般为 15—20 天。

从时间的角度上看航空运输更为快捷，任务要求是在一个月内送达目的地，所以水路运输也依然在合理范围内。

五、综合考虑

除了考虑以上因素外，航空运输在安全性和可靠性上也是胜于水路运输的，但是这次要发送的是一套组合家具，体积和重量都不小，如果采用航空运输的话成本非常之高。而相比较而言水路运输在更为便宜的同时也满足此次运输要求。

所以，本笔订单运输，采用水路运输的方式更为合适。

课后习题

1. 单选题：以下不是公路运输的特点的是（　　）。

   A. 时间效益　B. 距离效益　C. 价格效益　D. 运输质量效益

2. 单选题：以下不是现代铁路运输的三种方式之一的是（　　）。

   A. 整车　B. 零担　C. 散货　D. 集装箱

3. 单选题：管道运输的特点不包括（　　）。

   A. 高费用
   B. 产品单一
   C. 要求大批量运输
   D. 适用于低价值、大批量的油、气运输

4. 单选题：适于较贵重的小批量物品及生鲜食品的运输方式为（　　）。

   A. 铁路运输　B. 公路运输　C. 水路运输　D. 空路运输

5. 多选题：下列关于公路运输的说法错误的是（　　）。

   A. 能够进行长距离、低运费的输送
   B. 运输速度最快
   C. 运输的正确性和安全性较好
   D. 载运工具为汽车

6. 判断题：铁路运输由于受气候和自然条件影响较小，且运输能力及单车装载量较大，在运输的经常性和低成本性占据了优势，再加上有多种类型的车辆，使它几乎能承运任何商品，几乎可以不受重量和容积的限制，而这些都是公路和航空运输方式所不能比拟的。（　　）

7. 判断题：航空输运，简称“空运”，它是在具有航空线路和飞机场的条件下，使用飞机直升机及其他航空器运送人员、货物、邮件的一种运输方式。（　　）

8. 判断题：航空运输业是一个低投入的产业，无论运输工具，还是其他运输设备都很廉价，容易普及。（　　）

9. 判断题：因为大部分国家都拥有机场，所以航空运输是最适合跨境电商的运输模式。（　　）

10. 实操题：有 20 000 件短袖 T 恤要在 2 周内运往法国巴黎的海外仓，头程运输空运和海运哪种更合适，为什么？

学习评价

序　号	评　价　内　容	参　考　分　值	得　分
1	了解公路运输的特点	10	
2	了解铁路运输的特点	10	
3	了解水路运输的特点	10	
4	了解航空运输的特点	10	
5	了解管道运输和联合运输的特点	10	
6	能够根据跨境运输特点,进行排序	10	
7	能够根据任务信息选择最合适的运输方式	10	
8	能够积极参与任务实施	10	
9	能够积极参与小组讨论	10	
10	能够积极回答老师提问	10	
总　分			

第二部分
跨境电商物流出口篇

我是Amanda Wu，跨境电商出口跟着我学就对了！

项目四　跨境电商直邮出口操作

项目背景

公司物流部的人分为 2 个工作组，分别是负责出口业务和进口业务，这周开始负责出口业务的资深业务员 Amanda Wu 将作为王梦的带教老师，带领王梦尽快熟悉跨境电商物流出口的操作。

带教第一天，Amanda 就给王梦出了道难题。

项目要点

◇ 跨境电商直邮模式流程
◇ 跨境电商物流渠道的选择
◇ 跨境物品包装材料与设备
◇ 选择合适的材料包装商品
◇ 手工跨境电商物流面单
◇ 跨境电商物流运费的术语
◇ 计算跨境电商物流运费

任务一　选择物流方式

任务导入

John：王梦，我们公司物流部的人分为 2 个工作组，分别是负责出口业务和进口业务，下周开始 Amanda Wu 会带领你学习跨境出口物流的一系列操作。

Amanda：王梦，你好，我是你的带教老师，在进行操作学习前，先考一考你，系统里有笔“待发货”的订单，下一步是做什么？

王梦：应该是准备发货吧。

Amanda：是的，但是准备发货前，要根据商品的情况，选择合适的物流方式。跨境电商出口的物流方式具体有四种：邮政包裹、国际商业快递、专线物流和海外仓（见图 4－1－1）。

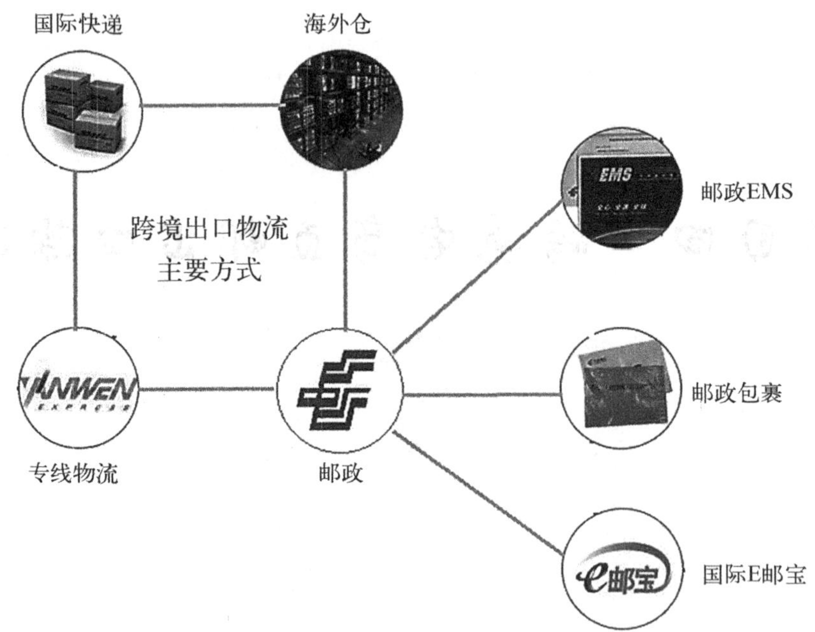

图 4-1-1　跨境电商出口主要物流方式

任务实施 1

绘制跨境电商出口物流方式对比表(见表 4-1-1)。

表 4-1-1　跨境电商出口物流方式对比

物流方式		优点	缺点	价格	时效	适用性
邮政	邮政小包	1. 网络基本覆盖全球 2. 价格非常便宜	1. 有重量体积限制 2. 无法享受退税 3. 速度较慢	低	16—35 天	1. 不带电的 2 kg 以下的小件 2. 非紧急要求
	国际 e 邮宝	1. 速度较快 2. 费用低于国际 EMS 3. 清关能力强	1. 重量体积限制 2. 目的国数量有限 3. 国内揽收范围有限	低	7—15 天	1. 2 kg 以下小件 2. 非紧急要求
	邮政类 EMS	1. 速度较快 2. 费用低于国际快递 3. 中国境内清关能力强	1. 并非专注跨境业务 2. 目的国数量有限	中高	5—10 天	1. 较紧急商品 2. 较高价值商品

续表

物流方式	优点	缺点	价格	时效	适用性
海外仓	1. 降低物流成本 2. 解决退换货服务 3. 发货速度加快	1. 海外仓建设费用 2. 库存占用 3. 供应链管理要求高	高	2—5 天	1. 企业级卖家 2. 大件、重货 3. 大批量货物 4. 热销货物
专线物流	1. 大批量货物发送 2. 费用低于国际快递 3. 丢包率较低	1. 收费比邮政小包高 2. 国内揽收范围有限	中	7—20 天	1. 常规商品 2. 带电商品
国际商业快递	1. 速度快、服务好 2. 丢包率低 3. 通达范围广	1. 价格昂贵 2. 收费名目繁多	高	3—7 天	1. 紧急件 2. 高价值商品

一、邮政包裹

邮政包裹，就是通过中国邮政(China Post)的物流网络，将本地货品送交国外买家的运输体系。据不完全统计，中国出口跨境电商 70%的包裹都是通过邮政系统投递的，其中中国邮政占据 50%左右。

按照 2013 年 4 月中国邮政速递物流股份有限公司制定的《中国邮政速递物流业务流程及操作规范转运部分》，国际邮政包裹物流模式运作流程可参考图 4-1-2。

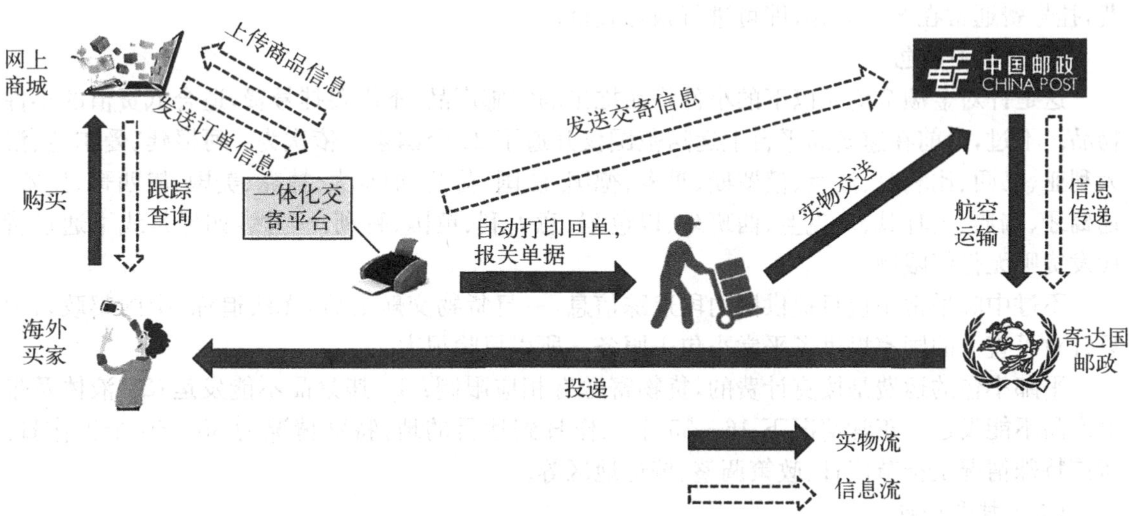

图 4-1-2　邮政包裹物流模式运作流程图

小贴士：万国邮政联盟

邮政网络基本覆盖全球，比其他任何物流企业的渠道都要广，这主要得益于万国邮政联盟(Universal Postal Union，UPU；简称“万国邮联”或“邮联”)。万国邮政联盟是商定国际邮政事务的政府间国际组织，其前身是 1874 年 10 月 9 日成立的“邮政总联盟”，1878 年改为现名。

万国邮联自 1978 年 7 月 1 日起成为联合国一个关于国际邮政事务的专门机构，总部设在瑞士首都伯尔尼，宗旨是促进、组织和改善国际邮政业务，并向成员提供可能的邮政技术援助。其宗旨是组织和改善国际邮政业务，发展邮政方面的国际合作，以及在力所能及的范围内给予会员国所要求的邮政技术援助。

2016 年 10 月 6 日，在土耳其伊斯坦布尔举行的第 26 届万国邮联大会上，我国成功当选新一届万国邮联行政理事会和邮政经营理事会理事国，这对于推动我国邮政深度参与国际邮政事务，扩大我国在邮政领域的影响，推动我国邮政业发展走出去战略实施和加强我国“一带一路”建设、“中欧班列”实施，将具有重要的作用。目前，万国邮政联盟共有 192 个成员国(成员国名单可扫图 4－1－3 二维码)。

图 4－1－3　万国邮政联盟标志及成员国

邮政包裹渠道包括邮政小包、中邮大包、e 邮宝和国际特快专递 EMS 等。

邮政小包又分为平邮小包和挂号小包。前者不提供查询服务，后者需要支付一定的挂号费，挂号费通常在 8—12 元，即可进行跟踪查询。

(一) 平邮小包

这是针对金额 7 美元以下的小件物品推出的空邮产品，不需要挂号费，适合低货值的小件物品。不过，目前在速卖通平台上运送范围仅开通了 25 个国家。依次为：阿根廷、爱尔兰、澳大利亚、巴西、比利时、波兰、俄罗斯、丹麦、德国、法国、荷兰、加拿大、捷克、美国、墨西哥、挪威、葡萄牙、瑞典、土耳其、乌克兰、西班牙、以色列、意大利、英国、智利。当然，如果是线下通过货代发货则无任何限制。

不过中邮平常小包只提供国内段追踪信息，一旦货物交航之后，无法追踪，中国邮政目前只针对可直飞的国家提供了平常小包+服务。所以风险很大。

平邮小包的运费是按克计费的，货物寄送有相应限制：1. 违禁品不能发运；2. 液体及带电产品不能发运。正常情况下 16—35 个工作日到达目的地，特殊情况为 35—60 个工作日。所谓特殊情况是指节假日、政策调整、偏远地区等。

(二) 挂号小包

挂号小包在重量体积限制上和平常小包是一样的，针对货物寄送的限制也是一样的，区别

在于挂号小包支持发往全球绝大多数地区，基本上只要有邮局的国家都可以通邮，另外就是其全程可跟踪查询，收取挂号费。

（三）中邮大包

中邮大包是指针对 2 kg 以上，30 kg 以下（部分国家限重 20 kg）的大件物品而推出的寄送服务。货物寄送限制同中邮小包是一致的。支持全球发货，全程可跟踪查询。运费是按千克计费。中邮大包包括中邮航空大包（Air）、中邮空运水陆路大包（Sal）、中邮水陆路大包（Surface）（见表 4－1－2）。

表 4－1－2　　中邮大包重量及体积限制表

重量限制	最大体积限制	最小体积限制
① 2 kg≤重量≤30 kg	单边≤1.5 m 长度＋长度以外的最大横周和≤3 m 部分国家单边≤1.05 m 长度＋长度以外的最大横周和≤2 m	最小边长不小于 0.24 m 宽不小于 0.16 m
② 部分国家不超过 20 kg		
③ 每票快件不能超过 1 件		
④ 按 kg 收费		

（四）国际邮政小包

除了中国邮政小包之外，还有其他国家的小包。比如新加坡邮政小包，香港邮政小包等。不过万国邮政联盟公约有规定，非本国邮局不能在其他国家直接揽收邮件，所以要采取国际邮政小包业务，需要通过一些货代公司空运至该国后再做分拣，然后再发往买家所在国家，最后派送至买家手中。

（五）国际 e 邮宝

这是邮政针对跨境物流市场的创新产品。2010 年，中美邮政推出“国际 e 邮宝”，双方 e-Packet 协议保证，从中国到美国的 400 g 以内的包裹可以享受到特价优惠。该业务第一阶段限于为中国 eBay 寄件人提供发向美国的包裹，后拓展至 20 多个国家。国际 e 邮宝的优势是计费简单、清关能力强，覆盖范围广。

国际 e 邮宝通常在 7—15 天即可完成妥投工作，头程在国内段使用 EMS 进行发运，出口至境外后，通过境外邮政一类的函件网络投递邮件，通关采用 UPU 电子报关体系，保障清关速度，每一票都投递到门，全程可追踪（见表 4－1－3）。

表 4－1－3　　国际 e 邮宝重量及体积限制表

邮件形状	重量限制	最大体积限制	最小体积限制
常规形状	最高限重 2 kg	长、宽、高合计不超过 90 cm，最长边不超过 60 cm	长度不小于 14 cm，宽度不小于 11 cm
圆卷邮件		直径的两倍和长度合计不超过 104 cm，长度不得超过 90 cm	直径的两倍和长度合计不小于 17 cm，长度不小于 11 cm

（六）中邮 EMS

EMS 是中国邮政的快递商品，清关能力非常强，一票一件货物，不能超过 30 kg，部分国家 20 kg，运费比国际商业快递要便宜，速度接近商业快递，提供物流追踪查询，最大的优势是可免费退回。若卖家的货物在国外被扣关，EMS 可以帮买家免费运回来。

二、国际商业快递

国际商业快递一般是指 UPS、FedEx、TNT 和 DHL 这四大商业快递公司。这些国际快递商通过自建的全球网络，利用强大的 IT 系统和遍布世界各地的本地化服务，为网购中国产品的海外用户带来极好的物流体验。其具体流程如图 4-1-4 所示。

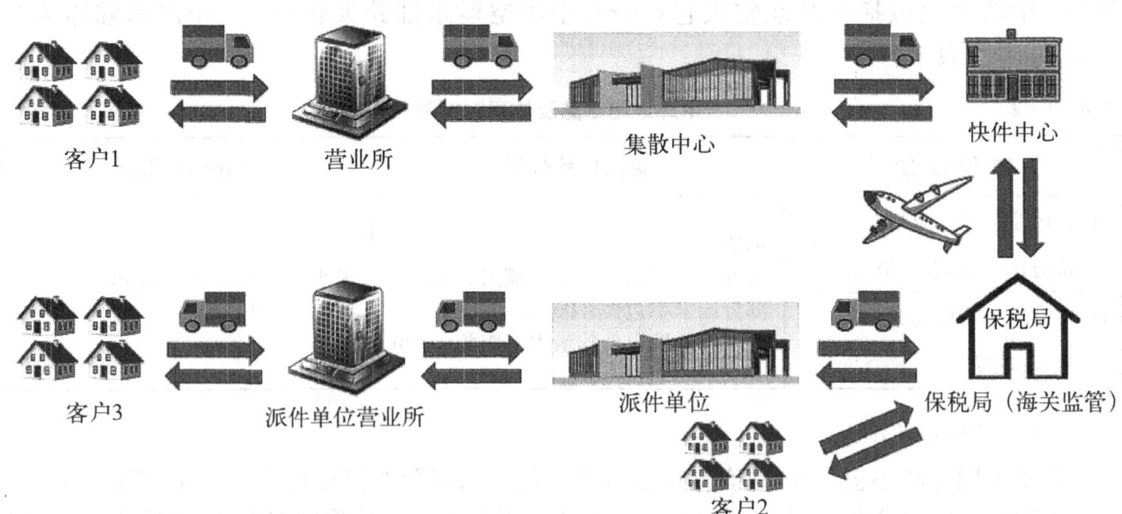

图 4-1-4 国际商业快递物流模式流程图

（一）UPS

- 优点：速度快、服务好。货物可送达 200 多个国家和地区；网站信息更新快，解决问题及时，可以在线发货、全国 109 个城市提供上门取货服务。
- 缺点：运费较贵，要计算产品包装后的体积重，对托运物品的限制比较严格。
- 竞争力：在美洲和欧洲的时效上较有优势。

（二）FedEx

- 优点：网站信息更新快，网络覆盖全，查询响应快。
- 缺点：价格较贵，需要考虑产品体积重，对托运物品限制也比较严格。
- 竞争力：在欧洲与东南亚的时效较好，在北美具有价格和时效的双重竞争力。

（三）TNT

- 优点：速度较快，可送达国家较多，查询网站信息更新快，遇问题响应及时。
- 缺点：需要考虑产品体积重，对所运货物限制也比较多。
- 竞争力：在西欧有较强的清关能力，在中东具有价格优势。

（四）DHL

- 优点：速度快，可送达国家网点较多，查询网站货物状态更新较及时，问题解决速度快。
- 缺点：走小货的话，价格较贵不划算，也需要考虑产品体积重，对托运物品限制也比较严格,拒收许多特殊商品。

➢ 竞争力:整体综合价格最优。

三、专线物流

专线物流服务是依托在发件国与收件国的业务量规模,通过航空包舱的方式将货物运输至海外,然后通过合作公司对货物进行目的地国内配送。

专线物流一般包括:接审单、调配车、提收货、出入库、中转配、保险服务等环节,如中国国内专线物流公司有些要通过中国香港中转,具体流程如图 4-1-5 所示。

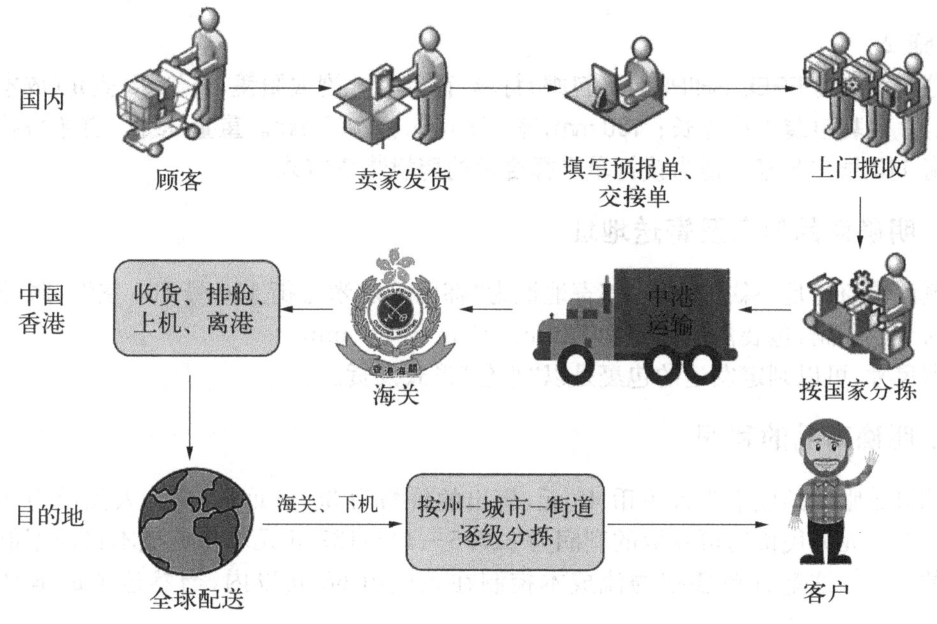

图 4-1-5　专线物流流程示意

目前市面上最普遍的专线物流产品有西班牙专线(中外运—西邮标准小包、中外运—西邮经济小包)、俄罗斯专线(中俄航空 Ruston、中通俄罗斯专线、139 俄罗斯专线、中俄快递—SPSR 等)、中东专线(Aramex)、南美专线(燕文专线)以及中欧班列等。

专线物流的特性就是性价比相对于国际小包与商业快递是最高的。在尺寸与重量的要求上与国际小包相同,时效上虽然不及商业快递,但已经远比国际小包提高很多。通常专线物流的时效在 2—3 周,最快的可能会在 1 周之内。

四、海外仓

海外仓物流服务是指由网络外贸交易平台、物流服务商独立或共同为卖家在销售目标地提供的货品仓储、分拣、包装、派送的一站式控制与管理服务。卖家将货物存储到当地仓库,当买家有需求时,第一时间作出快速响应,及时进行货物的分拣、包装以及递送。整个流程包括头程运输、仓储管理和本地配送三个部分。目前,由于优点众多,海外仓成为业内较为推崇的物流方式。

海外仓物流的具体步骤如下:

1. 卖家自己将商品运至海外仓储中心,或委托承运商将货发至承运商海外的仓库,这段国际货运可采取海运、空运或者快递方式到达仓库。

2. 卖家在线远程管理海外仓储，卖家使用物流商的物流信息系统，远程操作海外仓储的货物，并且保持实时更新。

3. 根据卖家指令进行货物操作，根据物流商海外仓储中心自动化操作设备，严格按照卖家指令对货物进行存储、分拣、包装、配送等操作。

4. 系统信息实时更新，发货完成后系统会及时更新，以显示库存状况，让卖家实时掌握。

海外仓具体会在后续任务章节中详细阐述。

任务实施 2

有笔跨境电商 FREE SHIPPING(包邮)订单，商品为一副太阳镜，售价 35 美元(成本价人民币 40 元)。包裹包装大小为长：160 mm，宽：75 mm，高：60 mm。重量 90 g。订单寄往韩国首尔米伦街 110 号 505 室。请为该订单选择合适的跨境物流方式。

一、明确商品信息及寄送地址

该笔订单商品是一款太阳镜，邮寄地址为“韩国首尔米伦街 110 号 505 室”。眼镜+包装盒重量为 90 克/副，包装盒尺寸为 160 mm×75 mm×60 mm。

根据尺寸，可以判定发送的包裹是以“小包”形式发货。

二、明确商品的利润

该笔订单眼镜的成本为人民币 40 元，售出的价格为 35 美元，折算为人民币为 227.5 元(1 美元=6.5 元人民币)，可获取的利润为 227.5－40=187.5 元。物流成本最高不能超过交易金额的 30%，这笔订单要把物流成本控制在人民币 68 元以内，当然这个成本是越低越好的。

三、判断发货的紧急程度

太阳眼镜为一般商品，且卖家选择“包邮处理”，所以无须紧急处理。

四、选择跨境物流方式

根据上一任务中的表 4－1－1 对比表，再结合本笔订单商品的特点，综合考虑选择邮政小包，理由是重量和体积都满足要求，且商品为普通不带电小件，成本最低，故选择此物流方式。

跨境出口物流方式五花八门，具体还要根据商品特性、电商平台等各种因素多方考量，从而选择最合适的物流方式。

课后习题

1. 单选题：邮政物流，就是通过(　　)的物流网络，将本地货品送交国外买家的运输体系。
   A. EMS　　B. 邮政小包　　C. 中国邮政　　D. 中国邮政局
2. 单选题：万国邮政是联合国一个关于国际邮政事务的专门机构，总部设立在(　　)。
   A. 瑞士伯尔尼　　B. 瑞士日内瓦　　C. 美国华盛顿　　D. 中国北京
3. 单选题：速度快，可送达国家网点较多，查询网站货物状态更新较及时，问题解决速度快是以下哪个商业快递的优点(　　)？
   A. DHL　　B. TNT　　C. UPS　　D. FedEx
4. 单选题：以下最适合走 e 邮宝的是目的国为(　　)的货物。
   A. 日本　　B. 瑞士　　C. 俄罗斯　　D. 美国
5. 单选题：邮政小包又分为平邮小包和挂号小包。前者不提供查询服务，后者需要支付一定的挂号费，挂号费通常在(　　)元，即可进行跟踪查询。
   A. 5—10　　B. 8—12　　C. 10—20　　D. 20—50
6. 判断题：国际商业快递物流模式指的四大商业快递巨头：DHL、TNT、FEDEX 和 UPS。(　　)
7. 判断题：国际快递基本覆盖全球，比其他任何物流企业的渠道都要广。(　　)
8. 判断题：EMS 是中国邮政的快递商品，清关能力非常强，一票一件货物，不能超过 100 kg，不计量体积重量，运费比国际商业快递要便宜，速度接近商业快递，提供物流追踪查询，最大的优势是可免费退回。(　　)
9. 判断题：物流专线的性价比相对于国际小包与商业快递是最高的。(　　)
10. 判断题：万国邮政联盟，英文简称为 UPS。(　　)

学习评价

序　号	评　价　内　容	参　考　分　值	得　分
1	能够列举常见的跨境物流方式	10	
2	知晓邮政包裹的运作流程	10	
3	认识万国邮政	10	
4	知晓四大商业快递的特点	10	
5	能够绘制跨境物流方式的优缺点差异表	10	
6	能够区分不同跨境物流方式的适用性	10	
7	能够根据不同的顾客需求和商品特性选择恰当的运输方式	10	
8	能够积极参与任务实施	10	
9	能够积极参与小组讨论	10	
10	能够积极回答老师提问	10	
总　分			

任务二　选择包装材料

任务导入

Amanda：选好物流方式，处理好订单，下一步是对商品进行包装。

王梦：　跨境电商物流的包装和传统物流的包装有什么区别呢？

Amanda：传统物流自从运出工厂后包装一般不需要再行调整，所以传统物流没有明显的包装线，其包装的起因是加固或安全；而跨境电商物流则因为商品经过重组，导致“新产品”处于无包装状态，跨境电商仓库包装线则需要有设计包装能力，并进行响应操作，需要根据不同的商品特征，在成本时间的约束下，研制包装方案，保证在途货物的安全。

正好，我们速卖通上，有笔发往英国伦敦的订单，是一本笔记本，你来试试包装发货吧。

任务实施 1

	商品名称：笔记本
	商品尺寸：17×11×3 cm^3
	商品重量：330 g
	订单数量：1 本
	发货地：中国上海
	收货地：英国伦敦

图 4－2－1、图 4－2－2 分别为跨境物流常用的包装材料以及工具，选择合适的材料和工具进行包装。

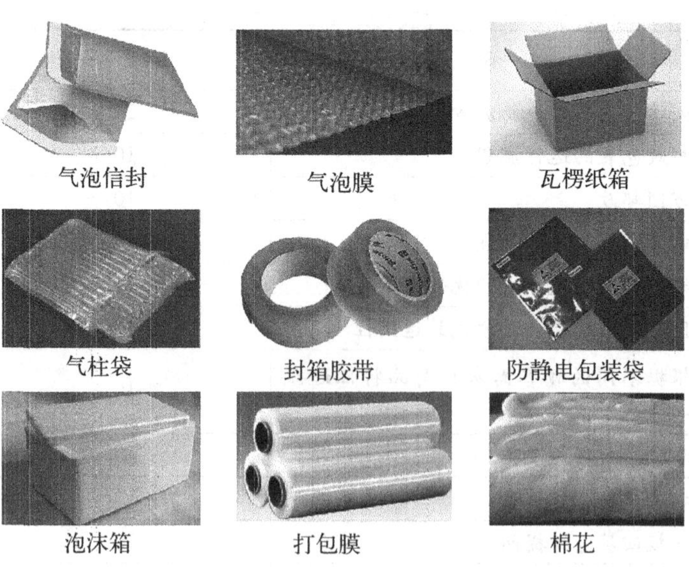

图 4－2－1　常见的跨境物流包装材料

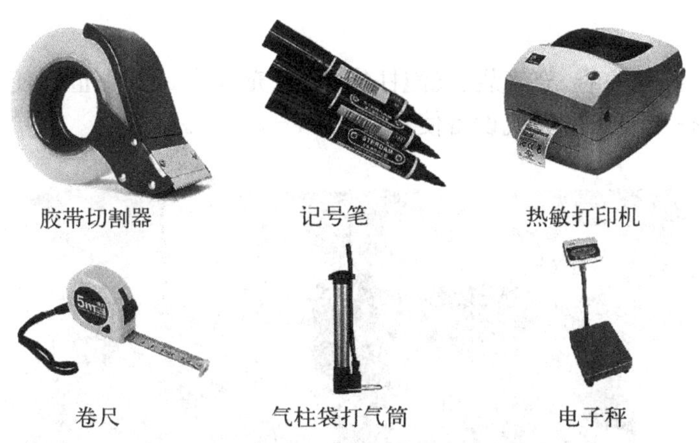

图 4-2-2　常见的跨境物流包装工具

一、选择包装材料

(一) 气泡信封

该产品具有两层结构，有体积轻又环保的优点。外层为牛皮纸，内衬气泡。

信封袋美观大方，表面易书写，其独特的韧性可防止袋子破裂；内层透明气泡具备良好的缓冲作用，防止所装物品因压、碰、跌落而损坏。适用于邮寄光盘碟片、磁带、电子元件、集成电路板、光学镜头、书籍、证件、相框、礼品、钟表等物品(见图 4-2-3)。

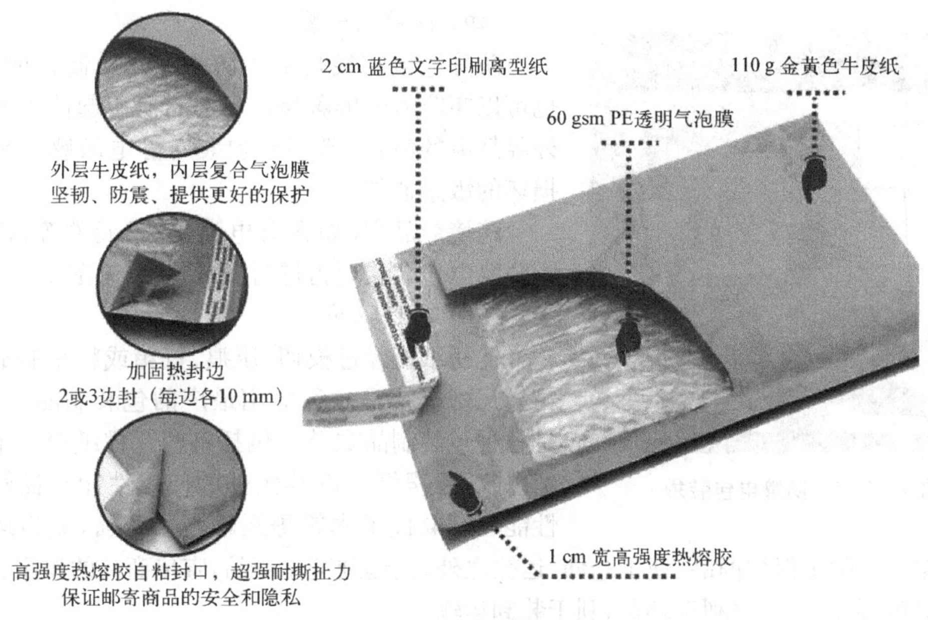

图 4-2-3　气泡信封

(二) 气泡膜

气泡膜，是以高压聚乙烯为主要原料，再添加增白剂、开口剂等辅料，经 230 度左右高温挤出吸塑成气泡的产品，是一种质地轻、透明性好、无毒、无味的新型塑料包装材料，可对产品起防湿、缓冲、保温等作用，也叫气泡垫。

如同一包裹中有不同大小的多种商品，可将小件物品用气泡膜包裹后，再与其他商品一同打包。

（三）气柱袋

气柱袋又称缓冲气柱袋、充气袋、气泡柱袋、柱状充气袋，是21世纪使用自然空气填充的新式包装材料，气柱袋要搭配充气设备使用（见图4-2-4）。

图4-2-4 气柱袋

相比气泡信封和气泡膜，气柱袋具有更好的缓冲效果，但气柱袋有尺寸限制，对于无法放入气柱袋的物品以及零小物品而言，气泡膜或气泡信封则更适合。

（四）防静电包装袋

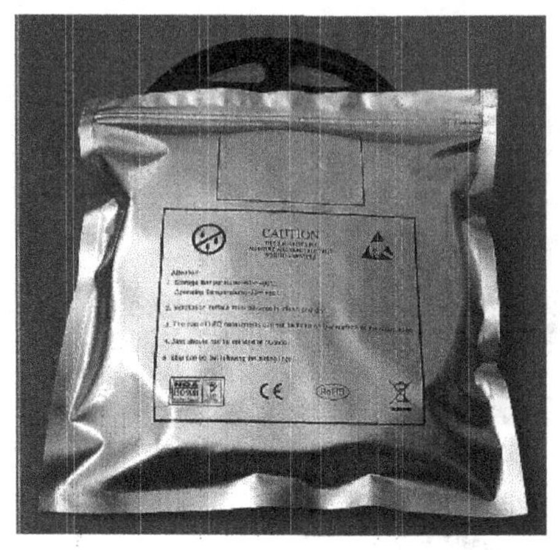

图4-2-5 防静电包装袋

防静电包装袋是采用防静电物质制作的包装袋，也可以叫防静电屏蔽袋。具有自身不起静电和能屏蔽外界静电的特性，常用于包装对静电敏感且易被静电损坏的敏感器件。

跨境商品中，如含有电池、电子元件等，都必须放入防静电包装袋后再进行防震包装（见图4-2-5）。

（五）瓦楞纸箱

瓦楞纸板经过模切、压痕、钉箱或粘箱制成瓦楞纸箱。瓦楞纸箱是一种应用最广的包装制品，用量一直是各种包装制品之首。包括钙塑瓦楞纸箱。半个多世纪以来，瓦楞纸箱以其优越的使用性能和良好的加工性能逐渐取代了木箱等运输包装容器，成为运输包装的主力军。它除了保护商品、便于仓储、运输之外，还起到美化商品，宣传商品的作用。瓦楞纸箱属于绿色环保产品，它利于环保，利于装卸运输。

按做纸箱用的纸板（瓦楞板的厚度），可以分为三、五、七层纸箱，纸箱的强度以三层最弱、七层最高。服装等不怕压、不易碎的产品，一般用三层箱就够了；玻璃、数码产品、电路板等贵重物品，建议最好用五层箱再配以气泡膜等缓冲物品，以确保商品在运输途中的安全性（见图4-2-6）。

瓦楞纸箱的尺寸多种多样，以最常见的邮政纸箱为例，从大到小，有1号—12号12种，具体尺寸可参考表4-2-1。

图 4-2-6　瓦楞纸板厚度

表 4-2-1　邮政纸箱尺寸表

型　号	长×宽×高(cm³)	型　号	长×宽×高(cm³)	型号	长×宽×高(cm³)
1号	53×29×37	5号	29×17×19	9号	19.5×10.5×13.5
2号	53×23×29	6号	26×15×18	10号	17.5×9.5×11.5
3号	43×21×27	7号	23×13×16	11号	15×9×11
4号	35×19×23	8号	21×11×14	12号	13×8×9

（六）封箱胶带

封箱胶带的英文是 Packaging Tape，它是平时瓦楞纸箱封箱最常用的包装材料（见图 4-2-7）。

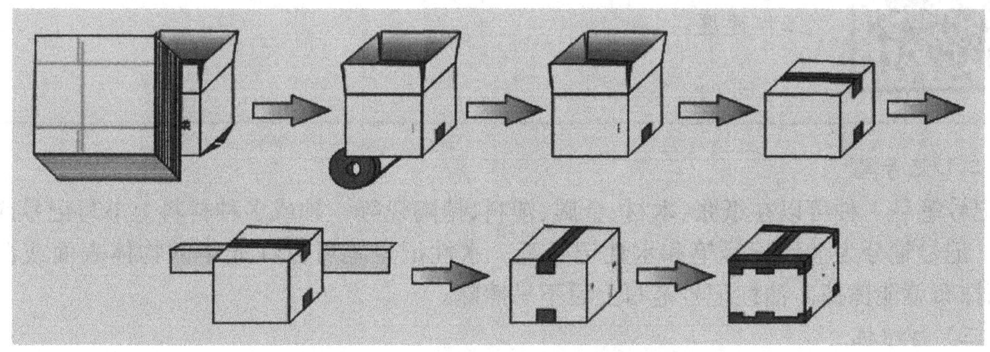

图 4-2-7　使用封箱胶带封箱方法

（七）泡沫箱

泡沫箱就是以泡沫塑料（多孔塑料）为材料制成的箱式包装容器，塑料泡沫是内部具有很多微小气孔的塑料。泡沫箱常用于食品、饮料、净菜、海鲜、奶制品、黄油、巧克力、生物制剂、疫苗、化工原料等一切需要低温冷藏运输的产品。

（八）打包膜

又称拉伸膜，具有强度高，弹性拉力大的特点，对任何形状的商品都能裹紧，且可制止系缚对商品造成的毁伤，防疏松、防雨、防尘。

（九）棉花

液体类商品，可以先用棉花裹好，再用打包膜或胶带缠好。这样即使液体漏出来也会被棉花吸收，并且有打包膜做最后的保护，不会流到纸盒外面污染到别人的包裹。

本任务中笔记本尺寸为 17×12×3 cm³，根据表 4-2-1，选择 10 号瓦楞纸箱最为合适，书籍类物品用气柱袋能取得良好的缓冲作用(亦可选择气泡信封,但从质感上,气柱袋更有优势),再选择封箱胶带作为封箱用材料。

二、选择包装设备

(一) 胶带切割机

又称封箱器,主要用于对产品的包装和一些纸箱的胶带封口进行切割胶带而使用,它采用三点三角原理,三角轮、滚轴和刀片这三者相互配合装配胶带,且结构平衡合理,还能够有效减少摩擦力,人们在使用时能够大大提升工作效率,从而达到很好的手感。

封箱器的使用其实很简单,最主要的是把胶带安装好。

1. 首先我们需要把胶带盘分别安装在上下机芯的胶带座上,从而使胶的那一面对着进箱的方向。

2. 接下来将背着胶的一面绕过导向带轮子,等到有胶的一面绕过单向铜轮之后,前后胶带到顶线与胶轮之间需要保持胶面对着进箱方向,封箱器胶带安装就算完成了。

3. 封箱器中有个安装胶带的轴,胶带安装上去后就可以自由旋转,封箱器里面有一个暗藏的刀刃,我们在需要时就可以方便地切断胶带了。

封箱器主要运用三点三角原理,非常有效地减少了摩擦,提高了封箱的工作速度。

(二) 记号笔

记号笔是一种可以在纸张、木材、金属、塑料、搪陶瓷等一种或多种材料上书写记号或标志的笔。记号笔分为油性记号笔和水性记号笔。水性记号笔可以在光华的物体表面或白板上写,用抹布就能擦掉。油性记号笔写上后不易擦除。

(三) 打印机

打印机是计算机的输出设备之一,用于将计算机处理结果打印在相关介质上。打印机的种类很多,在电商物流中常见的打印机有激光打印机、热敏打印机、针式打印机(见图 4-2-8)。

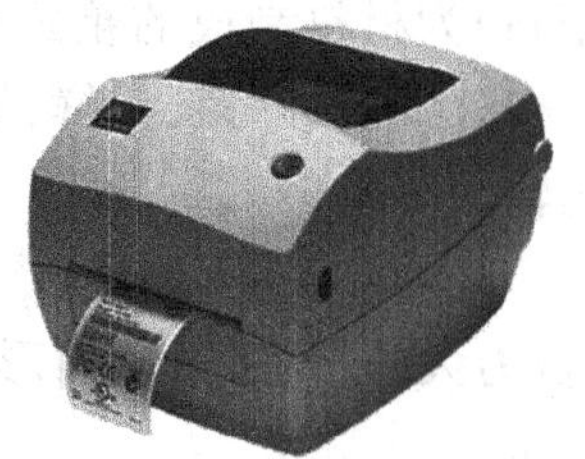
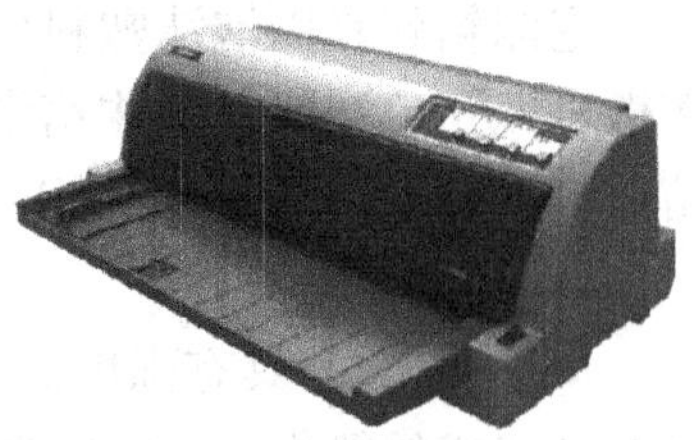

图 4-2-8 从左至右,激光打印机、热敏打印机、针式打印机

激光打印机主要处理装箱单、订单信息、形式发票等订单方面的打印,适用于每天较大的打印量。较其他打印设备,激光打印机有打印速度快、成像质量高等特点,但使用成本相对高昂。

热敏打印机广泛应用于电商的出货操作中,其基本原理是将打印机接收的数据转换成点阵的信号控制热敏单元的加热，把热敏纸上热敏涂层加热显影。比较常见的热敏打印机有标签打印机和条码打印机。标签打印机主要用于打印集成化的地址标签、报关签条等，打印出来后直接贴在包裹上面即可。条码打印机主要用于打印内部管理用的产品 SKU 条码，即可快速判断该货品是不是订单所需，方便可靠。

热敏打印机具有速度快、噪声低、打印清晰、使用方便的优点。但热敏打印机不能直接打印双联，打印出来的单据不能永久保存。如果用最好的热敏纸，避光良好的状态下，能保存数年之久。

针式打印机可以打印多联单据，如国内的快递单。如果使用较好的打印机色带，打印单据可以保存很久，但针式打印机打印速度慢、噪声大、打印字迹粗糙，需要经常更换色带。

（四）卷尺

常见的卷尺多为 3 米和 5 米两种规格，其作用是测量纸箱的长、宽、高，以便更好地控制体积、重量。

（五）气柱袋打气筒

气柱袋原始状态是一卷卷的，然后用简单的充气工具打气之后会鼓起来形成气柱（见图 4－2－9）。

（六）电子秤

电子秤是一种带数据显示的可以将物品重量信息直接输入电脑的秤，一般在出货系统中与扫描枪配合使用（见图 4－2－10）。其工作原理是当物体放在秤盘上时，压力施加给传感器，该传感器发生弹性形变，从而阻抗发生变化，同时使用激励电压发生变化，输出一个变化的模拟信号。该信号经放大电路放大输出到模数转换器，转换成便于处理的数字信号输出到 CPU 运算控制，CPU 根据键盘命令以及程序将这种结果输出到显示器。

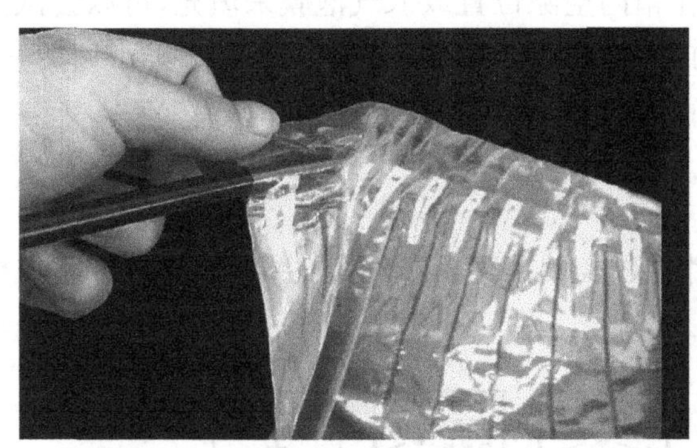

图 4－2－9　气柱袋需要使用充气工具打气

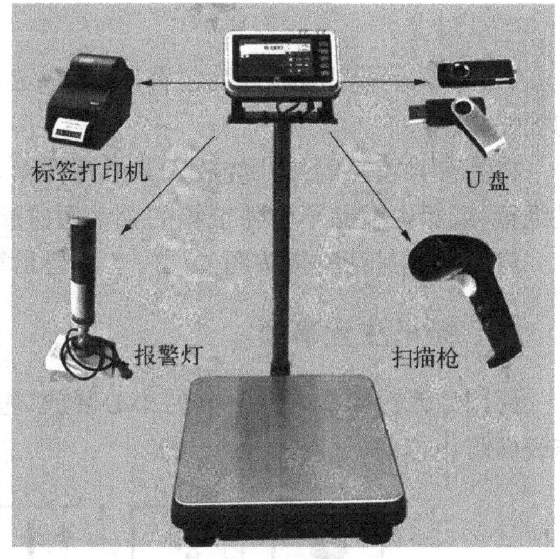

图 4－2－10　电子秤可外接多种物流设备

本任务中我们需要选择的物流包装设备有胶带切割器、气柱袋打气筒（如使用气泡信封可忽略）。

三、包装商品

首先将笔记本放入气泡信封或充好气的气柱袋中，接着将其放入 10 号瓦楞纸箱，箱内的空隙需用填充物填满至箱子上方的边缘，确认商品不会因为摇晃而移动。封箱前在箱内上方放入一片厚纸板，并留下足够的空间来封箱。最后使用封箱胶带按图 4－2－7 进行封箱。

任务实施 2

	商品名称：爽肤水
	商品包装尺寸：23×6.5×6.5 cm^3
	商品重量：250 g
	订单数量：1 瓶
	发货地：中国广州
	收货地：俄罗斯莫斯科

一、选择包装材料

选择气泡膜、棉花、打包膜、气柱袋、封箱胶带、6 号瓦楞纸箱。

二、选择包装设备

选择胶带切割器、打印机。

三、包装商品

首先，瓶口位置包裹棉花，再用打包膜缠绕几层。这样即使液体漏出来也会被棉花吸收，并有打包膜做最后的保护，不会污染到包裹内其他物品（见图 4-2-11）。

该位置包裹一圈棉花后，再用打包膜缠绕几圈。

图 4-2-11　化妆品割口处，用棉花包裹

其次，瓶身用气泡膜缠绕包裹（注意一定要包裹紧实，并用封箱胶带固定）后，放入充气后的气柱袋。

将装有化妆品的气柱袋放入 6 号瓦楞箱，在箱内空隙位置放入气泡膜来填充，可以尝试摇晃纸箱，纸箱内商品不会随纸箱的晃动而碰撞摇晃即可。

最后使用封箱胶带按图 4-2-7 进行封箱。

四、标记注意事项

使用激光打印机，打印一张“小心轻放”包装标志，贴在瓦楞纸箱上，并用封箱胶带贴在标志表面防止掉落（见图 4-2-12）。

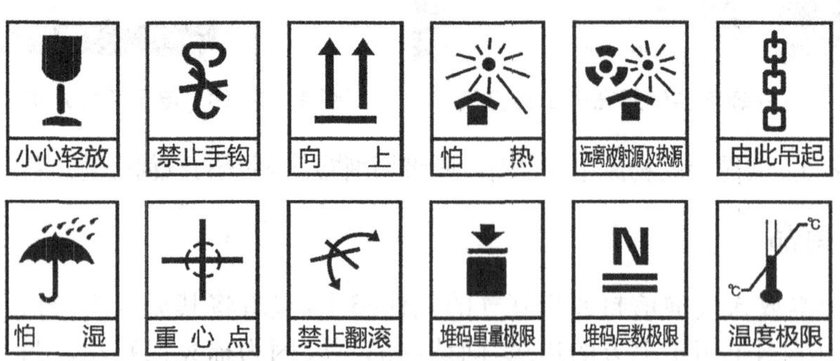

图 4-2-12　常见物流指示标志

课后习题

1. 单选题：在跨境电商物流过程中，不是常见的包装材料主要有(　　)。
   A. 气泡信封　　B. 气泡膜　　C. 瓦楞纸箱　　D. 信封
2. 单选题：在纸箱外进行书写标记时，需用到(　　)。
   A. 水笔　　B. 粉笔
   C. 油性记号笔　　D. 水性记号笔
3. 多选题：以下符合热敏打印机优点的是(　　)。
   A. 速度快　　B. 噪声低　　C. 打印清晰　　D. 使用方便
4. 多选题：按做纸箱用的纸板(瓦楞板的厚度)，可以分为(　　)纸箱。
   A. 三层　　B. 四层　　C. 五层　　D. 七层
5. 判断题：商品中如含有电池、电子元件等，在跨境运输时，必须先放入防静电包装袋后再包装。(　　)
6. 判断题：[↑↑] 包装箱上的这个标志是指“该包裹要放在最上层。”(　　)
7. 判断题：气泡信封通常具有两层结构，外层为牛皮纸，内层衬着气泡。(　　)
8. 判断题：泡沫箱可以用来运输各种海鲜食品。(　　)
9. 判断题：热敏打印机打印出来的单据可以永久保存。(　　)
10. 实操题：选择一个商品，分组进行包装，完成后交换包裹，进行“撞击”测试，老师综合包装成本、美观、质量等因素给予点评。

学习评价

序　号	评　价　内　容	参　考　分　值	得　分
1	识记常见的跨境电商包装材料	10	
2	识记常见的跨境电商物流包装工具	10	
3	认识常见的跨境运输包装指示标志	10	
4	能够运用跨境电商包装材料和设备进行跨境包装	20	
5	能够区分不同的跨境包装材料及其适用的商品	10	
6	能够积极参与任务实施	20	
7	能够积极参与小组讨论	10	
8	能够积极回答老师提问	10	
总　分			

任务三　填制跨境物流面单

任务导入

Amanda：王梦，笔记本打包好了，下一步是该打印物流面单了。

王梦：　您看，我已经都打印好啦。

Amanda：这么有效率，我看看……王梦，这笔订单是寄到英国伦敦的，面单信息可不能用中文填啊。另外，还有一些信息你都没填全。我们重新来填一张吧。

任务实施 1

根据以下“真丝丝巾”订单信息，以国际快递 UPS 为例，手工填制面单（该公司在 UPS 有长期业务，UPS 账号为：772345，公司海关识别码为：33079650）。

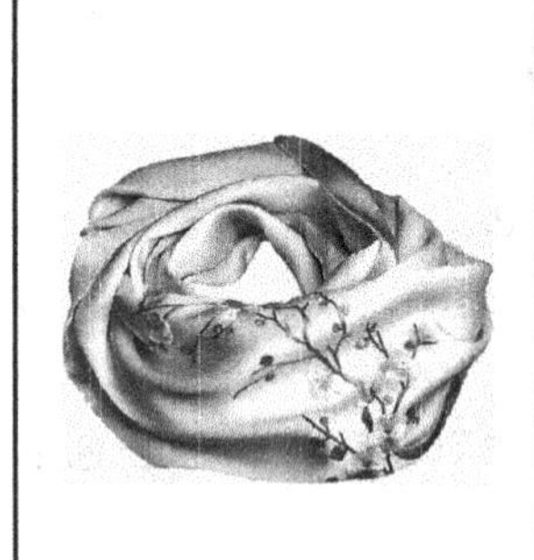	商品名称：真丝丝巾
	包装尺寸：$17\times11\times3\ \text{cm}^3$
	商品重量：330 g
	订单数量：1 件
	发货信息：中国上海长宁区长宁路 1234 弄 5 号 607 室 13817712345，王梦，邮编 200051
	收货信息：HEATHROW M4，JCT8 SIPSON ROAD， WEST DRAYTON LONDON UK； 邮编：SO16 3UB　电话：02077029178　收货人姓名：JESSICA

该商品申报价值：人民币 5 000 元。经与 UPS 确认后，商品重量不足 0.5 kg 按照 0.5 kg 算。快递运价：首重（0.5 kg），人民币 853.00 元（UPS 将英国归类为 Zone 9），燃油附加费为运费的 16%，选用普通快递形式，运费及附加费由发件公司支付。

图 4－3－1 是一张 UPS 面单，面单分为 7 个区域。

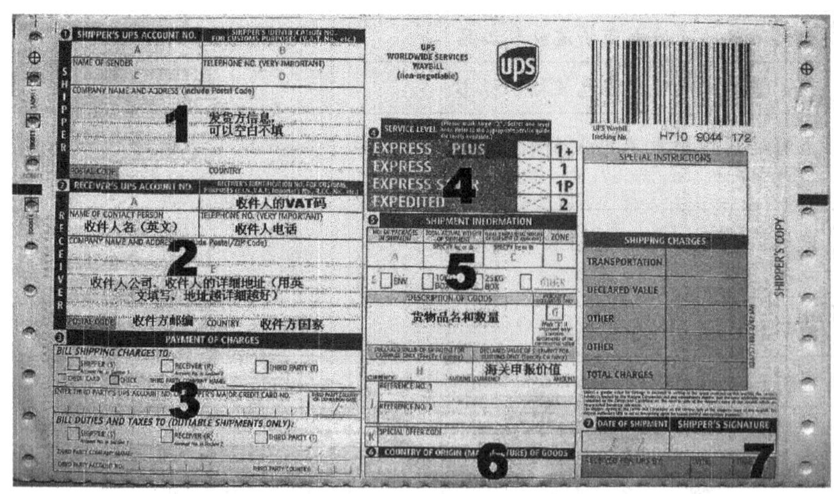

图 4－3－1　UPS 面单

一、寄件人信息区

寄件人信息区详见图 4－3－2 所示。

1. 寄件人 UPS 账号。

2. 寄件人海关识别号码。

3. 寄件人姓名：该项填写寄件人详细姓名，不可填写名字缩写。

4. 寄件人电话：如果货物清关需要资料 UPS 通过此号码联系寄件人或者用于其他相关事情的联系。

5. 寄件人地址：该项填写寄件人的详细联系地址，用英文填写。

❶	SHIPPER'S UPS ACCOUNT NO.	SHIPPER'S IDNETIFICATION NO. FOR CUSTOMS PURPOSES (VAT. NO., etc)
SHIPPER	772345	33079650
	NAME OF SENDER WANGMENG	TELEPHONE NO. (VERY IMPORTANT) 13817712345
	COMPANY NAME AND ADRESS (Include Postal Code) RM 607 NO.5 LANE 1234 CHANGNING RD SHANGHAI CHINA	
	POSTAL CODE 200051	COUNTRY SHANGHAICHINA

图 4－3－2　寄件人信息区

二、收件人信息区

收件人信息区见图 4－3－3 所示。

1. 收件人 UPS 账号。

2. 收件人海关识别号码。

3. 收件人姓名：需填写收件人全名，以方便货物的顺利签收。

4. 收件人电话：用于通知收件人清关（如需清关），或者 UPS 派送时收件人不在，可以通过此号码联系收件另约时间派送。

5. 收件人地址项：需填写收件人公司名称（如收件人非个人）、详细地址、邮政编码以及收件人所在的国家（可填写缩写）。

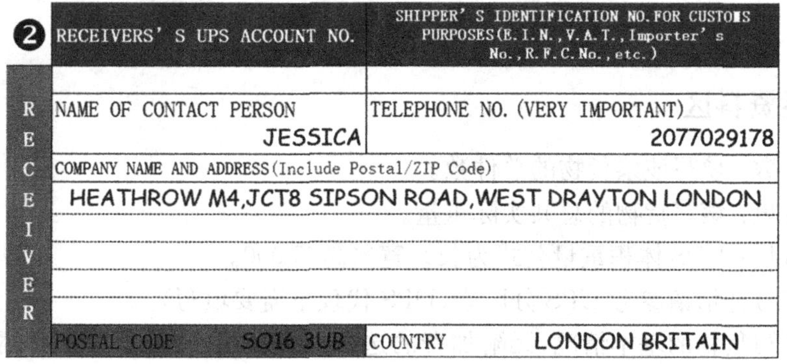

❷	RECEIVERS' S UPS ACCOUNT NO.	SHIPPER' S IDENTIFICATION NO. FOR CUSTOMS PURPOSES (E.I.N., V.A.T., Importer' s No., R.F.C. No., etc.)
RECEIVER		
	NAME OF CONTACT PERSON JESSICA	TELEPHONE NO. (VERY IMPORTANT) 2077029178
	COMPANY NAME AND ADDRESS (Include Postal/ZIP Code) HEATHROW M4,JCT8 SIPSON ROAD,WEST DRAYTON LONDON	
	POSTAL CODE SO16 3UB	COUNTRY LONDON BRITAIN

图 4－3－3　收件人信息区

三、付款选项区

付款选项区见图 4－3－4 所示。

1. 运费支付选项：用户可根据实际情况选择寄件人付费、收件人付费(到付)以及第三方支付，在 UPS 代理处可不填写。

2. 关税/税款的支付：用户可根据实际情况选择寄件人付费、收件人付费(到付)以及第三方支付，一般在 UPS 代理处填写收件人付费，如需要寄件人付费，代理需要加收手续费。

❸ PAYMENT OF CHARGES

BILL SHIPPING CHARGES TO

☑SHIPPER(S) Account No.in section1　☐RECEIVER(R) Account No.in section2　☐SHIPPER(S)

☐CREAT CARD　☐CHECK　THIRD PARTY COMPANY NAME:

ENTER THIRD PARTY' S UPS ACCOUNT NO.OR SHIPPER' S MAJOR CREDIT CARD NO.　THIRD PARTY COUNTRYOR EXPIRATION DATE /

BILL DUTIES AND TAXES TO (DUTIABLE SHIPMENTS ONLY):

☑SHIPPER(S) Account No.in section1　☐RECEIVER(R) Account No.in section2　☐SHIPPER(S)

THIRD PARTY COMPANY NAME:

THIRD PARTY ACCOUNT NO:　THIRD PARTY COUNTRY:

图 4－3－4　付款选项区

四、服务类别选项区

服务类别选项区详见图 4－3－5 所示。

该项目可以选择 PLUS 全球特快加急、全球特快、全球速快以及全球快捷服务。

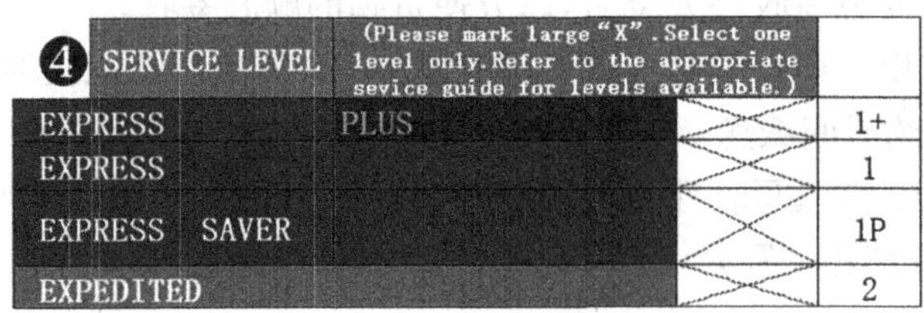

❹ SERVICE LEVEL	(Please mark large "X". Select one level only. Refer to the appropriate sevice guide for levels available.)		
EXPRESS	PLUS		1+
EXPRESS			1
EXPRESS SAVER			1P
EXPEDITED			2

图 4－3－5　服务类别选项区

五、装运资料区

1. 货物件数：填写该票货物的总件数。

2. 实际重量：填写货物的总共实际重量。

3. 体积重量：UPS 体积重量公式为长×宽×高/5 000。

4. 区域编号详情请参考 UPS 分区表(UPS 代理不需要填写)。

5. 对应填写货物的基本情况，无附加费的选择无须填写，装运资料区都需要物流公司确认填写(见图 4－3－6)。

5

SHIPMENT INFORMATION			
NO. OF PACKAGES IN SHIPMENT	TOTAL ACTUAL WEIGHT OF SHIPMENT	TOTAL DIMENSIONAL WEIGHT OF SHIPMENT (If applicable)	ZONE
1	SPECIFY kg of lb 0.33kg	SPECIFY kg of lb 0.11kg	9
☐ENV	☐10KG BOX	☐25KG BOX	☐____

DESCRIPTION OF GOODS	INDICATE IF DOCUMENTS ONLY
Silk Scarf 1pc	☐ Mark "X" if Shipment only contains documents of no commercial value

DECLARED VALUE OF SHIPMENT FOR CARRIAGE ONLY(Special Currency)		DECLARED VALUE OF SHIPMENT FOR CUSTOMS ONLY(Special Currency)	
RMB	5000	RMB	5000
CURRENCY	AMOUNT	CURRENCY	AMOUNT

REFERENCE NO. 1
REFERENCE NO. 2
SPECIAL OFFER CODE

图 4-3-6　装运资料区

六、货物说明区

该项目需要填写,寄送物之原产/制造国、特殊说明以及运费。对应填写货物的基本情况,无附加费的选择无需填写。该区域内容都需要与 UPS 公司确认后方可填写(见图 4-3-7)。

6

COUNTRY OF ORIGIN(MANUFACTURE)OF GOODS

SPECIAL INSTRUCTIONS	
SHIPPING CHARGES	
TRANSPORTATION	RMB853
DECLARED VALUE	
OTHER	RMB136.48
OTHER	
TOTAL CHARGES	RMB989.48

图 4-3-7　货物说明区

七、寄件人签名区

填写寄件日以及寄件人签名(见图 4-3-8)。

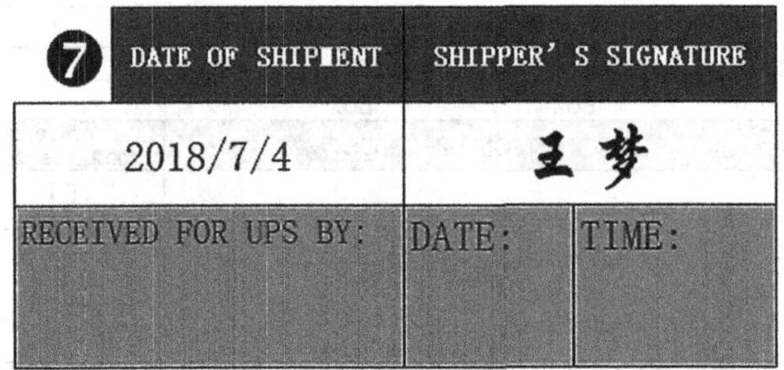

⑦ DATE OF SHIPMENT	SHIPPER'S SIGNATURE	
2018/7/4	王梦	
RECEIVED FOR UPS BY:	DATE:	TIME:

图 4-3-8 寄件人签名区

填制完毕后的面单如图 4-3-9。

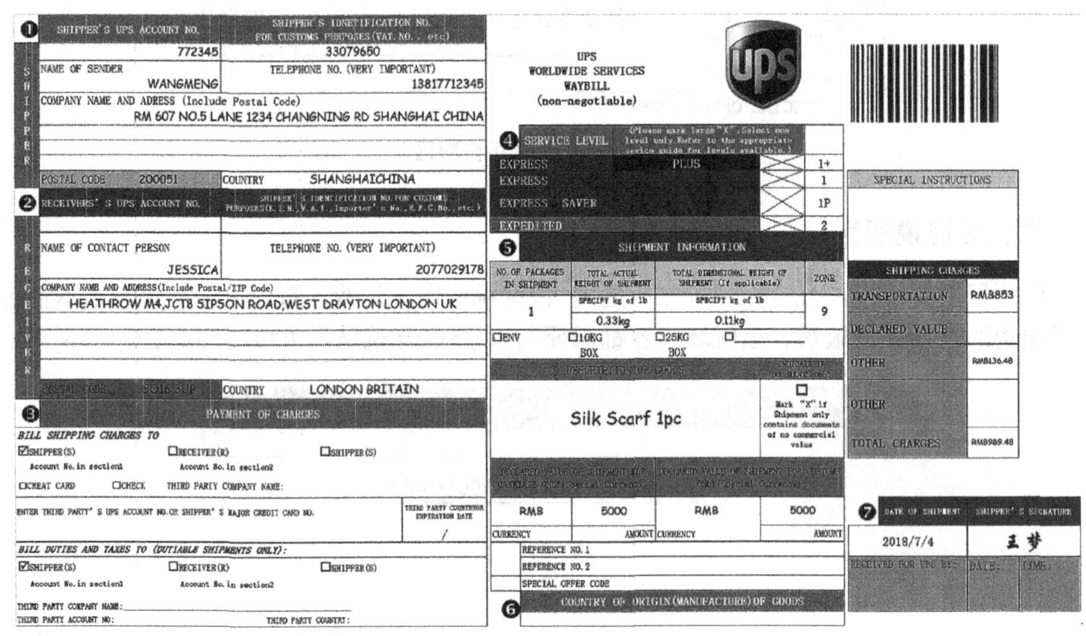

① SHIPPER'S UPS ACCOUNT NO.: 772345
SHIPPER'S IDNETIFICATION NO. FOR CUSTOMS PURPOSES (VAT. NO., etc): 33079650
SHIPPER
NAME OF SENDER: WANGMENG
TELEPHONE NO. (VERY IMPORTANT): 13817712345
COMPANY NAME AND ADRESS (Include Postal Code): RM 607 NO.5 LANE 1234 CHANGNING RD SHANGHAI CHINA
POSTAL CODE: 200051
COUNTRY: SHANGHAICHINA

② RECEIVERS'S UPS ACCOUNT NO.
SHIPEER'S IDENTIFICATION NO. FOR CUSTOMS PURPOSES (E.I.N., V.A.T., Importer's No., R.F.C. No., etc.)
RECEIVER
NAME OF CONTACT PERSON: JESSICA
TELEPHONE NO. (VERY IMPORTANT): 2077029178
COMPANY NAME AND ADDRESS (Include Postal/ZIP Code): HEATHROW M4,JCT8 SIPSON ROAD,WEST DRAYTON LONDON UK
POSTAL CODE: SO16 3UP
COUNTRY: LONDON BRITAIN

③ PAYMENT OF CHARGES
BILL SHIPPING CHARGES TO
☑SHIPPER(S) Account No. in section1 ☐RECEIVER(R) Account No. in section2 ☐SHIPPER(S)
☐CREAT CARD ☐CHECK THIRD PARTY COMPANY NAME:
ENTER THIRD PARTY'S UPS ACCOUNT NO. OR SHIPPER'S MAJOR CREDIT CARD NO.
THIRD PARTY COUNTRYOR EXPIRATION DATE: /
BILL DUTIES AND TAXES TO (DUTIABLE SHIPMENTS ONLY):
☑SHIPPER(S) Account No. in section1 ☐RECEIVER(R) Account No. in section2 ☐SHIPPER(S)
THIRD PARTY COMPANY NAME:
THIRD PARTY ACCOUNT NO: THIRD PARTY COUNTRY:

UPS
WORLDWIDE SERVICES
WAYBILL
(non-negotlable)

④ SERVICE LEVEL (Please mark large "X". Select one level only. Refer to the appropriate sevice guide for levels available.)

Service		Code
EXPRESS PLUS	☒	1+
EXPRESS	☒	1
EXPRESS SAVER	☒	1P
EXPEDITED	☒	2

⑤ SHIPMENT INFORMATION

NO. OF PACKAGES IN SHIPMENT	TOTAL ACTUAL WEIGHT OF SHIPMENT (SPECIFY kg of lb)	TOTAL DIMENSIONAL WEIGHT OF SHIPMENT (If applicable) (SPECIFY kg of lb)	ZONE
1	0.33kg	0.11kg	9

☐ENV ☐10KG BOX ☐25KG BOX ☐______

DESCRIPTION OF GOODS: Silk Scarf 1pc
INDICATE IF DOCUMENTS ONLY: ☐ Mark "X" if Shipment only contains documents of no commercial value

DECLARED VALUE OF SHIPMENT FOR CARRIAGE ONLY (Special Currency)		DECLARED VALUE OF SHIPMENT FOR CUSTOMS ONLY (Special Currency)	
RMB	5000	RMB	5000
CURRENCY	AMOUNT	CURRENCY	AMOUNT

REFERENCE NO. 1
REFERENCE NO. 2
SPECIAL OFFER CODE
⑥ COUNTRY OF ORIGIN (MANUFACTURE) OF GOODS

SPECIAL INSTRUCTIONS

SHIPPING CHARGES	
TRANSPORTATION	RMB853
DECLARED VALUE	
OTHER	RMB136.48
OTHER	
TOTAL CHARGES	RMB989.48

⑦ DATE OF SHIPMENT	SHIPPER'S SIGNATURE	
2018/7/4	王梦	
RECEIVED FOR UPS BY:	DATE:	TIME:

图 4-3-9 王梦完成的面单

任务实施 2

视频中为某品牌空白电子面单的广告,观看后,分组讨论电子面单的优点。

所谓电子面单,是指使用不干胶热敏纸按照物流公司的规定要求打印客户收派件信息的面单,在行业内也被称为热敏纸快递标签、经济型面单,二维码面单等。电子面单在国外已经成功运用多年,如联邦快递(FedEx)和国际快递(Ups)。而在国内,京东、当当、易迅、一号店等从自建初期就使用了电子面单。

目前在速卖通、Wish 等平台上诸如中邮、外邮小包，E 邮宝等的跨境电商物流模式都是通过平台发货的。与国内快递不同，跨境电商的物流面单大都是发货人自己制作，并通过热敏打印机打印出来。

一、电子面单的优势

（一）效率更高

打印效率比纸质面单提升 60%～90%，每小时可打印数千张。电子面单是普通纸质面单的 4～6 倍，平均每单打印只需花费 1～2 秒钟，高效率的打单大大缓解了电商卖家的大批量打单压力，平均速度为 2 500 张/小时，最高时可达到 3 600 张/小时。

（二）拣选效率提高，运单受损可能性小

与目前传统的纸质面单相比，最直接的区别在于电子面单是通过热敏纸、热敏打印机进行面单的打印的，没有复写联，只有上下联。如出现打印失误或热敏运单损坏等情况，仅损失热敏纸张，不会造成运单整体损坏，该运单编号依然可以使用，保证了物流公司与业务员利益。

（三）订单完成更快

传统发货模式，操作员需要将已打出的物流单和订单信息匹配后再发货，电子面单不需要把物流单和订单信息逐一匹配操作，在订单信息申请物流单号的时候就已完成了订单匹配（见图 4－3－10）。

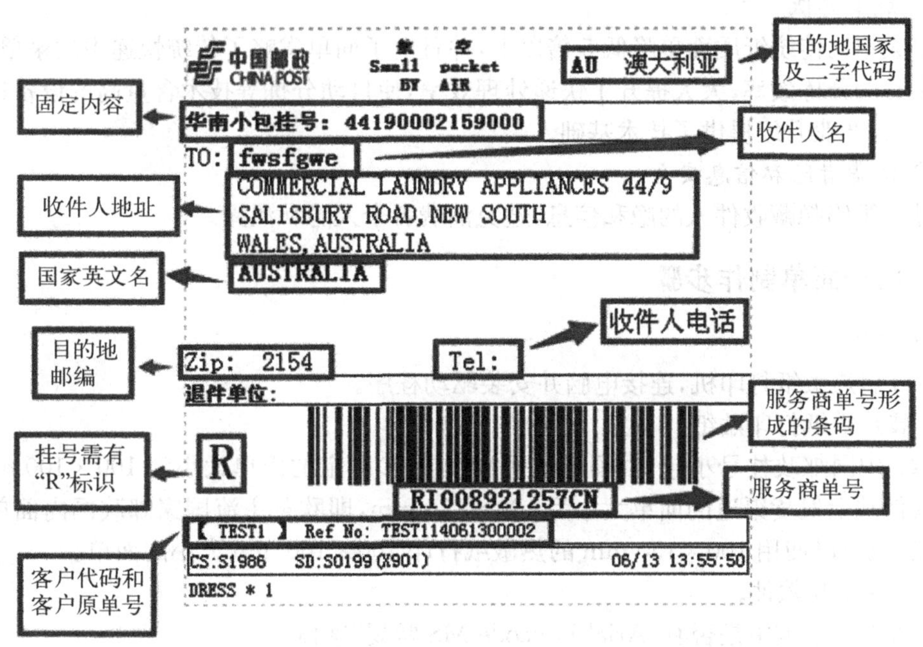

图 4－3－10　邮政电子面单明细

小贴士：面单一体化

从 2014 年 7 月 14 日起，中国邮政统一规范国际小包面单格式，强制电子条码和一体化面单。

所谓面单一体化，就是收件信息、货物明细、服务渠道信息、扫描条码包含于一个标签或面单上面。客户必须经系统录入收件信息货物信息后匹配单号，打印面单（见图 4－3－11）。

报关签条
CUSTOMS DECLARATION 邮2113
可以径行开拆 CN22
May be opened officially
中国邮政 CHINA POST
请先阅读背面的注意事项
See instructions on the back

邮件种类Category of item (在适合的文字前划"√") Tick as appropriate	√	礼物Gift		商品货样Commercial sample
		文件		其它Other

内件详细名称和数量quantity and detailed of contents	重量 Weight (kg)	价值 Value
Stop Sleep Grinding Teeth Mouth Guard Bruxism Dental 1	0.3	6.98
协调系统税则号列和货物原产地国(只对商品邮件填写) HS tariff number and country of origin of goods (For commercial items only)	总重量TotalWeight 0.3	总价值Total Value 6.98

I, the undersigned, certify that the particulars given in this declaration are correct and this item does not contain any dangerous articles prohibited by legislation or by postal or customs regulations.
寄件人签字Sender's signature:

SKU:dfa3e_6 1
Remark:
原订单ID:
302326

图 4－3－11 邮政的一体化面单

（四）成本更低

面单成本比传统纸质面单降低 5 倍以上，并且电子面单省略了传统快递中的录单过程、提高分拨中心的分拣效率，大大提升了快递处理效率，使自动分拣等技术含量高的设备投入使用成为可能，为产业升级提供了技术基础。

（五）消费者隐私信息安全

通过二维码隐藏收件人的隐私信息，避免消费者个人隐私泄露。

二、电子面单制作步骤

1. 准备工作。

（1）开启热敏纸打印机，连接电脑并安装驱动程序。

（2）装热敏纸打印贴纸。

注意：中国邮政挂号小包、中国邮政平常小包、E 邮宝的面单大小为 100×100 mm，无忧物流及其他线上发货渠道的面单大小为 100×150 mm，即欧美主流国家邮政国内面单尺寸大小。当然，也可以使用 100×150 mm 的热敏纸打印 100×100 mm 大小的面单。

（3）安装 pdf 软件。

（4）查看下电脑中是否有“Arial Unicode MS 常规”字体。

检查方法：操作系统 C：\Windows\Fonts 目录中是否有“Arial Unicode MS 常规”字体，如果没有，从网上下载一个 Arial Unicode MS 常规字体文件，点击右键安装。

2. 登录跨境电商平台或物流 ERP 系统，进入“待发货订单”，点击“打印发货标签”即可（见图 4－3－12）。

3. 将打印出的标签，填在包裹的醒目位置即可。注意面单一定要清晰可见。注意识别常见的异常条码（见图 4－3－13）。

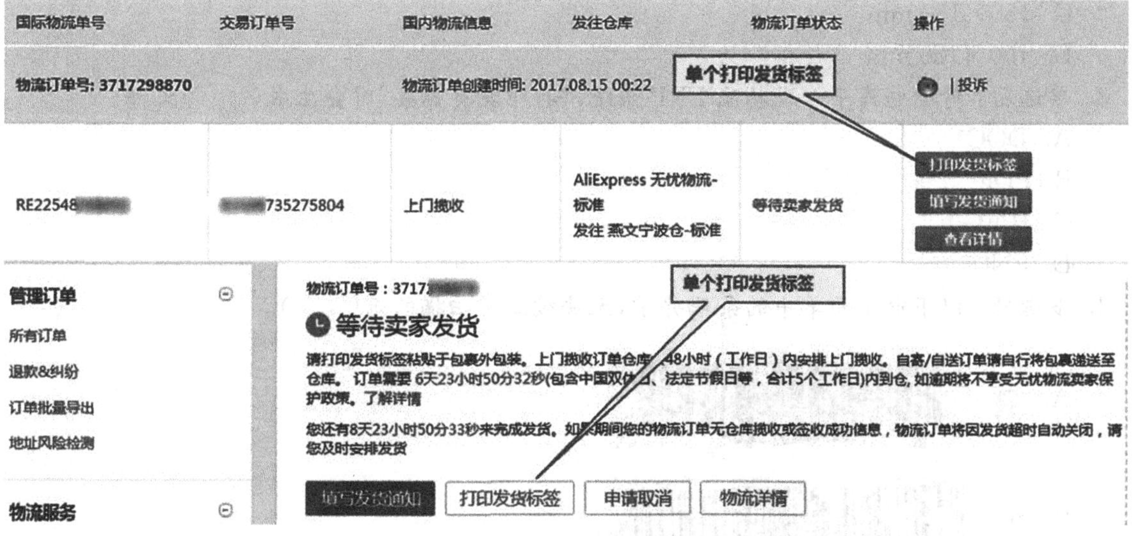

图 4－3－12　速卖通打印发货标签

图 4－3－13　常见的异常条码

课后习题

1. 单选题：UPS 面单，分为(　　)个区域。
   A. 3
   B. 5
   C. 7
   D. 9
2. 单选题：邮政电子面单的规定尺寸是(　　)。
   A. 100×100 mm

B. 100×150 mm

C. 150×150 mm

D. 100×120 mm

3. 单选题：跨境电商平台或物流 ERP 系统，“打印发货标签”时会生成(　　)文件。

A. DOC

B. PDF

C. JPEG

D. PNG

4. 多选题：以下电子面单中的条码异常，无法被正常扫描的是(　　)。

A. 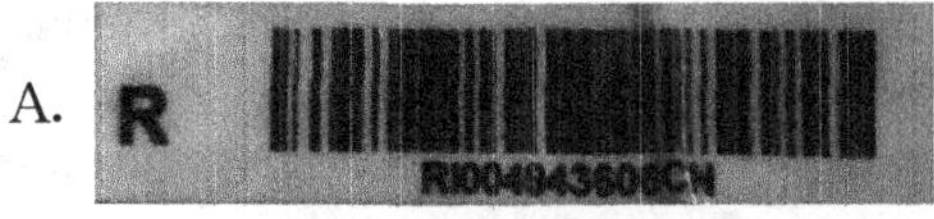

B. 

C. 

D. 

5. 判断题：一般电子面单是用热敏纸打印的。(　　)

6. 判断题：从 2014 年 7 月 14 日起，中国邮政开始实行一体化面单。(　　)

7. 判断题：电子面单由于没有复写联，只有上下联，所以一旦出现打印失误或面单损坏等情况，会造成运单整体损坏，该运单编号无法使用。(　　)

8. 判断题：手工填制的面单中，“货物说明区”部分需要寄送人自行填写，快递公司将根据填写内容进行发货配送。(　　)

9. 实操题：如果是“挂号”的邮政小包，电子面单上会有“G”的标识。(　　)

10. 实操题：2018 年 4 月 4 日，何静(地址：NO. 228 JINGZHOU ROAD, HANGZHOU CITY 邮编：310036 联系电话：0571－5345073)准备向在日本留学的同学 SEVEN WU(地址：5－2－11, PORT SOUTH CASTLE PEAK, TOKYO, JAPAN 邮编：10031 电话：03－3263－0695)邮寄一罐茶叶(TEA)，原产地：中国，HS 编码：0902301000，货物总值：USD35.00。茶叶被装在一个联邦快递的小型快递盒内(箱子尺寸：$30\times20\times10\ cm^3$)。何静选用了优先快递形式，要求快递仅在周六派送，并用信用卡预付了所有费用，信用卡号：6214－8888－1078－0053。

请根据以上信息填制联邦国际快递运单。

1.From

DATE__________ Shipper's Name ____________	Sender's FedEx Account Number Phone ____________
Company ____________	
Address ____	
City ____________	Province ____________
Country ____________	Post Code ____________

2.To

Recipient's Name ____________	Phone ____________
Company ____________	
Address ____	
City ____________	Province ____________
Country ____________	Post Code ____________

Shipment information

Total packages___Total weight__ ☐ts☐kg
DIM____L____W____H ☐ft☐cm

Commodity Description	Commodity code	Country of origin	Value for Customer
__________	__________	__________	__________

4.Express Package Service

☐FedEx Intl. Priority ☐FedEx Intl.First

☐______________ ☐FedEx Intl.Economy
FedEx Envelope and FedEx Pak rate not available.

5.Packaging

☐FedEx Envelope ☐FedEx Pak ☐FedEx Box ☐FedEx Tube ☐Other____ ☐FedEx 10kg Box ☐FedEx 25kg Box

6.Special Handing

☐HOLD at FedEx Location ☐SATURDAY Delivery

7a Payment Bill transportation charges to:

☐Sender Acct.No.in Section 1 will be billed.
☐Recipient ☐Third Party ☐Credit Card ☐Cash Check Cheque
FedEx Acct.No.____________________
Credit Card No.____________________
Credit Card Exp.Date________________

7b Payment Bill duties and taxes to:

☐Sender Acct.No.in Section 1 will be billed.
☐Recipient ☐Third Party
FedEx Acct.No.____________________

8.Your Internal Billing Reference

____

9.Required Signature

Use of this Air waybill constitutes your agreement to the Conditions of Contract on the back of this Air waybill, and your represent that this shipment does not require a U.S.State Department License or contain dangerous goods.Certain international treaties, including the Warsaw Convention, may apply to this shipment and limit our liability for damage, loss, or delay, as described in the Conditions of Contract.

WARNING: These Commodities, technology, or software were exported from the United States in accordance with Export Administration Regulations.Diversion contrary to U.S.law prohibited.

Sender's Signature: ______________________________

This is not authorization to deliver this shipment without a recipient signature.

学习评价

序　号	评　价　内　容	参　考　分　值	得　分
1	知道跨境电商电子面单的概念	10	
2	知道邮政面单一体化的含义	10	
3	能够填写指定商品的商业快递面单	20	
4	能够说出跨境电商电子面单的优点	15	
5	知晓跨境电商电子面单打印的步骤	15	
6	能够积极参与任务实施	10	
7	能够积极参与小组讨论	10	
8	能够积极回答老师提问	10	
总　分			

任务四　计算跨境物流运费

任务导入

王梦：　Amanda，前面那笔 UPS 面单中我有个疑惑，您看，为什么这里有 2 个重量，还有这里的 Zone 是怎么划分的呢(见图 4-4-1)？

5 SHIPMENT INFORMATION			
NO. OF PACKAGES IN SHIPMENT	TOTAL ACTUAL WEIGHT OF SHIPMENT	TOTAL DIMENSIONAL WEIGHT OF SHIPMENT (If applicable)	ZONE
1	SPECIFY kg of lb 0.33kg	SPECIFY kg of lb 0.11kg	9

图 4-4-1　UPS 面单信息

Amanda：这里的 0.11 kg，是“体积重”，体积重量是根据货件密度，即单位体积货件的实际重量来确定的。一般商业快递的计算公式为：体积重(kg)＝包裹的长(cm)×宽(cm)×高(cm)/5 000(cm^3/kg)[不同货代、快递公司的计算公式会有不同，具体要看该货代、快递公司的计费说明，本教材中均以(长×宽×高)/5 000 进行计算]。而 Zone 是根据国际快递的“全球快递世界区域表”得来的。

任务实施 1

根据以下“高级刺绣旗袍”订单信息，如使用“UPS 速快”服务寄送，试计算其运费。

商品图片	商品信息
	商品名称：高级刺绣旗袍
	包装尺寸：32×26×7 cm³
	包裹重量：675 g
	订单数量：1 件
	发货地：中国苏州
	收货信息：意大利

一、确定计费重量

（一）计算实际重量

将包裹称重，测得数值的小数部分，取下一个半千克数。

任务中包裹重量为 675 g，即 0.675 kg，超过 0.5 kg，取下一个半千克数，即 1 kg。故本包裹的实际重量以 1 kg 计。

（二）计算体积重量

将包裹的总体积尺寸数值除以 5 000 得到以千克为单位的体积重量。计算出的数值的小数部分取下一个半千克数。

任务中包裹尺寸为 32×26×7 cm³，体积重＝(32×26×7)/5 000＝1.16 kg，取下一个半千克数，即 1.5 kg。故本包裹的体积重量以 1.5 kg 计。

（三）确定计费重量

计费重量是指用于计算费率的重量。实际重量和体积重量，选大值。故本包裹计费重量为 1.5 kg。

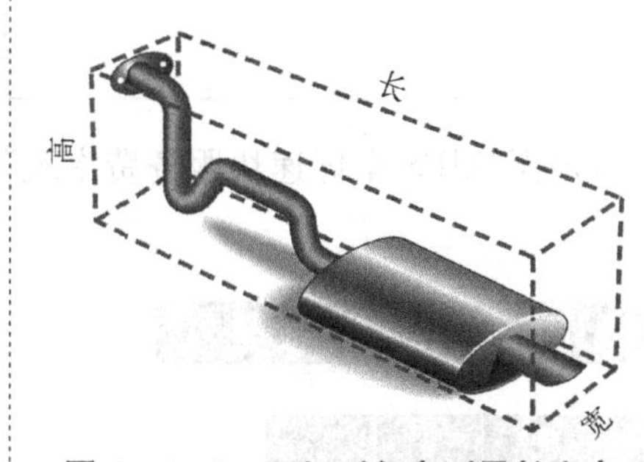

图 4-4-2　不规则包裹测量长宽高

小贴士：不规则包裹

对于不规则的包裹，国际快递会通过测量确定其体积重量，并查看该重量是否在最大重量限制内。

把不规则的包裹当作常规长方体箱子处理。从其离中心最远点测量该包裹的长、宽、高（图 4-4-2）。

二、确定 UPS 服务区域

全球快递世界区域表（适用于除海南省、广东省、广西壮族自治区、云南省、福建省、江西省、湖南省和重庆市以外地区）

UPS 快递服务

本任务包裹自中国苏州发往意大利，根据“UPS 全球快递世界区域表”，意大利属于“Zone 7”(见图 4-4-3)。

国家/地区		出口区				进口区			
		全球特快加急服务	全球特快服务	全球速快服务	全球快捷服务	全球特快加急服务	全球特快服务	全球速快服务	全球快捷服务
Hong Kong	中国香港	1	1	1	1	1	1	1	1
Hungary*	匈牙利*	7	7	7	7	7	7	7	7
Iceland	冰岛	-	7	7	7	7	7	7	-
India*	印度*	7	7	7	7	7	7	7	7
Indonesia*	印度尼西亚*	-	4	4	4	4	4	4	4
Iraq	伊拉克	-	-	8	8	9	9	9	-
Ireland, Republic of	爱尔兰共和国	7	7	7	7	7	7	7	7
Israel	以色列	-	8	8	8	8	8	8	8
Italy*	意大利*	7	7	7	7	7	7	7	7
Jamaica*	牙买加*	-	9	9	9	9	9	9	-
Japan*	日本*	-	3	3	3	3	3	3	3

图 4-4-3 UPS 全球快递世界区域表(部分)

三、计算运费

出口—UPS Worldwide Express Saver®
(UPS 全球速快服务™)

本任务中，包裹为非文件包裹，计费重量 1.5 kg，Zone 7，根据“UPS 全球速快服务费率表”(见图 4-4-4)可得，本单包裹运费为人民币 698 元。

出口 – UPS Worldwide Express Saver® (UPS 全球速快服务™)

非文件包裹

货件重量(千克)	地区 1	地区 2	地区 3	地区 4	地区 5	地区 6	地区 7	地区 8	地区 9
0.5	233	327	327	329	402	389	454	506	853
1.0	280	393	393	399	487	509	576	630	1,020
1.5	327	464	464	469	572	641	698	759	1,189
2.0	372	533	533	536	660	763	815	885	1,361
2.5	417	605	605	611	745	888	937	1,014	1,527
3.0	464	673	673	678	831	1,017	1,059	1,136	1,697
3.5	510	743	743	749	915	1,142	1,179	1,266	1,869
4.0	555	810	810	818	1,000	1,268	1,303	1,394	2,037
4.5	605	879	879	887	1,085	1,393	1,424	1,519	2,207
5.0	647	950	950	959	1,169	1,519	1,546	1,686	2,380
5.5	695	1,018	1,018	1,027	1,258	1,645	1,665	1,770	2,549
6.0	743	1,087	1,087	1,098	1,343	1,773	1,788	1,895	2,717
6.5	788	1.157	1.157	1.168	1.432	1.896	1.907	2.021	2.885

图 4-4-4 UPS 全球速快服务费率表(部分)

任务实施 2

订单情况如下，使用“邮政包裹”寄送，要求 15 天内送达，公司与货代有协议，使用邮政包裹可以拿到运费 8 折的折扣。试计算其运费。

	商品名称：鼠标
	包装尺寸：$20\times14\times8\ \mathrm{cm}^3$
	包裹重量：0.6 kg
	订单数量：1 件
	发货地：中国上海
	收货信息：韩国

一、选择邮政包裹渠道

在之前的学习中，我们知道中国邮政包裹分为邮政小包、中邮大包、e 邮宝和国际特快专递 EMS 等，先来做一下筛选。

本次包裹物品是鼠标，属于带电商品，所以邮政小包不可寄；中邮大包是指 2 kg 以上的包裹，所以排除中邮大包；商品要求 15 天内寄到，并不紧急，如果 e 邮宝可以配送，则无须使用价格相对贵的国际特快专递 EMS。那我们来看看 e 邮宝可否寄送：

（一）查看可配送国

登录中国邮政速递物流官网 http://shipping.ems.com.cn/index，查看 e 邮宝可配送范围。本任务中商品目的国为韩国，属于 e 邮宝配送范围（见图 4-4-5）。

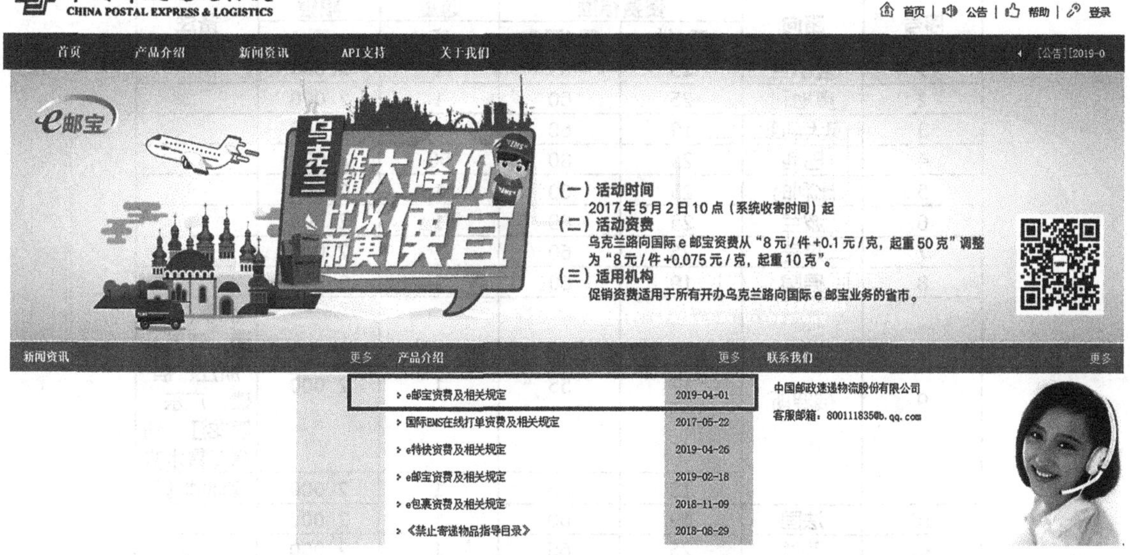

图 4-4-5　中国邮政速递物流官网上查看 e 邮宝最新规定

（二）查看 e 邮宝尺寸限制

本包裹长为 20 cm，宽为 14 cm，高为 8 cm，长宽高相加为 $20+14+8=42\ \mathrm{cm}\leqslant90\ \mathrm{cm}$，单

边长度≤60 cm，至少有一面长度≥17 cm，且宽度≥9 cm，故符合 e 邮宝体积标准（见表 4-4-1）。

表 4-4-1　　国际 e 邮宝重量及体积限制表

邮件形状	重量限制	最大体积限制	最小体积限制
常规形状	最高限重 2 kg	长、宽、高合计不超过 90 cm，最长边不超过 60 cm	长度不小于 14 cm，宽度不小于 11 cm
圆卷邮件		直径的两倍和长度合计不超过 104 cm，长度不得超过 90 cm	直径的两倍和长度合计不小于 17 cm，长度不小于 11 cm

e 邮宝包裹起重 1 g，限重 2 kg，本包裹重量 0.6 kg，故符合 e 邮宝重量标准。

确认本包裹可用 e 邮宝进行配送。

二、计算计费重量

邮政包裹有严格的体积限制，故使用邮政包裹寄送时，不计算体积重，按实际重量计费。本包裹实际重量为 0.6 kg。

根据 e 邮宝特殊规定，重量单位精确到“克”，故不采用半数进位法，因此本包裹计费重量为 0.6 kg。

三、计算运费

根据中国邮政速递物流官网发布的收费标准，进行运费计算（见图 4-4-6）。

e 邮宝运费＝单件费用×件数＋单位价格×重量＝25×1＋40×0.6＝人民币 49 元。

序号	路向	资费标准		起重	限重	备注
		元/件	元/千克	克	克	
1	爱尔兰	25	65	1	2 000	
2	奥地利	25	60	1	2 000	
3	澳大利亚	19	60	1	2 000	
4	巴西	25	80	50	2 000	
5	比利时	25	60	1	2 000	
6	波兰	25	60	1	2 000	
7	丹麦	25	60	1	2 000	
8	德国	19	60	1	2 000	
9	俄罗斯	17	55	1	2 000	北京、上海、江苏、浙江、福建、广东、黑龙江、新疆乌鲁木齐
		18	55	1	2 000	其他地区
10	法国	19	60	1	2 000	
11	芬兰	25	65	1	2 000	
12	哈萨克斯坦	8	70	50	2 000	
13	韩国	25	40	1	2 000	
14	荷兰	25	60	1	2 000	

图 4-4-6　e 邮宝资费及相关规定（部分）

另通过货代公司有 8 折的折扣率，故使用 e 邮宝寄送本任务包裹的费用为 49×0.8=39.20 元。

任务实施 3

订单情况如下，使用“邮政包裹”寄送，要求 15 天内送达，公司与货代有协议，使用邮政包裹可以拿到运费 8.5 折的折扣。试计算其运费。

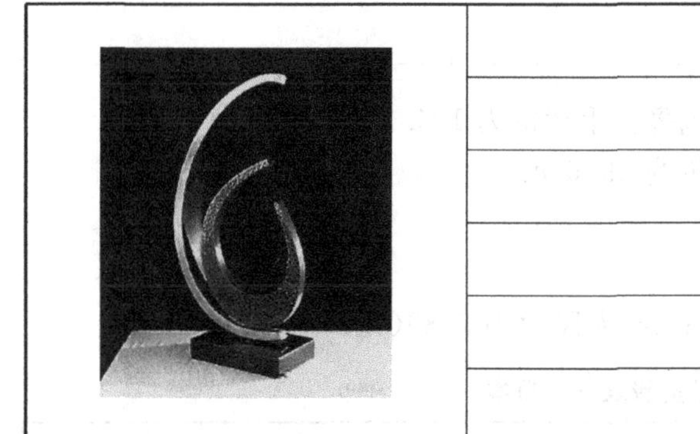	商品名称：摆件装饰品
	包装尺寸：$40\times20\times15\ cm^3$
	包裹重量：2.7 kg
	订单数量：1 件
	发货地：中国上海
	收货信息：日本

一、选择邮政包裹渠道

该包裹超过 2 kg，故考虑使用中邮大包(见表 4－4－2)。

表 4－4－2　　中国邮政大包标准

重量限制	2 kg≤包裹≤30 kg(部分国家限重 20 kg)
体积限制	(1) 最大体积限制 部分国家，单边≤1.5 米，长度＋长度以外的最大横周≤3 米 部分国家，单边≤1.05 米，长度＋长度以外的最大横周≤2 米 (2) 最小体积限制 最小边长≥0.24 米、宽≥0.16 米
计费标准	按首重 1 kg 的价格＋续重 1 kg 的价格×续重的数量计费，不满 0.5 kg 的按 0.5 kg 计，超过 0.5 kg 的按 1 kg 计
挂号资费	中国邮政大包需要收取 8 元/件的挂号费用
其他说明	不计算体积重量，没有偏远附加费，没有燃油附加费

根据商品订单信息，本包裹符合中邮大包的体积及重量的标准，可以使用中邮大包寄送。

二、计算计费重量

本包裹重量 2.7 kg，根据表 4－4－2 的计费标准，计算计费重量：

首重：1 kg。

续重：2.7 kg－1 kg=1.7 kg，根据计费标准，需按 2 kg 计算。

故本包裹计费重量为首重 1 kg＋续重 2 kg=3 kg。

三、计算运费

中国邮政大包资费表

首重运价：查表 4-4-3 得出寄往日本的包裹首重运价为 124.2 元

续重运价：查表得寄往日本的包裹续重运价为 29.6 元

折扣率：8.5 折=0.85

挂号费：8 元

中邮大包运费=(124.2+29.6×2)×0.85+8=人民币 163.89(元)

表 4-4-3 中国邮政大包挂号资费表——日本

分　区	国　家	国际大包航空		
		首重 1 kg	续重 1 kg	限重量 kg
77	日　本	124.2	29.6	30

小贴士：跨境物流中的其他费用

除了基本运费，跨境电商物流中还会产生包装费、燃油附加费、特别服务费等。

1. 包装费

一般情况下，国际快递公司是免费包装，提供纸箱、气泡等包装材料，但一些贵重、易碎物品，快递公司还是要收取一定的包装费用的。包装费用一般不计入折扣。

2. 燃油附加费

燃油附加费的征收基于每件货物的运费价格和所有与运输相关的附加费，从 DHL 官网公开的燃油价格指数上可以计算出具体的燃油附加费，费率每个月会根据前两个月的燃油价格计算确定，燃油附加费适用于国际快递和国内快递。

国际快件还会加上燃油附加费，一般快递公司会根据当前的燃油价格，计算出具体的燃油附加费，并在官网上公示。比如 DHL 快递此时的燃油附加费为 12%，我们在计算运费时，要将基础运费×12%，燃油附加费一般会同运费一起打折。

3. 货币贬值附加费(一般出现在海运中)

当运费的计收货币发生明显贬值时，船公司就会因为货币贬值而受到较大损失。船东为了弥补损失，就会通过加收货币贬值附加费的方式把损失转嫁给托运人/货主。

课后习题

1. 单选题：以下哪种渠道不属于中国邮政的(　　)。

A. EMS　　B. 中邮大包　　C. e邮宝　　D. 菜鸟大包

2. 单选题：中邮小包最大体积限制：长＋宽＋高≤(　　)，单边长度≤(　　)，最小体积限制：至少有一面长度≥14 cm，宽度≥9 cm。

A. 80 cm、60 cm　　B. 90 cm、60 cm

C. 30 cm、60 cm　　D. 90 cm、40 cm

3. 单选题：在中国邮政大包中最大体积限制：部分国家，单边≤(　　)米，长度＋长度以外的最大横周≤(　　)米；部分国家，单边≤(　　)米，长度＋长度以外的最大横周≤(　　)米。

A. 1.5 米、3 米、1.05 米、3 米　　B. 2.5 米、3 米、1.15 米、2 米

C. 1.5 米、3 米、1.05 米、2 米　　D. 1.5 米、2 米、1.25 米、1 米

4. 判断题：中国邮政大包中计费标准按首重 2 kg 的价格＋续重 1 kg 的价格×续重的数量计费，不满 0.5 kg 的按 0.5 kg 计费，超过 0.5 不满 1 kg 的按 1 kg 计费。　(　　)

5. 判断题：计费重量就是商品的实际重量。　(　　)

6. 判断题：国际 e 邮宝是中国邮政为适应国际电子商务寄递市场的需要，为中国电商卖家量身定制的一款全新经济型国际邮递产品，限 3 kg 以内。　(　　)

7. 判断题：中国邮政大包需要收取 8 元/件的挂号费用。　(　　)

8. 计算题：某跨境电商卖家，要从杭州发送一件衣服到俄罗斯，选择 e 邮宝。他从货代那拿到运费折扣率为 9 折，包裹的重量为 500 g，长、宽、高为 $30\times20\times16\ cm^3$。

(1) 请判断此包裹能否用 e 邮宝寄送。

(2) 如能寄送，请计算需支付多少运费。

9. 计算题：某跨境电商卖家有一箱文具要从义乌运往巴西，该包裹的重量是 2.1 kg，体积为 $30\times20\times15\ cm^3$。

(1) 请问包裹能否选择中邮大包寄送？

(2) 如果选择中国邮政大包，且该商家从货代那拿到运费折扣率为 8 折，那么该包裹的运费应该是多少？

10. 计算题：某跨境电商卖家有笔订单，要将一根项链，连同礼盒寄往新加坡，选择 UPS 速快寄送，该包裹重量为 300 g，体积为 $22\times20\times6.5\ cm^3$，请计算该笔订单运费。

学习评价

序　号	评　价　内　容	参　考　分　值	得　分
1	知道体积重和实际重量的计算	10	
2	识记各种跨境运费计算的公式	10	
3	掌握计算运费的步骤	10	
4	能够根据商品包裹情况，选择邮政包裹类型	10	
5	能够计算国际快递的运费	10	
6	能够计算 e 邮宝的运费	10	
7	能够计算中邮大包运费	10	

续表

序　号	评　价　内　容	参　考　分　值	得　分
8	能够积极参与任务实施	10	
9	能够积极参与小组讨论	10	
10	能够积极回答老师提问	10	
总　　分			

项目五　跨境电商海外仓出口操作

项目背景

经过两周的跨境电商出口直邮的实习，王梦已经能够熟练地根据电商订单，进行发货操作了。这天，王梦在浏览公司商品时，发现公司的某款茶叶，在 Wish 平台上，售价 1.49 美金/50 克，运费仅为 0.09 美金，不仅如此，还有一些售价不超过 10 美金的商品，享受包邮服务，这其中还有利润吗？王梦带着疑问咨询了 Amanda。

Amanda 告诉王梦，这些商品的发货地都是公司在境外的海外仓。海外仓是目前跨境电商物流行业内最为推崇的物流方式。

项目要点

◇ 海外仓的运作流程

◇ 海外仓选品
◇ 海外仓的库存管理
◇ 海外仓的费用组成及计算
◇ 欧洲 VAT 计算
◇ 亚马逊 FBA 与第三方海外仓的差异
◇ 亚马逊 FBA 费用计算

任务一 认识海外仓模式

任务导入

王梦：　　Amanda 老师，什么是海外仓？

Amanda：海外仓，顾名思义“海外仓库”，是指跨境电商出口卖家为提升订单交付能力而在国外接近买家的地区设立的仓储物流节点。

王梦：　　我们的商品在美国、欧洲、俄罗斯、巴西等地方都有销售，公司在全球那么多地方都有仓库呀？

Amanda：额……我们公司规模还没那么大，海外仓其实有三种模式：亚马逊的 FBA、第三方海外仓服务商和卖家自建海外仓。目前，我们主要采用的是第三方海外仓服务，以及亚马逊的 FBA。先来说说第三方海外仓吧。

任务实施 1

跨境电商的迅速发展对物流业的要求日益提高，海外仓已成为众多跨境电商出口卖家优先选择的方式。在跨境电商中，海外仓是指国内企业将商品通过大宗运输的形式运往目标市场国家，在当地建立仓库、储存商品，然后再根据当地的销售订单，第一时间做出响应，及时从当地仓库直接进行分拣、包装和配送。

出口易是一家具有 10 年自营海外仓经验的第三方海外仓企业，表 5-1-1 是出口易在 2018 年英国海外仓的统计数据，请同学们分析该表，并思考：海外仓的优势在哪里。

表 5-1-1　　出口易 2018 年英国海外仓数据统计

项　目	物品所在地为英国	物品所在地为中国	提高百分比
每个已结束刊登物品的平均浏览量	51	23	122%
平均物品售出价格	92.1 英镑	30.8 英镑	199%
每个有售出记录的物品平均售出的物品数量	1.85	1.41	31%
每个有售出记录的物品平均创造的销售总额	170.4 英镑	43.5 英镑	292%
成交率(有售出记录的物品数/结束刊登的物品数)	44%	39.5%	11%

一、海外仓兴起的原因

海外仓兴起的主要原因是卖家越来越需要提供与国外电商一样的本土化服务，充分利用中国制造的优势参与国际竞争。海外仓头程将零散的国际小包转化成大宗运输，卖家只要把货物大批量运到海外仓库，就有专门的海外仓工作人员代替商家处理后续各项琐事，在线处理发货订单，一旦有人下单就立即完成抓货、打包、贴单、发货等一系列物流程序，确保商品更快速、更安全、更准确地到达消费者手中，完善消费者跨境贸易购物体验，这可以给商家腾出时间和精力进行新产品开发，从而获取更大的利润。

在海外市场，当地发货更容易取得买家的信任，他们更愿意选择设置海外仓的商品。海外仓境内配送速度更快、安全性更高，特别是在黑色星期五、圣诞节等购物旺季，订单暴增，跨境配送的效率受到影响，丢包的风险加大，加上各国海关的抽查政策更加严格，此时发货速度快会提升买家的满意度。海外仓的退货处理流程高效便捷，适应当地买家的购物习惯，让买家在购物时更加放心，能够解决传统国际退换货问题，从而提高我国电商的海外竞争力，真正帮助电商提供本土服务。

二、海外仓的优势

海外仓是顺应跨境电商发展趋势出现的一种仓储模式，能得到跨境电商巨头们的青睐，海外仓必定有其自身特有的优势，其中主要体现在以下几方面。

（一）降低物流成本及清关费用

跨境卖家以一般贸易的方式将货物输出至海外仓，以批量的形式完成头程运输，比零散地用国际快递要节省成本，一些产品还能享受到出口退税的政策。平台接单后，从海外仓发货，特别是在当地发货，物流成本远远低于从中国境内发货，例如在中国发 DHL 到美国，1 kg 货物需要 124 元人民币，而在美国发货则只需 5.05 美元。

（二）缩短配送时间，加快物流时效

跨境卖家从海外仓储提前备货，可以节省从中国到国外的时间，现在可以直接去当地国家发货。按照卖家平时的发货方式，e 邮宝需要 7—15 天，UPS 需要 10 天以上，若是在当地发货，仅需 1—3 天就可以收到货，大大缩短了运输时间，加快了物流的时效性。

这个在外贸旺季，如黑色星期五、圣诞节等，尤为适用。

（三）提高店铺好评

客户下单之后最关心的就是售后服务，这里包括时效、货物退货、换货等。当客户遇到这些要求的时候，我们可以利用海外仓去进行售后服务，也解决了客户的后顾之忧，从而提高店铺的满意度。

（四）产品曝光度提升

如果卖家在海外有自己的仓库，那就可以更改物品所在地，轻松成为海外卖家，且当地的客户在选择购物时，一般会优先选择当地发货，因为这样对买家而言可以大大缩短收货的时间，海外仓的优势，也能够让卖家拥有自己特有的优势，从而提高产品的曝光率，提升店铺的销量。

（五）有助于市场拓展

因为海外仓更能得到国外买家的认可，从另外一方面，如果卖家注意口碑营销，自己的商品在当地不仅能够获得买家的认可，也有利于卖家积累更多的资源去拓展市场，扩大产品销售

领域与销售范围。

任务实施 2

根据运营主体的不同,海外仓可分为第三方海外仓服务商和卖家自建海外仓。思考:任务中,Amanda 为什么跟王梦说:"目前公司规模不大,不适合自建海外仓"呢?

一、自建海外仓

自建海外仓即卖家自己解决海外建立公司、仓库、通关、报税、物流配送等一系列问题。

自建海外仓最大的优势就是灵活,公司可自己掌控系统操作和管理,但自建海外仓的风险和成本也会更高,海外仓涉及的关务、法务、税务等问题都比较烦琐。另外,如果体量不大,没有规模优势,很难拿到好的当地配送价格。

自建海外仓最大的问题在于管理不同文化的员工。因距离远、文化差异大,管理成了最大的难题。对于国外团队和国内团队,要采用完全当地化的管理手段和管理思路。国外员工很注重生活质量,也更直接谈钱和福利。

二、第三方海外仓

第三方海外仓是指由第三方企业(多数为物流服务商)建立并运营的海外仓,并且可以提供多家跨境电商企业的清关、入库质检、接受订单、商品分拣、配送等服务。换句话说,第三方海外仓模式就是指由第三方企业掌控整个跨境物流体系。

跨境电商卖家与第三方"海外仓"的合作方式有两种:租用和合作建设。租用方式会存在操作费用、物流费用、仓储费用;合作建设则只产生物流费用。

相比直邮来说,海外仓的很多问题与客户的沟通比较及时,在清关方面也可以提供便利给收件人和代缴关税。综合来看,第三方海外仓的优势主要有以下几点:

1. 有助于提高单件商品利润率。eBay 数据显示,存储在海外仓中的商品平均售价比直邮的同类商品高 30%。

2. 稳定的供应链有助于增加商品销量。在同类商品中,从海外仓发货的商品平均销售量是从中国本土直接发货的商品销量的 3.4 倍。

3. 海外仓采取的集中运输模式突破了商品重量、体积和价格的限制,有助于扩大销售品类。

4. 海外仓所采取的集中海运方式大幅降低了单件商品的平均运费,尤其在商品重量大于 400 克时,采用海外仓的费用优势更为明显。这就有效降低了物流管理成本。

5. 稳定的销量、更多、更好的买家反馈将提升卖家的账号表现。eBay 数据显示,使用海外仓可以使卖家的物流好评率提升 30%。

但第三方海外仓也存在弊端,如存货量预测不准可能会导致货物滞销;货物追踪如果存在差漏会导致丢失;而海外仓服务商本身要做本土化服务和团队管理也是一大难题,这也会影响到卖家的服务需求。

任务实施 3

海外仓运作流程业内一般分为三段式，头程：国内集货送到海外仓；库内：订单操作即库存管理；尾程：出仓配送及售后服务。

观察图 5－1－1 的海外仓运作流程图，标出头程、库内及尾程环节。

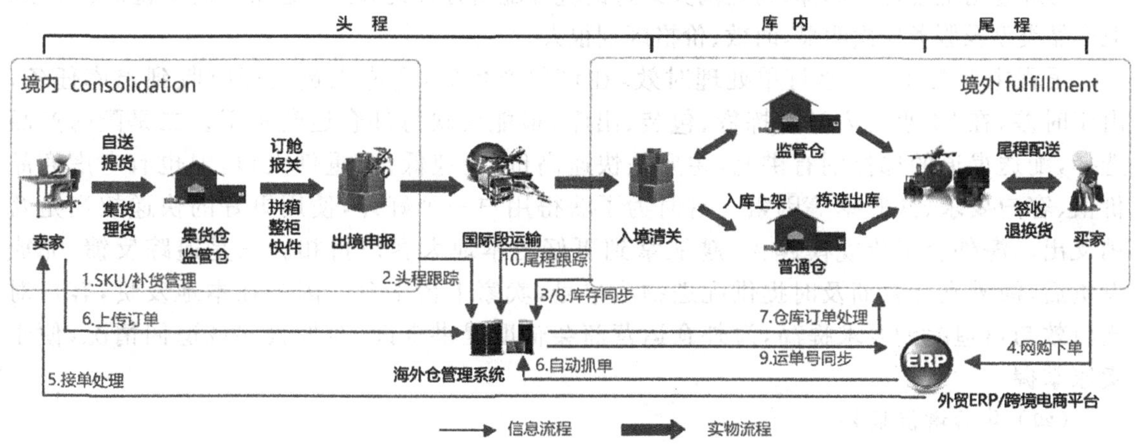

图 5－1－1　海外仓信息与实物全流程运作概览

海外仓本地管理其实跟国内电商仓库一样，需要从仓储空间规划、储位规范、SKU 编码、拣选流程等方面一一设计。通常，海外仓全环节物流运输涉及多个合作方，在货物周转的过程中，委托关系及交接工作需要全程管控。能够全球多地布局的海外仓企业屈指可数，同时具备货运代理、国际贸易、清关等资质并长期经营于海外的更是凤毛麟角。便捷可靠的海外仓系统是自动高效驱动业务流程的基础，具有良好 IT 能力的海外仓企业会在这方面有比较明显的优势。

（一）头程

头程备货送仓，卖家可以选择自送或海外仓全程负责，前提是海外仓运营商有足够的承运和清关能力，很多海外仓为了规避交叉风险或连带责任，多鼓励卖家委托代理自行送货。

海运拼箱或整柜是主要国际段物流方式，空运头程更适合紧急补货。如果自送，卖家要在提交海外仓入库单时，明确货物明细及运输方式、承运商、运单号等信息，作为 ASN 到货通知，便于仓库验货入库；卖家需要自行安排货物国内外清关及税费支付，都要以税后交货 DDP 的贸易模式发货。此时，空海运的清关文件和装箱单等随货文件，海外仓不能体现为进口商或付税人或货物所有人等角色，只能作为承运商的送货地址。卖家自行包装时，单包超过 50 磅要堆码托盘、限重标准等，否则可能产生整柜散装卸货费；入库单信息或预约不准确会导致卸货、入库及上架延误，收货押车、押柜等额外费用。

有些海外仓提供“进出双清”及提货方面的服务，多在口岸拥有公共集货仓，统一进行收货查验、打标、包装打托、产品拍照、复合称重等增值服务，负责进仓入站、订舱、国内港口报关及目的国清关、托运至目的地，实现一站式跨境运输服务。

货物库上架后，卖家就有了库存，可以去线上销售了。注意，为了物流成本和库存最优，头程频率要科学安排。

（二）清关

借用海外仓批量发货，走海运的话，是大宗货物清关方式，清关检查严格，要求提供相关证明，像欧盟 CE 认证，第三方海外仓运营商会提供代理清关的增值服务。

（三）尾程

海外仓落地配送的选择，与之前介绍过的境外配送方式类似。发达市场的快递企业不多，但产品类型及服务层次明显，时效、价格区别很大。

尾程主要关注：一是订单处理时效，在订单产生后，仓库人员会即时收到出库任务，由于时差，在 24 小时内及时拣货、包装、出库，最能反映海外仓运营水平。二是配送产品选择，配送渠道的选择别有讲究，主要是快速高价、慢速低价、重件大包，但也有考虑商品价值、客户要求、淡旺季等因素。有时为了获得用户一个好评，使用更好的快递权当是营销支出。海外仓出货规模越大，越能拿到更好的本地大客户折扣。三是追踪反馈，完成发货后，海外仓运营商及时提供配送物流单号，卖家上传平台。因为在本地发货，客户对于时效与可追踪的要求提高，海外仓运营商会辅助提供查询、监控投递或退回情况，便于卖家掌握。

（四）售后增值服务

在跨境电商业务中，会存在大量的退换货需求，直邮条件下基本只能重发。海外仓就方便多了，可以帮助卖家处理很多售后，包括每个环节都可以做很多增值服务（见表 5－1－2）。

表 5－1－2　海外仓可提供丰富的本地化服务支撑

物流服务	清关服务	销售支持	金融服务	海外推广	行政服务
头程集货＋专线 海外仓配一体 转仓调拨 退换货 换标及包装	进出口代理 商检服务 报关保税 产品归类 单证手续	买家直采 展示寄售 质检及打码 测试维修 退运服务	代收货款 仓单质押 保理业务 库存融资 仓储进入	土著地推 国外展会布置 产品展示厅 媒体推广 小语种推广	海外公司注册 商标品牌注册 税务服务 法律支持 海外接待

小贴士：海外仓选址

插旗布局是一种战略考量。目前，国外真正需要和适合开展海外仓的国家非常集中，全球选址比较成熟的有美国、德国、英国、日本等。

海外仓的订单流及入仓成本是选址关键因素。市场在哪儿仓在哪儿，海外仓第一站必是美国。美国国土面积大，物流仓储门槛较高，选址要考虑靠近重要港口和交通枢纽、靠近人口密集区、华人劳工资源丰富、仓库存量多等因素。根据行业数据，全美电商订单，美国东岸占 50%，主要分布：佛罗里达州、纽约、宾夕法尼亚州、北卡罗来纳州；美国西岸占 25%，分布在加州及华盛顿；其他地区占 25%，如南部得克萨斯州及北部芝加哥等。这样，美国海外仓基本锁定在东西岸及南部少量，包括亚马逊仓库的分布也基本如此（见图 5－1－2）。

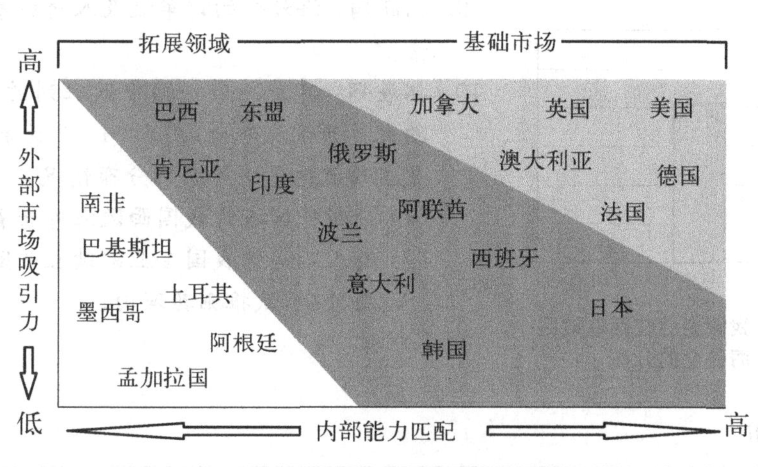

图 5-1-2 全球跨境电商及物流市场成熟度匹配

课后习题

1. 单选题：以下不是海外仓模式的是(　　)。

   A. 自建海外仓　　B. 合作海外仓

   C. 第三方海外仓　　D. 平台海外仓

2. 单选题：以下不是自建海外仓需要关注的问题是(　　)。

   A. 盈利与否的问题　　B. 爆仓与效率低下

   C. 设备不够先进　　D. 运作和管理经验短板

3. 单选题："海外仓"具有的主要区位优势是(　　)。

   A. 环境优美,服务设施完善

   B. 距离中国较近,货源充足

   C. 交通便利,市场覆盖面较广

   D. 当地政府支持,土地租金低

4. 多选题：海外仓的优点是(　　)。

   A. 提升产品的配送速度　　B. 节省物流成本

   C. 避免旺季物流排仓、爆仓的问题　　D. 提高成交量

5. 多选题：以下(　　)是第三方海外仓可提供的服务。

   A. 退换货　　B. 进出口清关代理

   C. 测试维修　　D. 税务服务

6. 多选题：海外仓运作流程业内一般分为(　　)三段式。

   A. 售后　　B. 头程　　C. 尾程　　D. 库内

7. 判断题：海外仓是未来的发展趋势,所有有能力的跨境电商都应该提早布局大力投入。(　　)

8. 判断题：在海外市场,当地发货更容易取得买家的信任,他们更愿意选择设置海外仓的商品。(　　)

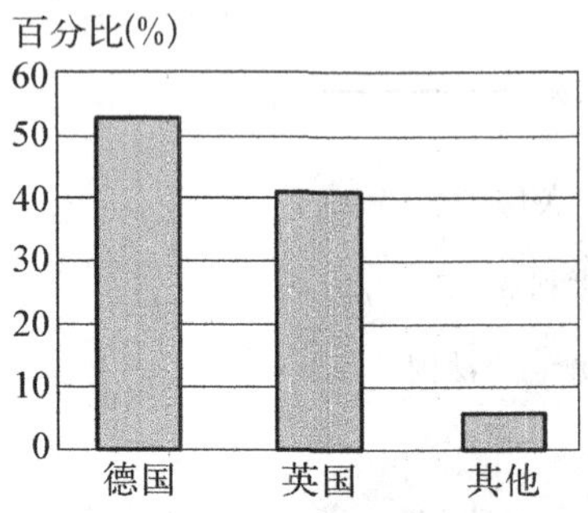

图 5-1-3 我国企业在西欧地区海外仓的分布

9. 判断题：海外仓的订单流及入仓成本是选址关键因素。 ( )
10. 拓展题：随着一带一路中欧班列的兴起，我国在西欧大量开设海外仓，图 5-1-3 为我国 200 多家企业在西欧地区海外仓的分布情况。
    (1) 分析德国成为我国西欧海外仓首选地的原因。
    (2) 有人不同意我国企业继续在西欧多国大量建设海外仓，试推测其理由。

学习评价

序 号	评 价 内 容	参 考 分 值	得 分
1	知道海外仓的定义和特点	10	
2	了解自建海外仓的特点	10	
3	了解第三方海外仓的特点	10	
4	能区分自建海外仓和第三方海外仓的优缺点	20	
5	了解海外仓运作流程	20	
6	能够积极参与任务实施	10	
7	能够积极参与小组讨论	10	
8	能够积极回答老师提问	10	
总 分			

任务二 分析海外仓选品

任务导入

Amanda：海外仓的费用除了运费，还有仓储费，商品多在海外仓放置一天，就要产生一天的仓储费，不是所有的商品都适合海外仓销售的。

王梦： 商品种类成百上千的，这怎么选择呀？

Amanda：首先要了解目的国家的买家需求，另外还要运用数据工具进行分析。

任务实施 1

将以下商品与风险、利润标签连线，思考哪类适合做海外仓。

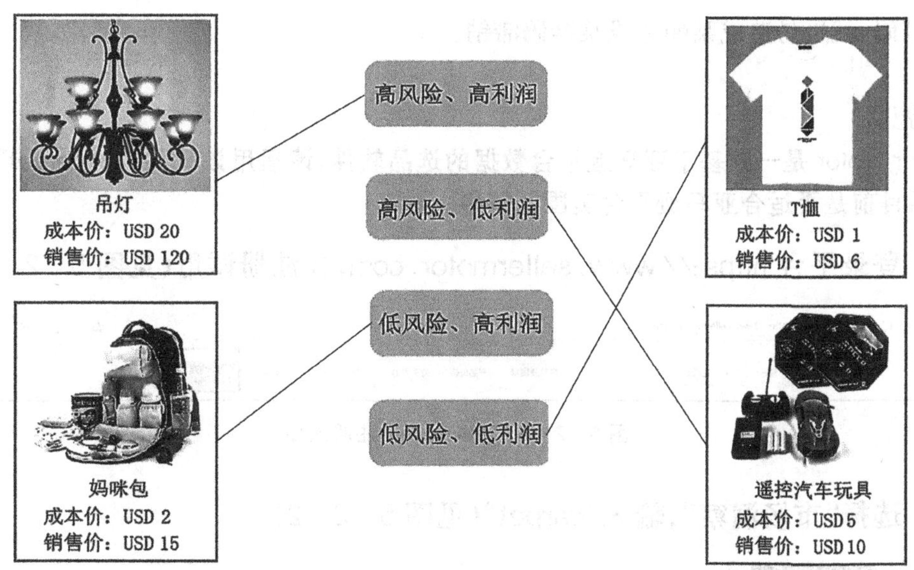

一、海外仓的选品定位

随着跨境电商的发展，本地化服务的进一步升级，以及本地化体验的良好口碑，海外仓越来越成为未来跨境电商的必然趋势。根据跨境电商平台的商品种类，我们可以把商品大致分为以下四类：

（一）高风险、高利润

一些体积大且重量超重的商品，国内小包无法运输，或者运费太贵（如灯具、家具、户外用品、健身器材等）。

由于这些商品用小包、专线邮递规格会受到限制，使用国际快递费用又很昂贵，而使用海外仓的话会突破产品的规格限制和降低物流费用，且高质量的海外仓服务商可将破损率、丢件率控制至很低的水平，为销售高价值商品的卖家降低风险。所以对于这类商品，海外仓是最佳选择。

（二）高风险、低利润

国内小包或快递无法运送（如危险产品、美容美甲、带锂电池的小商品等）。

这类商品，并非完全不适合海外仓，而是不适合中小卖家做海外仓，比如指甲油，因为这类产品相对低廉，货物销售出去，不能保证每个单子都是好评，当产生售后时，如果没有足够的利润支撑，光退换货的损失就不可估量。

（三）低风险、高利润

日用快消品类，非常符合本地需求，需要短期内送达的产品（如工具类、家居必备用品、母婴用品等）。

海外仓能大大缩短配送时间，对于这类日用快消品，国外买家也偏向于选择发货地为本国的商品。另外，这类商品往往周转率高，也就是我们常常所说的畅销品。对于畅销品来说，卖家可以通过海外仓更快速地处理订单，回笼资金，避免产生相应的仓储费用。

（四）低风险、低利润

在国外市场热销的产品，批量运送根据优势，均摊成本（3C 配件、爆款服装等）。

对于这类商品，要选择性的使用海外仓，比如服装、鞋类等季节性强的消费品，卖家需要做很好的库存和销售周期的把握，才能使用海外仓，否则极易造成滞销。例如，一双鞋有 3 个颜色、5 个鞋码，就极易造成某颜色或某鞋码滞销。

任务实施 2

Seller Motor 是一款基于亚马逊平台数据的选品软件，请运用该软件，以“carpet”为例，分析该产品目前是否适合亚马逊平台美国区销售。

一、登录平台 https://www.sellermotor.com，并注册试用（见图 5-2-1）。

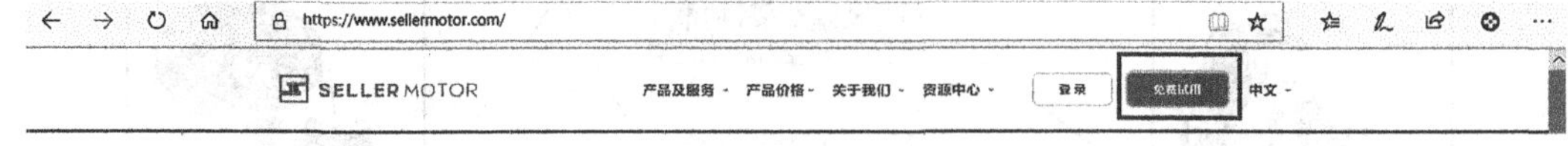

图 5-2-1 sellermotor 注册入口

二、选择“市场洞察”，输入“carpet”（见图 5-2-2）。

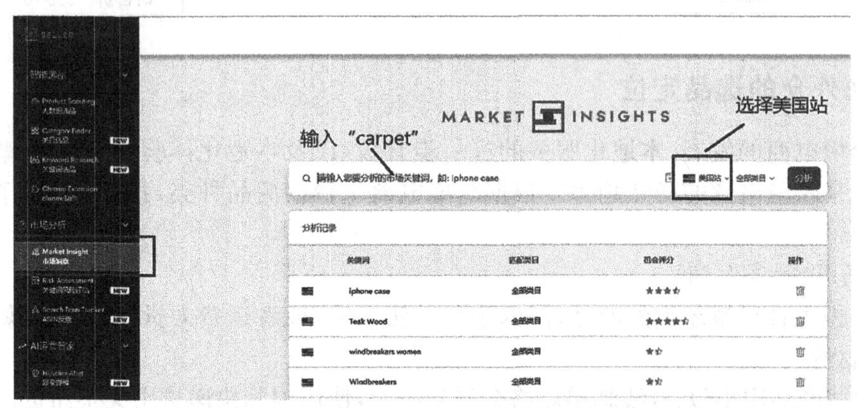

图 5-2-2 sellermotor 生成关键词市场分析报告

三、销量与流量趋势分析

从市场规模、增速、活跃竞品量、销售毛利率等多个层面深刻剖析所处行业，从而找到制胜产品切入点，充分识别竞争形势，明确可优化空间（见图 5-2-3）。

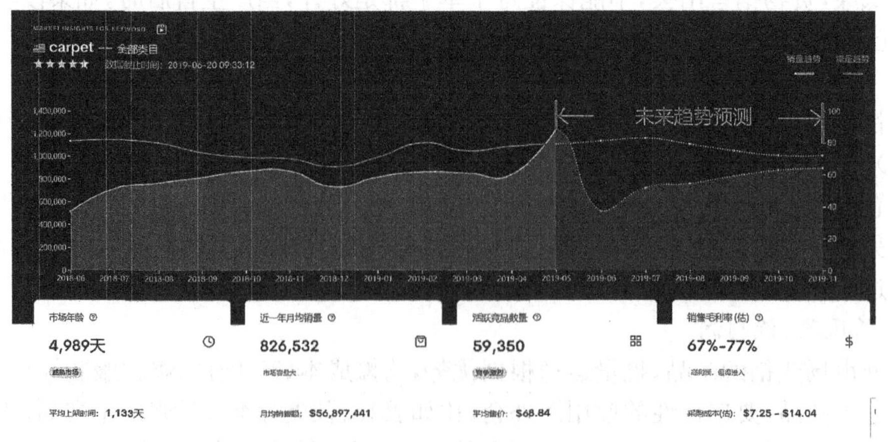

图 5-2-3 carpet 销量与流量趋势报表

下边的曲线为销量趋势，上边的曲线部分为流量趋势，在一定的时间段内，该关键词的市场走势，销量趋势反映的是市场一年内的销量动态，流量趋势反映的是市场在一年内搜索热度，右侧深灰色区域为未来半年内的流量预测以及销量预测，同一时间内流量与销量变化趋势对比反映了整个市场的供需关系。

该品类产品未来一个月销量会有所回落，但流量趋势较为稳定，随着下半年美国气温回落，预计销量有所上升。

（一）市场年龄

产品在亚马逊平台上存在的时间，通常一个产品存在的时长越长，则这个市场越趋于稳定饱和的状态，新品进入时也需要愈加的谨慎。根据时长，系统分为成熟市场、成长市场、新兴市场。

（二）近一年的月均销量

过去一年中该目标市场所有 Listing（亚马逊 Listing 指的是一个产品页面，一件商品一个页面。）平均每个月的销量。从市场容量可以看出该关键词的市场潜力。

（三）活跃竞品程度

该目标市场过去 30 天平均每天至少有一个销量的 Listing 数量。通过活跃竞品数量可以看出该关键词所在市场竞争激烈程度。

（四）销量毛利率

销量毛利率＝（平均售价－产品成本－Amazon 佣金－运费－售后成本－营销成本）/售价

该数据是平台抓取“Amazon Top 100”Listing 数据及阿里巴巴国际站数据所反映出成品利润情况。

根据以上报表分析，“carpet”类产品在亚马逊美国市场上已存在多时，市场非常成熟，所以商品在价格上趋于稳定，很难降低利润去打“低价战”。但从平均月销量来看，市场潜力还是非常大的。选择用地毯来装饰自己的家，是美国人的传统习惯，所以无论是地毯，还是地毯衍生出的周边产品（如地毯清洁剂）都成了美国人的刚需。所以，“carpet”这个市场，在美国还是有潜力的。

四、竞争分析

通过市场集中度、市场活跃度、市场份额等维度分析市场竞争是否激烈，评估推新品、打爆款的难易度，为制定合理的销售目标和运营计划提供依据（见图 5－2－4）。

图 5－2－4　carpet 竞争分析

（一）市场集中度

市场集中度指该市场中 Top 10 品牌所占据的市场总销量比率。一般来讲，市场集中度越高，说明该市场存在垄断卖家，新品进入难度较大。反之市场集中度越低，新品就越有机会进入。

（二）市场活跃度

市场活跃度指最近 30 天新进入销量前 10%的商品数量。市场活跃度低，说明销量前 10%的商品变化不大，市场竞争格局稳定，新品进入难度大，反之则说明市场竞争激烈，但同时新品进入机会也越大。

（三）门槛

门槛可反映出 Top 10 至 Top 100 的排名所需的最低日销量和最低评论数量。通过 Top 10 至 Top 100 了解新品进入该市场后打造爆款的难易度，以此评估新品推广成本并制定合理的销售目标和运营计划。

从以上三个数据，我们可以看到，关键词“carpet”下的产品，对于新入卖家是非常友好的，垄断卖家情况相对较好。从门槛数据中，可以得出该类产品打造爆款也相对有优势，进入 Top 排名的门槛较低，评论数仅为 1。

（四）Top 10 品牌

近 30 天销量排名前 10 的品牌，这里可根据中国卖家的占比判断市场竞争环境的优劣程度，通常中国卖家比例较高的类目下，竞争环境较恶劣，对卖家的运营能力要求高（见图 5－2－5）。

Top 10 品牌 ⓘ　　查看完整品牌排名

#	品牌	月销量	上线时间
1	iCustomRug	50 339	1 102天
2	Bissell	38 947	4 989天
3	LuxUrux	34 325	528天
4	Hoover	27 086	5 820天
5	Shark	25 751	3 140天
6	Gorilla Grip	20 321	1 615天
7	WELLTED	16 630	4 190天
8	Nature's Miracle	16 368	4 386天
9	iRobot	15 952	1 425天
10	Resolve	12 793	3 756天

图 5－2－5　carpet Top 10 品牌排行

点击品牌名字，可链接到亚马逊，查看该品牌产品，我们点击排名第一的“Bissell”，可以看到这是一款地毯吸尘器，而排名第一的“iCustomRug”是一款织物地毯（见图 5-2-6）。

iCustomRug Savannah 合成锡亚地毯，外观像天然剑麻地毯，更柔软且耐用 带锯齿边缘，金色
★★★★★ ˅ 1
更多购买选择
US$208.00　(1 件新品)

iCustomRug Tracker 室内/室外实用地毯罗纹图案
更多购买选择
US$191.52　(1 件新品)

icustomrug 软毛绒玩具花架犬绒面小地毯适用于现代内饰，当代的，米色
★★★★★ ˅ 1
更多购买选择
US$158.00　(1 件新品)

icustomrug 几何防滑高低循环防污渍可水洗地毯
★★★★☆ ˅ 5
更多购买选择
US$108.00　(1 件新品)

图 5-2-6　iCustomRug 是一款织物地毯品牌

点击右上角的“查看完整品牌排名”，可以看到 Top 100 的排名情况（见图 5-2-7）。

Top 100 品牌 ⓘ　　×

#	品牌	所属国家	月销量	平均价($)	平均评论数	Listing数量	上线时间
51	BDK		3 697	21.41	10 949	93	3741天 2009-03-24
52	AMAGABELI GARDEN & HOME		3 677	18.91	2 044	5	1152天 2016-04-24
53	EREACH	-	3 577	14.48	231	3	86天 2019-03-26
54	FH Group		3 439	19.94	11 009	28	3093天 2010-12-31
55	Freshmint		3 407	16.35	175	3	340天 2018-07-15
56	Drillbrush	-	3 385	18.15	1 811	18	2594天 2012-05-13
57	Starcounters		3 322	49.95	523	1	282天 2018-09-11
58	amarey		3 266	269.63	6 388	9	3093天 2010-12-31
59	FLERISE		3 266	12.49	306	6	3093天 2010-12-31
60	Carbona		3 229	12.04	581	6	4271天 2007-10-10

« ‹ 4 5 6 7 8 › »

图 5-2-7　carpet Top 100 品牌排行

根据 Top 100 的排名情况分析，“carpet”关键词下，中国卖家不多，具有跨境市场发展潜力，但“carpet”关键词下吸尘电子类产品，几乎都是国外大品牌，且上线时间较长，说明这个品类产品新品牌比较难打入，而“浴室地毯”“织物地毯”类有较多上线时间短的品牌，说明该品类买家对品牌忠诚度不高，易接受新兴商品。

（五）竞争格局图

反映当前市场中 Top 10 品牌的分布情况。销量越大，右侧对应饼状图越大，代表其占据市场份额越大。通过品牌竞争格局分析，能够快速了解竞争对手的市场地位，从而选择对标品牌，寻找市场空白，快速进行自身品牌的市场定位（见图 5－2－8）。

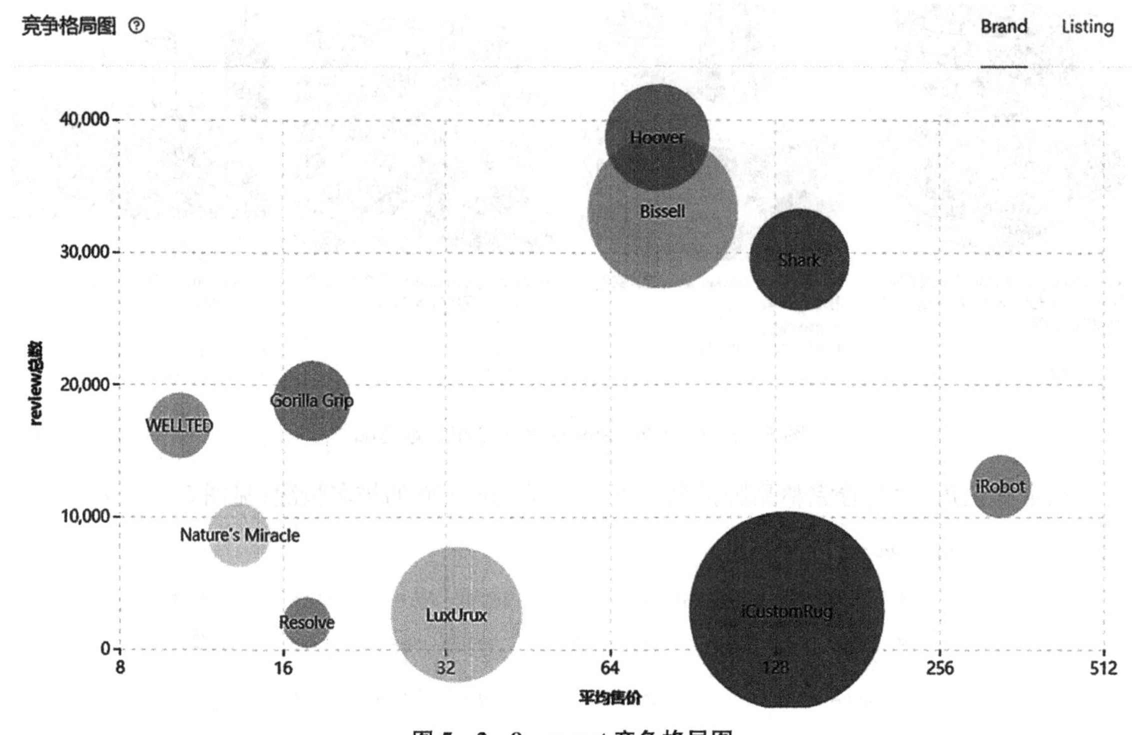

图 5－2－8 carpet 竞争格局图

从上图可以看出，iCustomRug 在高价位织物地毯中，品牌份额较大，所以要做织物地毯的话，目前 USD 30—60 之间有市场空白。

五、销量影响因素分析

利用技术手段获取整体市场数据，通过大数据算法进行相关筛选后，用归因算法推算得出产品销量的影响因素以及权重占比。在前期选品过程中，我们可以以此判定产品销量影响因素的倾斜程度，在后期运营过程中，我们可以以此来针对性的优化 Listing，判断投入资金的先后顺序（见图 5－2－9）。

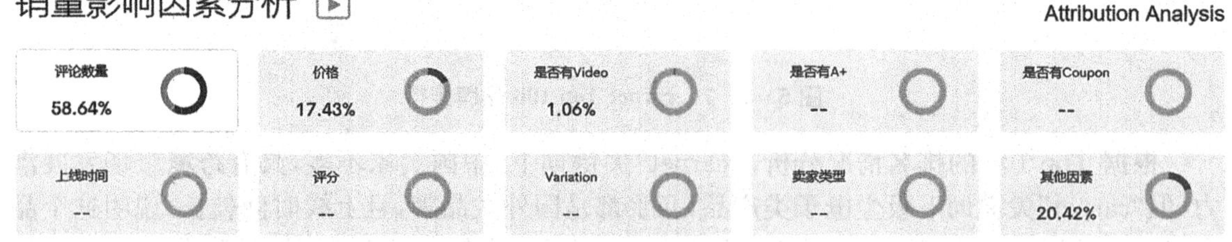

图 5－2－9 carpet 销量影响因素分析

在“carpet”中，买家的评论数和价格因素对产品销量影响最大，在前期资金投入时，可以适当以价格折扣刺激营销。

六、成本分析

获取整体市场数据的筛选，自动生成产品相关费用，方便客户迅速进入陌生市场，也可依据实情自行修改产品成本，精细化计算利润占比和成本结构（见图 5－2－10）。

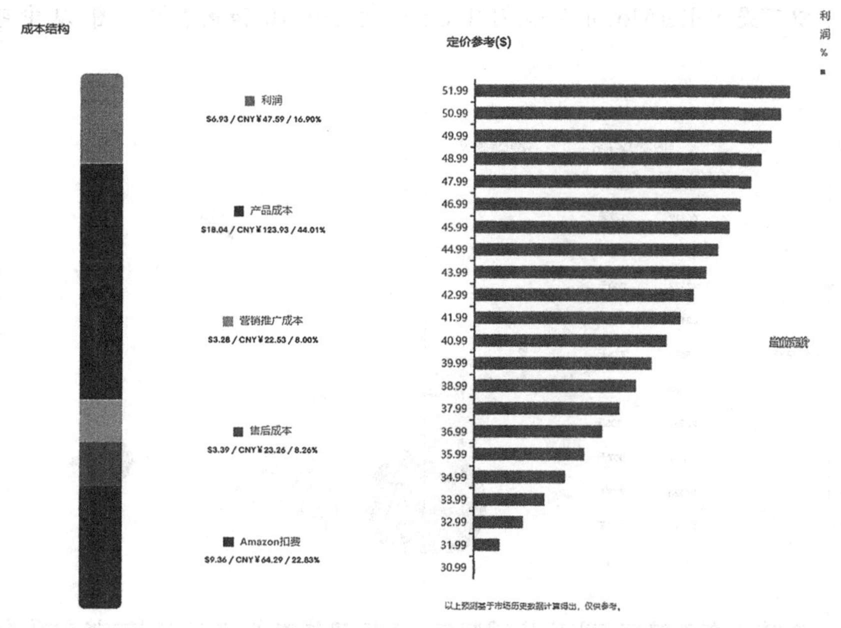

图 5－2－10　carpet 成本分析

（一）成本结构

根据最左侧的相关产品费用，直接能从其结构图中判定产品成本构成。

（二）定价参考

可根据零利润对应的最低产品价格参考定价（Tips：从产品当前售价到最低价的区间，是产品的一个生命周期）。

注意，平台是抓取全球最大的货源供应商平台——阿里巴巴国际站的所有相关数据作为货源数据。

当然，仅以“carpet”作为关键词来分析选品是远远不够的，通过以上“carpet”的分析，我们暂时得出织物类地毯比较有市场，之后还需要精确关键词继续分析。比如使用区域“indoor carpet、outdoor carpet、bathroom carpet”；制作材料“polyester carpet、fiber carpet”等，进一步精准分析。

课后习题

1. 单选题：以下最适合做海外仓的商品是（　　）。

A. 高风险、高利润　　　　B. 高风险、低利润

C. 低风险、高利润　　D. 低风险、低利润

2. 单选题：跑步机属于(　　)类商品。

A. 高风险、高利润　　B. 高风险、低利润

C. 低风险、高利润　　D. 低风险、低利润

3. 单选题：SellerMotor 是一款分析(　　)平台的大数据选品软件。

A. 速卖通　　B. Wish　　C. 亚马逊　　D. eBay

4. 拓展题：以下是 SellerMotor 关键词“blouse”的 Top 10 和竞争格局图，从中可以得到什么信息？

Top 10 品牌　　查看完整品牌排名

#	品牌	月销量	上线时间
1	BLENCOT	66119	177天
2	Sarin Mathews	43515	1152天
3	Vetinee	42177	200天
4	MIROL	32192	655天
5	MAYSIX APPAREL	25678	735天
6	Tiksawon	25583	71天
7	Zeagoo	23337	1205天
8	HOTAPEI	22392	807天
9	Yidarton	21625	793天
10	Nlife	20570	527天

竞争格局图　　Brand　Listing

review总数：21,000　18,000　15,000　12,000　9,000　6,000　3,000

Zeagoo　Sarin Mathews　HOTAPEI　MIROL　Yidarton　BLENCOT　Nlife　Vetinee　Tiksawon　MAYSIX APPAREL

平均售价　32

5. 拓展题：选择一个关键词，用 SellerMotor 市场洞察数据进行分析，将你的分析结果以分析报告的形式提交。

学习评价

序　号	评　价　内　容	参　考　分　值	得　分
1	知晓海外仓选品定位	10	
2	能根据商品进行风险、利润分类	10	
3	熟悉 SellerMotor 软件，能用关键词进行搜索	10	
4	了解洞察分析报告中各项数据的含义	20	
5	能根据洞察分析报告的数据进行分析	20	
6	能够积极参与任务实施	10	
7	能够积极参与小组讨论	10	
8	能够积极回答老师提问	10	
总　分			

任务三　执行海外仓仓储管理

任务导入

王梦：　海外仓都在境外，这看不见摸不着的，商品到了那里怎么管理呢？

Amanda：还记得海外仓模式流程图中的信息流程吗？实物商品到了海外仓后，相关的商品信息也会一步步地在海外仓 WMS 系统中更新。从海外仓经营管理过程来看，商品交由海外仓运营主体来进行管理，并负责仓储、物流、配送业务，由此需要对货物进行快捷、准确、实时化管理，所需的信息技术水平非常高。所以海外仓仓库从空间规划、货物分区、商品信息、出入库流程等环节都要非常规范。

任务实施 1

图 5－3－2 为英国第三方海外仓仓库实景，仓库内并非都是货物堆放区，根据功能，仓库被分为很多区域，请同学们结合海外仓仓库内作业流程（见图 5－3－1），思考海外仓仓库需规划哪些功能区。

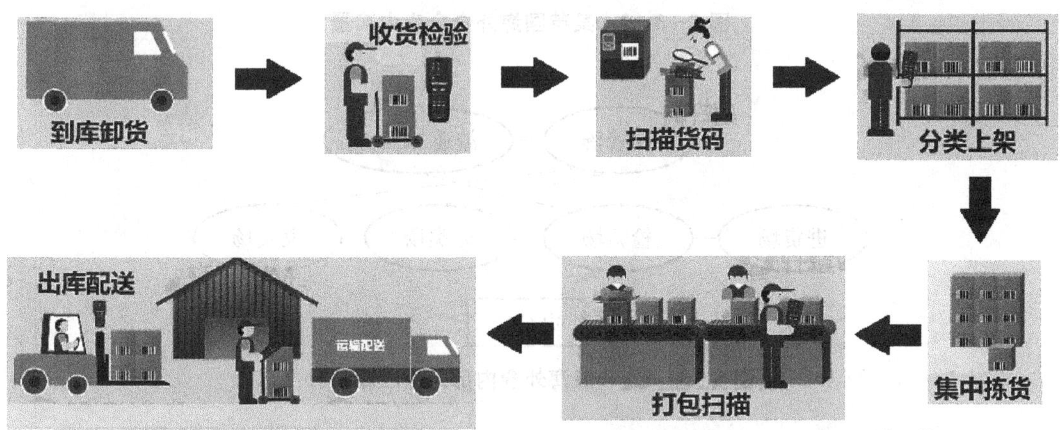

图 5－3－1　海外仓仓库内作业流程

一、海外仓仓库分区

大型综合海外仓的功能区划分较为复杂，基本由卸货验收区、储存保管区、加工区、停车场、办公室等组成（见图 5－3－3）。海外仓的主体结构是储运场所及设施，根据配送中心的特定功能和基本作业环节，内部工作区域可以由接货区、理货/备货区、分放/装配区、外运发货区、包装加工区、办公室等构成。

（一）进货区

在进货区主要完成货物入库前的工作，包括接货、卸货、检验、分类、入库准备等工作。其主要设施有进货火车专用线或卡车卸货站、卸货站台、分类区、验收区和暂存区。

（二）储存区

储存区保管有一定储存时间的货物，占地面积是储存型配送中心的一半以上。

图 5-3-2 某英国海外仓仓库内实景

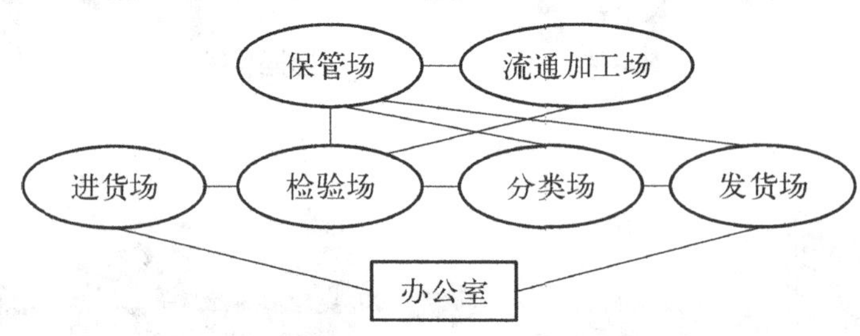

图 5-3-3 一般海外仓内部工作区域划分

（三）理货/备货区

理货/备货区主要从事分货、配货作业。

（四）分放/配装区

在此区域根据用户的要求，按订单将货物配齐后暂存待装外运。

（五）发货区

在发货区，工作人员将按订单配齐的货物装车外运，主要设施有站台、停车场等。

（六）流通加工区

流通加工区一般根据加工类型以及加工作业量的大小确定所占面积。

二、海外仓仓储空间既货架位规范

货架位信息，指对库存商品存放场所按照位置的排列，采用统一标识标上顺序号码，并作出明显标志。科学合理的货架位信息有利于对库存商品进行科学的养护保管，在商品的出入库过程中，根据货架位信息可以快速、准确、便捷地完成操作，提高效率，减少误差。

货架位信息编写，应确保一个仓库的货架位采用同一种方式规则进行编号，以便于查找处理。常用的货架位编号方法有：

（一）区段式编号

把仓库区分成几个区段，再对每个区段编号。这种方式是以区段为单位，每个号码代表一个存储区域，区段式编号适用于仓库库位简单，没有货架的情况，可以将存储区域划分为 A1、A2、A3……若干个区段。这类编号在仓库中运用非常广泛，宜家、超市卖场等都有运用(见图 5-3-4)。

图 5-3-4　区段式货架编号

（二）品项群式

把一些相关性强的商品经过集合后，分成几个品项群，再对每个品项群进行编号。这种方式适用于容易按商品群保管和所售商品差异大的卖家，如多品类经营的卖家。

（三）地址式

将仓库、区段、排、行、层、格等，进行编码。可采用四组数字来表示商品库存所在的位置，四组数字代表仓库的编号、货架的编号、货架层数的编号和每一层中各格的编号。对于如 1-12-1-5 的编号，可以知道编号的含义是：1 号库房，第 12 个货架，第 1 层中的第 5 格，根据货架位信息就可以迅速地确定某种商品具体存放的位置。

以上是三种常用的仓库货架位编号形式，各种形式之间并不是相互独立的。

任务实施 2

海外仓中的商品可能来自世界各地，所以商品信息的规范有利于进行库存商品的科学管理，合理的 SKU 编码有利于实现精细化的库存管理，同时有利于及时准确地拣货，提高效率，避免拣货失误。

以一款运动鞋为例(见图 5-3-5)，该运动鞋有三种颜色，尺码分别有：41/42/43/44。某第三方海外仓 SKU 命名规则为：用户名-商品名-规格-颜色，请为该运动鞋进行 SKU 编号(用户名：vy66)。

浅灰
天兰

vy66-sportshoe-41-gray
vy66-sportshoe-42-gray
vy66-sportshoe-43-gray
vy66-sportshoe-44-gray

深灰
荧光绿

vy66-sportshoe-41-green
vy66-sportshoe-42-green
vy66-sportshoe-43-green
vy66-sportshoe-44-green

宝兰
亮黄

vy66-sportshoe-41-blue
vy66-sportshoe-42-blue
vy66-sportshoe-43-blue
vy66-sportshoe-44-blue

图 5-3-5 某运动鞋 SKU 编码

一、SKU 定义

库存量单位(SKU=Stock Keeping Unit)。即库存进出计量的基本单元,可以是以件、盒、托盘等为单位。

针对电商而言,SKU 有另外的注解:

1. SKU 是指一款商品,每款都有出现一个 SKU,便于电商品牌识别商品。

2. 一款商品多色,则有多个 SKU,例:一件衣服,有红色、白色、蓝色,则 SKU 编码也不相同,如相同则会出现混淆,发错货。

二、SKU 的重要性

商品 SKU 是仓储管理的基础,跨境电商的 SKU 管理更是贯穿始终,包括选品、销售、包装、清关、运输、库存等一系列运作过程。每种商品对应唯一的 SKU 编码,即最小库存单位的单品,如品牌、型号、配置、等级、花色、包装、价格、产地等属性与其他商品存在不同时,均可定义为单品。SKU 与仓储管理的复杂度直接相关,这也是为什么服装和汽配是两个最难管理的业态。由于海外仓是多货主,这就大大增加了 SKU 的多样性,即便是同样的商品,不同卖家也会定义成专属的 SKU。从仓储系统角度看 SKU 编码,精确的商品信息,决定了其存放条件、拣选方法、包装单位及发运条件。规范 SKU 就是要卖家提供完整的产品定义,保障中英文报关、准确拣货等后续流程。为此,海外仓大都要求定量包装及最小包装贴签,散装无包装只适用于租固定储位。对于多品类运营的跨境电商,如果只有采购和销售能力,盲目扩张 SKU 是大忌,到底需要上架多少 SKU,要有试错概念,要定期看 SKU,处理滞销品,提升精细化运作。

三、商品信息即 SKU 编码规范

SKU 作为最小库存单位,基本的原则在于不可重复。理论上使用者可以在不重复的条件下随意编写,不过从方便海外仓管理的方面来讲,一般会按照商品的分类属性由大到小的组合的方式进行编写,示例:

XXXX	XXXX	XXXX	XXXX	XXXX	XXXX
大分类	中分类	小分类	品名	规格	颜色

在海外仓的实际管理过程中，SKU不仅仅是作为最小库存单位，同时也需要通过SKU来识别商品信息，因此商品SKU完美体现商品信息就显得十分必要。以上只是一个简单的示例，实际编写中卖家可以根据自己的产品的特点以及管理的需要进行不同的属性组合，但是不管采用哪些属性组合，顺序和所包含属性类别一定要一致，以避免认知上的混乱。

任务实施3

对图5-3-6所示的海外仓入库步骤进行排序。

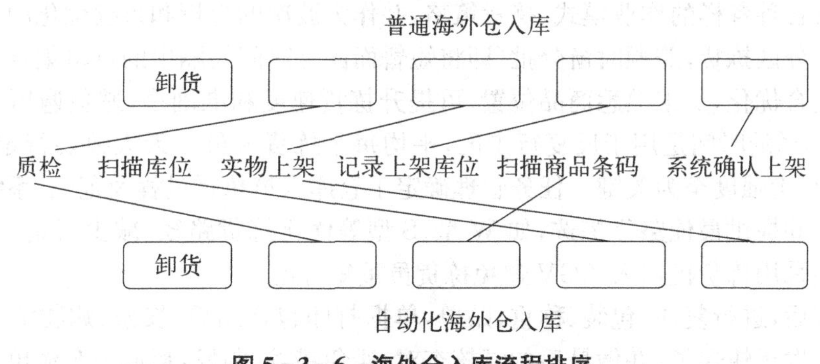

图5-3-6　海外仓入库流程排序

入库含收货和上架。收货要做到“来货质控”IQC(Incoming Quality Control)核单、清点、质检，第三方海外仓通常不对质检负责，或作为增值服务。

海外仓的质检流程：点数→确认到货→打印SKU条码→质检条码/质检单据。

贴SKU条码的同时确认数量，进行质检，良品放到待上架区，不良品放到对应的不良品区。良品上架，把货放到货架上，系统内可用库存产生，即入库完成。

任务实施4

对海外仓出库拣货流程，根据先后顺序编号(见图5-3-7)。

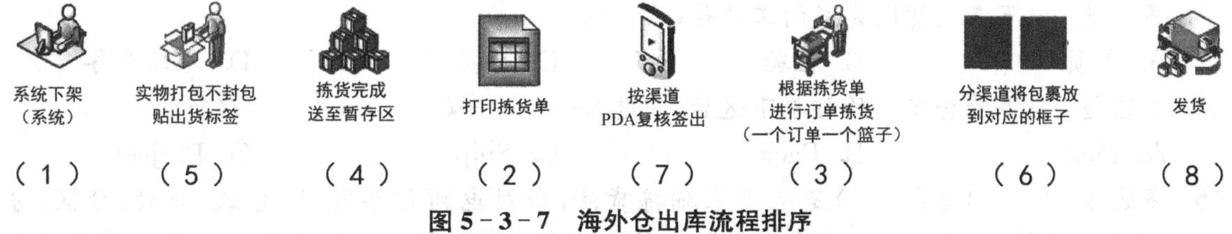

（1）　（5）　（4）　（2）　（7）　（3）　（6）　（8）

图5-3-7　海外仓出库流程排序

当海外仓客户的订单下达后，即进入PPS(拣货Pick→包装Pack→发运Ship)环节，系统会自动完成对订单库存的分配、审核、组合波次、任务下发等工作。

拣货的核心方法是波次Wave计划，利用运筹学原理，合理平衡作业负荷及效率资源，自动指引拣选活动。波次将多个订单汇总后再以某种标准进行分类，形成一个拣货批次，批次中的拣选任务再被分配给拣货员。因此，波次就是最大效率的优化订单并且生成作业任务，在生成波次的时候需要考虑非常多的规则和逻辑，匹配路向、订单量、优先级、快递产品、商品规格等约束条件。常规电商仓库拣货方法见表5-3-1所示。

表 5-3-1 常规电商仓库拣货方法

摘果式	直接去库位拣选对应的商品，可用于紧急订单、大件、异型商品的订单拣货
播种式	不同订单进行汇总分类拣货，然后再各分拨到每个订单，适合订单重合率高
边拣边分	拣货周转车有多个格子，对应不同的订单，适合重合率高、轻小件拣货
总拣式	订单汇合后直接拣货到包装台，以 SKU 匹配订单，直接复核打印，省去装箱单，适合客户集中单一品类下单，即一张订单只要一两种相同商品，一单到底

“摘果与播种”是两类基础拣货法，针对电商订单特性，分级、分时、分区、分 ABC 频次等，仓库可以形成各种各样的作业模式、拣货策略，并作为波次的分析和持续优化的条件。海外仓有时需要适当分区拣货，兼顾时窗分批（即将短暂而固定时间间隔中的订单集合成一批拣取）、作业区域等组合优化，员工熟悉商品位置，可提升拣货速度和准确率，避免遍历所有货架。拣货员有超过 70%的时间是用于反复行走的，平均每个拣货人员一天大致要行走 20—25 千米的路程，降低行走强度至为关键。任务管理确定了仓库人员执行过程及范围，系统指示库位拣货，实时扣账，并提供最佳路径拣选，如 W 型、S 型等优化拣货路径，减少行走。当然，也有先进的海外仓会采用拣货机器人 AGV 避免拣货员重复行走。

拣货完成后，进行复核、包装、称重、贴单，单据打印包含运单、发票、购物清单、宣传品等。完成包装即可发运快递了，并做最后的复核查对，避免错发、漏发，形成装车清单，清点交接、运费登账、库内清理，出库完成后扣减库存。

课后习题

1. 单选题：一件衣服，有红、白、黑、黄 4 种颜色，XS、S、M、L、XL 5 个尺码，SKU 编码有（　　）个。

   A. 4　　B. 5　　C. 9　　D. 20

2. 单选题：SKU 作为最小库存单位，基本的原则在于（　　）。

   A. 不可重复　　B. 统一单位　　C. 减少数量　　D. 减轻重量

3. 多选题：以下在进货区完成的工作是（　　）。

   A. 卸货　　B. 检验　　C. 分类　　D. 入库准备

4. 多选题：当海外仓客户的订单下达后，即进入（　　）→（　　）→（　　）环节。

   A. Pick　　B. Pack　　C. Ship　　D. Project

5. 多选题：（　　）与（　　）是两类基础拣货法，针对电商订单特性，分级、分时、分区、分 ABC 频次等，仓库可以形成各种各样的作业模式、拣货策略，并作为波次的分析和持续优化的条件。

   A. 总拣式　　B. 摘果式　　C. 边拣边分　　D. 播种式

6. 判断题：区段式、品项群式、地址式这三种常用的仓库货架位编号形式，不可混合使用。（　　）

7. 判断题：对于多品类运营的跨境电商，要多多扩张 SKU 数量，丰富商品。（　　）

8. 判断题：海外仓入库收货时要做到“来货质控”IQC（Incoming Quality Control）核单、清点、质检，第三方海外仓通常不对质检负责，或作为增值服务。（　　）

9. 填空题：将以下海外仓出库流程填充完整。
系统下架→(　　)→根据订单拣货→拣货完成送至暂存区→(　　)→(　　)→按渠道PDA复核→发货

10. 简答题：简述普通海外仓的入库流程。

学习评价

序　号	评　价　内　容	参　考　分　值	得　分
1	知晓海外仓仓库的分区	10	
2	知晓 SKU 含义	10	
3	能对不同商品进行规范的 SKU 命名	10	
4	能对海外仓出入流程进行正确排序	20	
5	能根据洞察分析报告的数据进行分析	20	
6	能够积极参与任务实施	10	
7	能够积极参与小组讨论	10	
8	能够积极回答老师提问	10	
总　分			

任务四　计算海外仓头程费用

任务导入

王梦：　Amanda，海外仓的流程分为头程、库内和尾程，那相关费用应该也要分开计算的吧。

Amanda：对的，海外仓的费用组成有很多，一般由头程费用、税金、仓储及管理费用和尾程费用组成。

任务实施 1

列出一般海外仓的费用组成公式。

海外仓费用＝头程费用＋税金＋仓储及管理费＋尾程费用(即本地配送费用)

◇ 头程费用：货物从中国到海外仓库产生的运费，分为空运散货、海运散货、海运正规、当地拖车费用等。

◇ 税金：我国和目的国海关等部门收取的出口、进口关税、增值税以及其他税费等。如美洲国家只算进口关税；欧洲国家税收是进口关税＋增值税；澳洲国家是进口关税＋增值税＋附加税。

◇ 仓储及管理费：客户货物存储在海外仓库、处理分单和当地配送时产生的入库费用、仓储费用、出库费用、订单处理费等。

◇ 尾程费用：是指在国外对客户商品进行配送产生的本地快递费用。

任务实施 2

某国际物流企业从我国空运至英国费用报价如表 5-4-1 所示。有一批玩具，共计 10 箱，从北京寄往英国仓，重量 3.74 kg/箱，体积 90×42×6 cm^3/箱，试计算空运头程费用。

表 5-4-1　某国际物流企业从我国北京运至英国费用报价　(单位：人民币元)

始发地	到达海外仓	重　量	运　费	清关费/票	提货费/kg
中国	英国仓	M N 45	230.00 37.51 28.13	300.00	2.00
中国	德国仓	M N 45 500	320.00 68.31 51.29 44.21	300.00	2.00

一、空运费用公式

空运费用包括运费、清关费和其他费用，即：

空运费用＝运费＋清关费＋其他费用(拖车费、文档费、送货费等)

运费：按重量计算，有最低起运重量限制(一般为 5 kg 以上)。
清关费：按单票数量及金额计算。
空运途径有客机行李托运、普货空运和商业快递。

二、常用术语

◇ Volume——体积
◇ Volume Weight——体积重量
◇ Chargeable Weight——计费重量
◇ Applicable Rate——适用运价
◇ Weight Charge——航空运费

三、运费计算

第一步：计算出航空货物的体积(Volume)及体积重量(Volume Weight)。
体积重量的折算，换算标准为每 6 000 立方厘米折合 1 千克。即：

$$体积重量(千克)=\frac{货物体积}{6\,000\ cm^3/kg}$$

本任务中货物体积重量为：$(90\times 42\times 6)/6\,000\times 10=37.8$ kg。
第二步：计算货物的总重量(Gross Weight)。

$$总重量=单个商品重量\times 商品总数$$

本任务中货物总重量为：3.74×10＝37.4 kg。

第三步：比较体积重量与总重量，取大者为计费重量(Chargeable Weight)。根据国际航协规定，国际货物的计费重量以0.5千克为最小单位，重量尾数不足0.5千克的，按0.5千克计算；0.5千克以上不足1千克的，按1千克计算。

本任务计费重量取体积重37.8 kg，0.5千克以上不足1千克的，按1千克计算，所以计费重量为38 kg。

第四步：根据公布运价，找出适合计费重量的适用运价(Applicable Rate)。

◇ 计费重量小于45千克时，适用运价为GCR N的运价(GCR为普通货物运价，N运价表示重量在45千克以下的运价)。

◇ M表示最低运费。

本任务中，计费重量为38 kg，小于45 kg，所以适用运价取37.51元。

第五步：计算航空运费(Weight Charge)。

航空运费＝计费重量×适用运价

本任务运费计算：38 kg×37.51＝1 425.38元。

第六步：若采用较高重量分界点的较低运价计算出的运费比第五步计算出的航空运费较低时，取低者。

当计费重量为45 kg时，运费为：45×28.13＝1 265.85元。

取运费较低者，故本任务航空运费为1 265.85元。

第七步：比较第六步计算出的航空运费与最低运费M，取高者。

上一步得出的运费大于最低运费230元，取高者，故最终确认本任务航空运费为1 265.85元。

第八步：计算头程费用。

头程费用＝1 265.85(运费)＋300(清关费)＋2×38(提货费)
＝1 641.85元(其他费用除外)

任务实施3

某国际物流企业从我国海运至德国仓费用报价如表5-4-2所示。现海运一批摇马到德国仓，每个摇马重3.3 kg，体积为53 cm×27 cm×12 cm，共有500个。试计算每个摇马的海运头程费用。

表5-4-2　某国际物流企业从我国海运至德国费用报价　(单位：人民币元)

运输方式	体积区间	德国仓 CBM/T	英国仓 CBM/T
海运散货(LCL)	0—5 CBM	1 700/1 800	1 600/1 700
	5.01—10 CBM	1 550/1 650	1 450/1 550
	10 CBM以上	1 400/1 500	1 300/1 400
	时效(工作日)	35个工作日以上	30个工作日以上

续表

运输方式	体积区间	德国仓 CBM/T	英国仓 CBM/T
海运整箱(FCL)	20GP	28 000	24 000
	40GP	33 000	36 000
	40HQ	35 000	36 000
	时效	25 个工作日以上	22 个工作日以上

一、集装箱(货柜)基本认知

(一) 定义

集装箱(Container),从英文词义上解释是一种容器,指具有一定容积、适合在各种不同运输方式中转运、具有一定强度和刚度、能反复使用的金属箱。在我国台湾地区被称为"货柜",在我国香港地区被称为"货箱"。

常用标准集装箱外部尺寸为:

长度:20 英尺、40 英尺、45 英尺、48 英尺

高度:8 英尺 6 英寸、9 英尺 6 英寸

宽度:8 英尺

(注:1 英尺=12 英寸=0.304 8 米)

集装箱根据尺寸的通俗叫法:长 20′的柜俗称小柜;高 8′6″的柜俗称平柜;高 9′6″的柜俗称高柜。

(二) 分类

1. 按规格尺寸分,目前,国际上通常使用的干货柜(Drycontainer)有(见表 5-4-3):

表 5-4-3　常见货柜规格一览表

柜型	图片	规格	内场宽高(m)	配货保重(t)	体积(m^3)
普通货柜		20′GP	5.69×2.13×2.18	17.5	24—26
		40′GP	11.8×2.1×2.18	22	54
高货柜		40′HQ	11.8×2.13×2.72	22	68
		45′HQ	13.58×2.3×2.72	29	86
开顶货柜		20′OT	5.89×2.3×2.31	20	31.5
		40′OT	12.01×2.3×2.15	30.4	65

续表

柜　型	图　　片	规　格	内场宽高(m)	配货保重(t)	体积(m^3)
平底货柜		20′FR	5.85×2.2×2.15	23	28
		40′FR	12.05×2.1×1.96	36	50

◇ 普通货柜：

20 尺普通货柜(20′GP：20 Feet General Purpose)，20 英尺×8 英尺×8 英尺 6 英寸；

40 尺普通货柜(40′GP：40 Feet General Purpose)，40 英尺×8 英尺×8 英尺 6 英寸。

◇ 高货柜：

40 尺高货柜(40′HQ：40 Feet High Cube)，40 英尺×8 英尺×9 英尺 6 英寸；

45 尺高货柜(45′HQ：45 Feet High Cube)，45 英尺×8 英尺×9 英尺 6 英寸。

◇ 开顶货柜：

20 尺开顶货柜(20′OT：20 Feet Open Top)，20 英尺×8 英尺×8 英尺 6 英寸；

40 尺开顶货柜(40′OT：40 Feet Open Top)，40 英尺×8 英尺×8 英尺 6 英寸。

◇ 平底货柜：

20 尺平底货柜(20′FR：20 Feet Platform)，20 英尺×8 英尺×8 英尺 6 英寸；

40 尺平底货柜(40′FR：40 Feet Platform)，40 英尺×8 英尺×8 英尺 6 英寸。

2. 按制箱材料分，有铝合金集装箱、钢板集装箱、纤维板集装箱、玻璃钢集装箱。

3. 按用途分，有干货集装箱(Dry Container)、冷冻集装箱(Reefer Container)、挂衣集装箱(Dress Hanger Container)(见图 5-4-1)、开顶集装箱(Open Top Container)、框架集装箱(Flat Rack Container)、罐式集装箱(Tank Container)(见图 5-4-2)等。

图 5-4-1　挂衣集装箱

图 5-4-2 冷冻集装箱(左)和罐式集装箱(右)

二、海运头程费用计算

根据集装箱货物装箱数量和方式可分为整箱(Full Container Load，FCL)和拼箱(Less than Container Load，LCL)两种。对于整箱货 FCL 来说，整个集装箱/货柜的货品都由一个托运人发运，或由一个收货人接收。对于拼箱货 LCL 来说，集装箱/货柜内的货品由多个托运人发运，或由多个收货人接收，以实际体积计算运费，体积分层计算，1 CBM(尺码吨)起运。

第一步：计算货物尺码吨。

$$500 \times 0.53\ \text{m} \times 0.27\ \text{m} \times 0.12\ \text{m} = 8.58\ \text{CBM} = 8.58\ \text{运费吨}$$

第二步：计算货物的重量吨。

$$500 \times 3.3\ \text{kg} = 1\ 650\ \text{kg} = 1.65\ \text{运费吨}$$

第三步：计算运费。

根据取最大值原则，本任务货物按照尺码吨计算运费，根据运费表，对应的运价是 1 550 元/CBM。

$$\text{运费} = 8.58 \times 1\ 550 = 13\ 299\ \text{元}$$

平摊到每个摇马的运费是 13 299/500=26.60 元。

课后习题

1. 单选题：航空货物体积重量的折算标准为每(　　)立方厘米折合 1 千克。
   A. 3 000　B. 4 000　C. 5 000　D. 6 000
2. 单选题：航空运价代号 M 表示(　　)。
   A. 最低运费　B. 普通货物运价　C. 指定货物运价　D. 等级货物运价
3. 单选题：航空货运中“N”表示标准普通货物运价，是指(　　)千克以下的普通货物运价。
   A. 45　B. 50　C. 55　D. 60
4. 多选题：标准集装箱外部尺寸的宽度为(　　)。
   A. 8 英尺　B. 2.44 米　C. 8 英尺 6 英寸　D. 2.74 米
5. 多选题：航空货物的计费重量可以是(　　)。

A. 货物的实际净重　　　　　　　　　B. 货物的实际毛重

C. 货物的体积重量　　　　　　　　　D. 较高重量分界点的重量

6. 多选题：根据集装箱货物装箱数量和方式可分为(　　)。

A. 高柜　　　　B. 整箱　　　　C. 普柜　　　　D. 拼箱

7. 判断题：整箱，即整个集装箱/货柜的货品都由一个托运人发运。　(　　)

8. 判断题：海外仓费用＝头程费用＋税金＋仓储及管理费＋尾程费用(即本地配送费用)。(　　)

9. 计算题：从上海运往美国仓一件玩具样品，毛重 5.3 kg，体积尺寸为 41×33×20 cm^3，计算其航空头程运费。运价如下表，单位为人民币元：

始发地	到达海外仓	重　量	运　费	清关费/票	提货费/kg
中国	美国仓	M N 45 100	320 52.81 44.46 40.93	230.00	3.00

10. 计算题：海运 120 箱帽子到英国仓，一箱 50 顶帽子，每箱帽子重 2.6 kg，体积 40×40×60 cm^3，试计算一顶帽子的海运头程费用。运价见表 5-4-2。

学习评价

序　号	评　价　内　容	参　考　分　值	得　分
1	知晓海外仓费用的组成	10	
2	掌握空运海运的术语中英文对照	10	
3	知晓集装箱的常见规格分类	10	
4	能够进行海外仓空运头程的费用计算	20	
5	能够进行海外仓海运头程的费用计算	20	
6	能够积极参与任务实施	10	
7	能够积极参与小组讨论	10	
8	能够积极回答老师提问	10	
总　分			

任务五　核算海外仓税金

任务导入

王梦：　Amanda，我看到海外仓的费用计算中，有个 VAT 费用，这个是什么费用，我看了几个公司的案例，并非所有的海外仓都包含这个费用。

Amanda：是的，货物仓储在哪里就要在哪里注册VAT，观察得非常仔细，这个VAT是指售后增值税，即货物售价的利润税，欧盟国家进口时会收取该笔税费。

王梦：那VAT就是欧盟的进口税咯？

Amanda：VAT和进口税是两个独立缴纳的税项。

任务实施1

货物出口到某国，都需要按照该国进口货物政策缴纳一系列费用，该费用我们称之为“税金”。请同学们分组，通过搜索引擎，查询英国、美国、澳大利亚、俄罗斯的跨境政策，列举其税金的计算公式(见表5-5-1)。

表5-5-1 税金计算方式

英国	美国	澳大利亚	俄罗斯
税金＝关税＋VAT 关税＝货值×关税税率	税金＝关税＝货值×关税税率	税金＝关税＋GST(增值税) 关税＝货值×关税税率	税金＝关税＋VAT 关税＝货值×关税税率

通常所称的关税主要指进口关税。进口关税是一个国家的海关对进口货物和物品征收的关税。征收进口关税会增加进口货物的成本，提高进口货物的市场价格，影响外国货物的进口数量。因此，各国都以征收进口关税作为限制外国货物进口的一种手段。适当的使用进口关税可以保护本国工农业生产，也可以作为一种经济杠杆调节本国的生产和经济的发展。有些国家不仅有进口关税，还有一些该国特定的费用。

任务实施2

观看欧洲VAT运作流程，思考问题：为什么欧盟海外仓会产生VAT增值税，而直邮没有？

增值税在欧洲的运作流程。

一、VAT定义

VAT全称为Value Added Tax，是欧盟的一种税制——售后增值税，是指货物售价的利润税。它适用于在欧盟国家境内产生的进口、商业交易以及服务行为。VAT和进口税是两个独立缴纳的税项，在商品进口到欧盟国家的海外仓会产生商品的进口税，而商品在其境内销售时会产生VAT。

如果卖家使用欧盟国家本地仓储进行发货，就属于VAT应缴范畴。即便卖家所选的海外仓储服务是由第三方物流公司提供，也从未在当地开设办公室或者聘用当地员工，也需要交纳VAT。

VAT税由进口增值税(Import VAT)、销售增值税(Sales VAT)两个独立缴纳的税项组成。例如，当货物进入英国(虽然英国脱欧了，但目前英国仍按欧盟法例收取 VAT)，货主应缴纳进口增值税；当货物销售后，货主应该按销售额交相应销售税，并可申请退回进口增值税。

小贴士："EORI"

EORI 是"Economic Operators Registration and Identification"的缩写，是在欧盟国家内凡是有经济活动，尤其是有进出口贸易的企业或个人必备的一个登记号，是由欧盟成员国的海关颁发给企业或个人与海关交流的唯一必备数字标识，一国注册全欧盟通用。商家在入关申报时，提供给海关的并不是 VAT 号，而是 EORI 号。换句话说，不管你有没有 VAT 号，只要是以进口方的名义进货到欧洲，在欧洲清关的时候，都必须向海关提供 EORI 号。此外，企业或个人在进行 VAT 和关税扣税以及 VAT 抵扣的时候，也都必须拥有 EORI 号。

二、VAT 的申报

按照欧盟相关法律，凡是货物已经在欧盟当地销售，即便是使用当地第三方物流仓储服务的商家，都要依法缴纳 VAT，严格意义上来说，没有 VAT，在欧盟地区做跨境电商是不合法的。目前，大部分中国跨境电商企业都是通过使用货代的 VAT 来进行欧盟区内的经营活动，但要想在欧洲市场真正站稳脚跟，还是需要按照正常程序和要求去申请自己的 VAT 号进行操作。此外，按照欧盟税法规定，货物仓储在哪里就要在哪里注册 VAT，否则无法"合法地"使用欧洲其他地区的海外仓。例如，如果要加中国公司注册是英国 VAT 号码，只有将货物转到英国进行仓储和销售，才能使货物在其他欧盟国家入关时，以其缴纳的 VAT 作为英国公司 VAT 进项。

以英国为例：

(一) 申报 VAT 所需资料

1. FORM C79：申报的关键性文件。

C79 文件是英国海关每个月给进口商寄的一份税单，其记录的金额是当月的进口增值税的总和。通常当月的 C79 会在下个月的下旬收到。如 8 月份的 C79 会在 9 月 20 号左右收到。

2. 企业在该国有销售行为时收到带有 VAT 的有效售货账单。

3. 销售收入汇总表。

(二) VAT 缴纳

VAT 缴纳有两种方式：一种是找专业代理机构代缴，另一种是自行缴纳。代缴服务费用较高，且卖家一般不太可能透露完整店铺信息给代理机构用于报税，双方存在一定的信任问题，因此，越来越多的卖家选择自行缴税。

Payoneer 是一款一站式跨境收款的软件，卖家可以通过 Payoneer 的两种支付方式，快速地缴纳 VAT，但前提是卖家必须已经完成 VAT 注册和申报。

方式一：用 Payoneer Master Card 卡片自行缴费。根据 HMRC(Her Majesty's Revenue and Customs，即英国的税务局)的提示，大约 4—7 个工作日卖家的缴费就能被 HMRC 处理。

方式二：英国、德国和法国的 HMRC。通过 Payoneer 发送银行转账指令。Payoneer 可通过合作银行直接将卖家的 VAT 税费代缴至税务局(见表 5-5-2)。

表 5-5-2　　通过 Payoneer 缴纳 VAT 方式

方　式	Payoneer Master Card	Payoneer 银行转账
详　情	5 000 英镑以下的小额缴费建议使用银行卡缴费,免费且时效快	较大额度且无须当天到账的缴费建议通过银行柜台转账
方　法	登录 HMRC 页面缴费	将缴费详情发给 VAT@payoneer.com,Payoneer 代为电汇缴费
时　效	4—7 个工作日	3—5 个工作日
缴费查询	登录 Payoneer 账户及 HMRC 账户可查询缴费记录	Payoneer 通过邮件发送缴费回执,可以通过登录 HMRC 账户查询缴费记录

三、VAT 的流程

(一) 清关目的国一致

跨境电商卖家把货物发到欧洲,运输目的国不一定是最终的销售国,如货物从中国发到英国仓,如果直接在英国销售,那么清关目的国是一致的。跨境电商卖家需要进行 VAT 税务登记后方可清关,并向进口国缴纳 VAT 进项税额。通过海外仓产生的运费、仓储费也是要缴纳 VAT 的。国内物流商一般不给 VAT 发票,但是亚马逊 FBA 是会有的,计算方式就是销售额减去曾经入关缴纳的 VAT,再减去运费账单上含有的 VAT,差额就是卖家每个季度需要申报缴纳的。

(二) 清关目的国不一致

收货地址为德国,但是货物发往英国海外仓,在英国清关后,转运到德国,销售发生在德国,这就叫清关目的国不一致。在英国清关时,卖家按照英国的税率交了一部分 VAT,后面又把这批货物运到德国销售,那么在英国进口缴纳的那部分 VAT 怎么办?这时,只要将在英国进口的清关单提供给德国税务部门,18 个月之内在英国缴纳的 VAT 可以退回来。

也有很多卖家通过其他国家清关的时候使用的是零税率,如从荷兰进口,但是货物最终运到德国并销售,在荷兰卖家没有缴纳任何 VAT 的话,在德国则需要按照销售额 20%直接补缴税款。

四、VAT 的风险与防范

跨境电商卖家出口货物到欧洲,很可能会在进口的流程环节产生系列税务风险,包括税务登记风险、欠税追溯风险、入关低报风险、VAT 盗用风险、申请退税风险。

(一) 税务登记风险

卖家注册 VAT 的时候,很多是把注册和申报分开的,这会导致申报的 VAT 信息张冠李戴。正确的做法是,一定要找税务代理注册 VAT,避免税务信息不完整。因为在注册完 VAT 之后,卖家需要在每次清关的时候提交自己的 VAT 号码,这样缴纳税款之后,在税务 VAT 下面会累计卖家每个月交了多少 VAT 进项,这个账单叫 C79 证书,这个证书会直接记到卖家的税务代理那里去。如果卖家没有经过税务代理的方式,卖家自己是不能获取到 C79 证书的。

(二) 欠税追溯风险

VAT 注册的时候有三种情况会出现:

第一种情况是平台旧账号没有申请 VAT 号码,也不打算注册 VAT 号码,这种情况要承担店铺被关闭的风险。

第二种情况是旧账号混搭新 VAT 账号，旧账号取得的收益中包含应缴 VAT 税款，但是卖家没有缴纳，这种行为会导致卖家被欧洲税务局追溯欠税，甚至可能会导致卖家个人信息上欧洲国家的黑名单，这个风险是非常大的，因为这是很典型、很直接的暴力抗法、拒交税款的行为。

第三种情况是新申请的 VAT 搭配新平台账号，这个是没有任何压力的，是全套新的资料，而且账号里面的资料和 VAT 申请号资料是一致的，只要按时交税即可。

（三）入关低报风险

如果卖家卖的东西过于便宜，欧洲国家的税务局会怀疑该笔交易的真实性，税务局会让卖家提交材料，或者联系买家，这就是入关低报风险。一般情况下，不能隐瞒卖给客户的真实价格，很多从中国直发的货物，上面会贴一些标签，标签上会有个人信息，税务局根据卖家提供的信息给买家直接打电话联系，买家如果确认是 32 欧元买的，而货物标签写的是 18 欧元，那么肯定会被查出。最稳健的方法还是使用自己的 VAT，按照正常流程报税。

（四）VAT 盗用风险

在 VAT 盗用的行为中，卖家需判断自己的 VAT 在哪里被暴露出来，一般有两个地点：一个是货代公司，它在曾经的委托任务中有卖家的 VAT 信息。另一个是平台，现在 eBay 和亚马逊都要求卖家将 VAT 号填入平台。如何防范？跨境电商卖家可以要求自己的税务代理公司定期发送 C79 证书扫描件，卖家仔细核对 C79 证书上的进口货物、进口批次、进口税款缴纳情况，如果 VAT 被盗用，就会有不明批次出现。

（五）申请退税风险

跨境电商卖家在季度申报的时候，通过 C79 证书抵扣销售额，如果进口额大于销售额，就会出现进口缴纳的进口增值税不能完全被抵扣而退税的情况。例如，卖家进了 100 万元的货，在三个月之内只卖了 50 万元，这种情况下才会出现退税。欧洲国家的税务局可能会到卖家仓库查看到底有多少库存，第三方海外仓一般都是配合税务局查看。如果出现库存额度大于进项增值税的情况，已交的税费可以挪到下个季度抵扣，但从整体上来看，卖家仍处于交税状态，没有退税。

任务实施 3

某跨境电商卖家发一批货物到德国海外仓，货值 50 万欧元，运费为 5 000 欧元，使用关税税率为 8.8%，欧元兑换人民币汇率为 7.286 2，最终该批货物共卖出 80 万欧元，试计算该批货物的 VAT 税金(以人民币计)。德国 VAT 税率为 19%。

第一步：计算进口增值税

进口增值税：即进口 VAT。

计算公式如下：进口增值税＝(申报货值＋头程运费＋进口关税)×VAT 税率

进口关税＝申报货值×商品税率(商品不同，税率不同)

注意：卖家需要注意公式中，VAT 税率，正确计算进口关税的申报货值，如果税率及申报货值出错，最后算出来的进口增值税也会出错。

本任务中，进口关税＝500 000×8.8%＝44 000 欧元＝44 000×7.286 2＝320 592.8 元。

进口 VAT 税＝(500 000＋5 000＋44 000)×19%×7.286 2＝760 023.52 元。

第二步：计算销售增值税

销售增值税销售 VAT。当商家的货物在英国销售后，需要按销售额上缴相应的销售税。

计算公式如下：销售增值税＝最终销售价格/6。

本任务中，销售 VAT＝800 000/6×7.286 2＝971 493.33 元。

第三步：计算实际缴纳 VAT

实际缴纳 VAT(增值税)＝销售增值税－进口增值税。

本任务中，VAT＝971 493.33－760 023.52＝211 469.81 元。

课后习题

1. 单选题：VAT 销售增值税和(　　)是两个独立缴纳的税项，在商品进口到英国海外仓时缴纳过商品的进口税，但在商品销售时产生的(　　)也需要缴纳。
   A. 进口税、销售增值税 VAT　　B. 消费税、营业税
   C. 进口税、消费税　　D. 营业税、销售增值税 VAT
2. 单选题：HMRC 表示(　　)机构。
   A. 海关　　B. 税务局　　C. 警察　　D. 法院
3. 单选题：跨境电商卖家缴纳 VAT 税款之后，在税务 VAT 下面会累计卖家每个月交了多少 VAT 进项，这个账单叫(　　)。
   A. 缴税清单　　B. 税单　　C. 订单　　D. C79 证书
4. 单选题：货物进口到欧洲清关时，都必须向海关提供(　　)。
   A. VAT 号　　B. 税务账号
   C. EORI　　D. 跨境电商平台账号
5. 多选题：跨境电商卖家出口货物到欧洲，很可能会在进口的流程环节产生系列税务风险，包括(　　)。
   A. 税务登记风险　　B. 欠税追溯风险　　C. 入关低报风险　　D. VAT 盗用风险
6. 判断题：某卖家使用第三方物流公司的德国海外仓，未在德国开设办公室或者聘用员工，所以无须缴纳 VAT。(　　)
7. 判断题：VAT 增值税适用于所有跨境电商海外仓储的卖家们。(　　)
8. 判断题：没有 VAT，在欧盟地区做跨境电商是不合法的。(　　)
9. 计算题：某跨境电商卖家发一批货物到英国海外仓，货值 6 万英镑，运费为 3 000 英镑，使用关税税率为 10%，英镑兑换人民币汇率为 10.822 1，最终该批货物共卖出 10 万英镑，试计算该批货物的 VAT 税金(以人民币计)。英国 VAT 税率为 20%。
10. 计算题：某跨境电商卖家发一批货物到俄罗斯海外仓，货值 100 万卢布，运费为 12 万卢布，使用关税税率为 11.5%，卢布兑换人民币汇率为 0.108 6，最终该批货物共卖 180 万卢布，试计算该批货物的 VAT 税金(以人民币计)。俄罗斯 VAT 税率为 20%。

学习评价

序　号	评　价　内　容	参　考　分　值	得　分
1	知晓 VAT 含义	10	
2	了解英国 VAT 申请所需材料	10	

续表

序　号	评　价　内　容	参　考　分　值	得　分
3	知晓 VAT 的两种流程	10	
4	能够根据所给条件计算关税	20	
5	能够根据所给条件计算 VAT	20	
6	能够积极参与任务实施	10	
7	能够积极参与小组讨论	10	
8	能够积极回答老师提问	10	
总　　分			

任务六　认识亚马逊 FBA

任务导入

Amanda：王梦，我们前面学习跨境电商出口平台的时候讲过亚马逊这个公司，你还记得吗？

王梦：记得，它是美国最大的电子商务平台，也是最早经营电子商务的公司之一。

Amanda：对的，亚马逊还向第三方卖家提供外包物流服务，也就是 FBA，你对 FBA 有没有了解过呢？

王梦：FBA 我以前没有听说过，是不是亚马逊推出的海外仓？

Amanda：FBA 全称为 Fulfillment by Amazon，也就是亚马逊物流，与第三方海外仓有相同的地方，也有许多不同之处。

任务实施 1

观看视频，了解亚马逊公司的 FBA 业务及其优势。

2007 年亚马逊引入了 FBA 服务，即亚马逊将自身平台开放给第三方卖家，将其库存纳入亚马逊全球的物流网络，为其提供拣货、包装以及终端配送的服务，亚马逊则收取服务费用。

一、FBA 的概念

FBA 全称为 Fulfillment by Amazon，即亚马逊物流，是由亚马逊提供的包括仓储、拣货打包、派送、收款、客服与退货处理的一条龙物流服务。

亚马逊的物流方式分两种：一种是 FBA；另一种是 FBM(Fulfilled by Merchant)，即卖家自己发货。两者差异见表 5－6－1。

表 5-6-1 FBA 与 FBM 差异表

差异点	FBA	FBM
仓储空间	使用亚马逊仓储空间，亚马逊会根据接单内容，自动从架上把商品包装寄出	使用自家仓储运送，亚马逊告知订单内容后由卖家自行理货包装出货
运　费	不用考虑运费问题，FBA 提供各样的运送方式与运费选择	卖家可与客户沟通采用最节省的运费方式
仓储费用	亚马逊每个月向卖家索取仓储费用	卖家自主调控仓储费用
购买意愿	在亚马逊超过 50% 的顾客只够买 FBA 的商品	潜在流失 FBA 顾客的可能
Listing 排名	亚马逊 Listing 排名靠前，增加曝光度	亚马逊 Listing 排名无优势，竞争激烈
包　装	只能贴亚马逊指定标签	卖家可 100% 掌控包装品质，外观可用自己的品牌 LOGO
Prime 会员优惠	有 FBA 零门槛免运优惠	卖家需自行提供免运优惠
售后服务	交由亚马逊负责	卖家需自行处理，但相对也可建立 e-mail list 来维护客户关系，甚至再行销售
退　货	无论卖家同不同意，FBA 都会接受退货	可以不接受退货，或是卖家可以对顾客提出补偿措施
替代品	亚马逊会优先从 FBA 中列出相关替代品	没有替代品优势
客户信任	在 FBA 的保护伞下，客户会对于准时收到商品较有信心，客户信任度高	通过建立品牌让客户产生信任
库　存	在旺季时，尽管已在 FBA 屯放大量商品，仍然可能会有短期的爆仓，来不及补货	对库存能百分之百掌控

注：Prime 是亚马逊的会员服务，每年 US$79 就可以享受其中的会员服务，包括邮费优惠，更快到货以及美国本土的 Prime Instant Video 视频浏览服务。

二、FBA 的优劣势

（一）优势

1. 享受亚马逊为 FBA 产品提供的特殊推荐照顾，如帮助抢夺购物车、提高排名、帮助成为特色卖家、享用亚马逊的推荐功能等，相比 FBM，消费者对 FBA 的产品选择意愿度比其他发货方式更高。

2. 亚马逊具有多年丰富的物流经验，仓库遍布全世界，智能化管理。亚马逊美国 FBA 仓库分布见图 5-6-1。

3. 配送时效超快(仓库大多靠近机场)，顾客收货很快，选择到货方式灵活多变。

4. 享受亚马逊提供的 7×24 小时服务，提升客服质量，无须自己处理订单，售后邮件、退换货，以及物流问题造成的反馈亚马逊自动帮买家解决，账号安全性高。

5. 店铺表现优势。FBA 单有差评后，联系客服删除的成功率更高。

6. 有 Prime 标志，对亚马逊 Prime 会员目标群体有针对性(亚马逊客户在购买时，有一个筛选条件就是筛选是否 Prime 单，类似淘宝可以筛选是否天猫一样)，接触到美国家庭 30%的

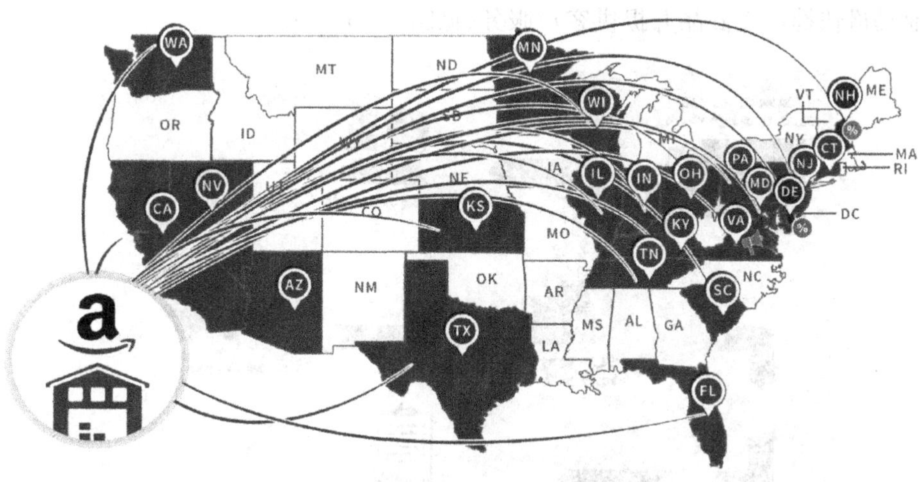

图 5-6-1　亚马逊美国 FBA 仓库分布

Amazon Prime 拥有者，消费意愿度更高。

（二）劣势

1. 一般来说，费用比国内发货稍微偏高，但是也要看产品重量（特别是第三方平台的 FBA 发货）。

2. 灵活性差（FBA 只能用英文和客户沟通，而且用邮件沟通回复不会像第三方海外仓客服那样及时）。

3. 如果前期工作没做好，标签扫描出问题会影响货物入库，甚至入不了库。

4. 退货地址只支持美国（美国站 FBA）。

5. FBA 仓库不会为卖家的头程发货提供清关服务。

6. FBA 顾客退货（重寄）随意，不需要跟 FBA 有太多沟通，给卖家带来不少困扰。

三、FBA 注意事项

1. 检查每一款产品与所打印的产品条码是否对应，并逐一核查。

2. 检查并复核产品数量是否与后台填写数量一致。

3. 用条码打印机打印对应尺寸的标签，具体与后台所选条码大小一致。注：条码尽量不要用热敏纸打印（因长期存放可能会模糊不清），用激光打印机打印。

4. 打印装箱单：从后台下载 PDF 格式的 Amazon 外标签贴于外箱左上角，不要把包装标签粘到有可能会损坏的接口处，会影响扫描。

5. 不要让运输的包裹重量超过 30 kg，否则要贴上超重提示标签。

6. 不要把不同运单的物品合在一起运输，运输数量一定要与填写的一致，发货数量不要比网上填报的数量多。

四、FBA 操作流程

1. 卖家发送商品至亚马逊运营中心；

2. 亚马逊存储产品；

3. 客户订购产品；

4. 亚马逊对产品进行拣货包装；

5. 亚马逊快捷配送商品并提供客户服务(见图 5-6-2)。

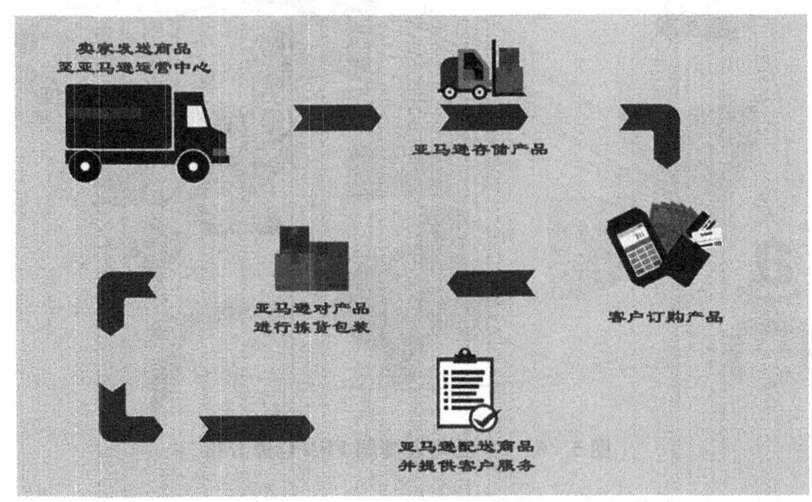

图 5-6-2 亚马逊 FBA 操作流程

五、FBA 专线选择

目前市场上的 FBA 专线包括美国 FBA 专线、欧洲 FBA 专线、日本 FBA 专线、加拿大 FBA 专线等。一般情况下,不同的卖家基于自身的实际情况,对物流选择的侧重点不同,有的需要节省成本,有的需要加快销售的进程,有的货值很高,注重安全的把控,有的则注重与物流公司的合作舒适度。

(一) FBA 专线的优势

1. 安全

卖家如果能提前获取进口国最新的海关政策方针,就可以避免海关的频繁查验,就知道如何去遵守正常的清关规则,保证货物清关的安全性。每一个清关行的实力可能不一样,但是健康、正规的清关渠道一定会是市场的主流。

2. 时效

时效是每家物流公司的生存根本。时效和货量是相辅相成的关系,货量充足卖家可以拿到比较固定的航空舱位,有固定的头程空运资源,才能在淡旺季保持稳定的时效。同样,稳定的时效才能吸引更多亚马逊卖家的货量。

3. 服务

卖家在日常工作中接触最多的人是货代,选择一家有责任感、耐心、服务质量优的货代公司,对亚马逊卖家来说,可以节省许多潜在成本。

4. 价格

运价越高,买家购买欲望越低,应综合选择运价比较合理的物流方式。

(二) FBA 专线操作流程与细节

目前 FBA 专线以美国和欧洲专线为主,通常由以下几个主要环节组成:空运头程+目的地清关+目的地派送。以美国专线为例:

1. 空运头程

我们可以根据时效的快慢和货物的类别来选择合适的航空公司,一般大陆的机场禁止上带电池的货物，但是可以上带磁性的货物。带磁性的货物需要在机场做磁检报告，带电池的产品一般都会选择从香港的航空公司出口。航空公司的快慢程度决定了航空费用的高低，直航的空运价格一般高于转航的，但是直航的时效稳定性大大高于转航的飞机。特别是旺季的时候，转飞的航班时效性会急剧下降。

2. 目的地清关

发货到美国，需要一个清关公司和一个以贸易公司为抬头的进口商作为载体对货物进行清关，清关过程正常需要 1～2 个工作日，偶尔碰到特殊的查验，时间会长一些。例如查验货物是否侵权，是否有相应的资质证书（如 FCC 认证、FDA 认证等），是否有原产地标志（如美国海关要求到美国的货物必须贴上注明原产地的标签）。

3. 目的地派送

美国疆域辽阔，东西部跨度非常大，派送环节相对其他国家较慢。现在市场上，目的地派送一般分为卡车派送和 FedEx/UPS 等当地快递公司派送。卡车派送平均费用较低，装载量大；但派送前需要提前和亚马逊仓预约，派送时间较慢，POD 签收回执单很慢。快递派送免预约（前提是此类快递公司是亚马逊官方认可的快递公司），时效相对较快，但价格相对较高。

小贴士："FBA 泛欧计划"

FBA 泛欧计划（Pan-European）是亚马逊推出的针对欧洲 7 个国家（德国、法国、意大利、西班牙、英国、波兰和捷克共和国）FBA 的一种跨国家发货计划，参加泛欧计划的卖家，可以把产品放置在欧洲 5 站（英国、德国、法国、意大利、西班牙）中的任一国家的 FBA 仓，同时在 5 个站点发布符合要求的产品 Listing，当订单产生后，亚马逊会安排提货、包装、配送和客服等方面的工作，卖家只需要支付在产品售出市场所产生的本地亚马逊物流费用，无须承担欧洲物流网络（EFN）跨境费用。

卖家使用这个计划，可以把产品集中发货和放置在一个国家的 FBA 仓并集中发货，减少了多个国家发货的烦琐，当卖家将产品通过亚马逊欧洲仓库转寄给私人客户时，就形成了应税供给，触发 VAT 登记。卖家需要在这 7 个国家注册 VAT 税号，每年总共需在这 7 个国家进行大约 61 次的 VAT 申报。FBA 泛欧计划可以简化 FBA 头程发货的麻烦，配送成本低，能直面大量 Prime 会员，客户退货可存放在最近的亚马逊仓库，从实际运营层面上看，泛欧计划也在一定程度上解决了客服的问题。

任务实施 2

分组讨论，比较 FBA 与第三方海外仓的差异，并完成对比表 5-6-2。

表 5-6-2　　FBA 仓与第三方海外仓差异表

差异点	FBA 仓	第三方海外仓
选品范围	对选品的尺寸、重量、类别有一定程度的限制，选品偏向于体积小、利润高、质量好的产品	选品范围比 FBA 仓广，体积大、重量大的产品也适合

续表

差异点	FBA 仓	第三方海外仓
头程服务	不为卖家提供头程清关服务	部分第三方海外仓服务商会给卖家提供头程清关服务，甚至还会有包含代缴税金、派送到仓的一条龙服务
入仓要求	入仓要求较为严格，需要卖家在发货前贴好外箱标签及产品标签，如果外箱或产品标签有破损的话，会要求卖家先整理，然后才能进入 FBA 仓，且亚马逊也不提供产品组装服务	要求不会像亚马逊 FBA 仓这么高，在上架前会提供整理、组装产品的服务
入仓分配	默认分仓，往往会将卖家的产品分散到不同的仓库进行混储	一般会将货物放在同一个仓库集中管理
仓储成本	成本相对较高	成本相对较低
差评处理	由 FBA 所导致的任何中差评，都可以由亚马逊移除，卖家无须操心	海外仓服务商不一定能提供售后与投诉服务，就算提供了，也不一定能够成功消除客户留下的中差评
退货支持	支持客户无条件退换货，对退回的产品不会再进行任何的鉴定，也不会收取买家的任何费用。就算退回来的产品没有质量问题，亚马逊也不会再次将产品售给第二个买家，这样的退货方式会导致产生较高的退货率。如果产品被退回，无论是销毁还是寄还给卖家，亚马逊还会再另外收取费用	对退回来的产品，如果不是质量问题，可以替卖家更换标签或者重新包装，然后再次进行销售，能减少卖家的损失
货物存放风险	放置在 FBA 仓中，其安全与 Amazon 账号安全相关联。如果你在亚马逊销售的产品出了问题，账号被 Amazon 关闭的话，那么放在亚马逊 FBA 仓的货物也会被暂时查封	不存在账号关联风险

课后习题

1. 单选题：FBA 是(　　)公司向卖家提供的物流服务。

   A. 亚马逊　　B. 阿里巴巴　　C. eBay　　D. Wish

2. 单选题：FBA 仓货物超过(　　)，会要求贴上超重提示标签。

   A. 10 kg　　B. 20 kg　　C. 30 kg　　D. 40 kg

3. 多选题：以下不属于亚马逊 FBA 优势的是(　　)。

   A. 收费低　　B. 配送快　　C. 灵活性好　　D. 提供头程服务

4. 多选题：目前亚马逊 FBA 专线包括哪些(　　)。

   A. 美国 FBA 专线　　B. 欧洲 FBA 专线

   C. 日本 FBA 专线　　D. 加拿大 FBA 专线

5. 多选题：FBA 专线通常由(　　)环节组成。

A. 空运头程　　B. 海运头程　　C. 目的地清关　　D. 目的地派送

6. 判断题：FBA 目前已遍布全球，能用中文、英语、法语等多种语言与客服沟通，灵活性非常好。（　）
7. 判断题：FBA 的退换货非常麻烦，产品出现问题只能联系卖家。（　）
8. 判断题：由 FBA 所导致的任何中差评，都可以由亚马逊移除，卖家无须操心。（　）
9. 判断题：商家的商品属于自己，如果你在亚马逊销售的产品出了问题，账号被亚马逊关闭的话，那么放在亚马逊 FBA 仓的货物也不会被查封。（　）
10. 排序题：请为以下亚马逊 FBA 操作流程进行排序。

（　）客户订购产品。

（　）亚马逊快捷配送商品并提供客户服务。

（　）卖家发送商品至亚马逊运营中心。

（　）亚马逊存储产品。

（　）亚马逊对产品进行拣货包装。

学习评价

序　号	评　价　内　容	参　考　分　值	得　分
1	理解 FBA 的概念	10	
2	能区分 FBA 与 FBM 的优劣势	10	
3	知道亚马逊 FBA 操作流程	10	
4	能区分 FBA 与第三方海外仓的异同	10	
5	能评估并合理选择 FBA、FBM、海外仓方式	10	
6	了解 FBA 专线及选择因素	10	
7	了解 FBA 泛欧计划内容	10	
8	能够积极参与任务实施	10	
9	能够积极参与小组讨论	10	
10	能够积极回答老师提问	10	
总　分			

任务七　核算亚马逊 FBA 费用

任务导入

王梦：　Amanda，亚马逊 FBA 仓有这么多优势，它的费用怎么收取呢？

Amanda：你问到点子上了，很多发 FBA 的卖家都知道亚马逊要扣除一定的费用，但是具体细节却知之甚少，每次看报表也不清楚具体是如何扣费的，只看到 FBA 成本越来越高，即使产品在运输过程中破损也不知道如何向亚马逊反馈索赔，只有知道 FBA 详细的扣费环节，才能合理规划库存，有效控制成本。

任务实施 1

某公司有一批手机在亚马逊官网上进行销售，该批手机于 2019 年 1 月 15 日入库，入库时有 3 台手机条形码缺失(非首次发生)，亚马逊为其进行了贴标服务。2019 年 5 月 5 日该批手机售罄，其中 2 台手机发生退货，该公司将 2 台买家退货的手机进行了“退还”处理(即亚马逊将退货的手机寄送至该公司预留的、符合亚马逊退还范围的地址)。试计算该批手机截至 2019 年 5 月 5 日所产生的 FBA 费用。

	商品名称：手机
	包装尺寸：17.6×9×6 cm^3
	商品重量(含包装)：380 g
	入库时间：2019 年 1 月 5 日
	入库地点：FBA 美国仓
	入库数量：100 台
	配送范围：美国境内

一、明确 FBA 费用的组成

FBA 费用组成：订单配送费、FBA 库存仓储费、移除订单费、退货处理费、计划外处理服务费共 5 个部分。

二、计算 FBA 订单配送费

2017 年的 2 月 22 日开始，亚马逊 FBA 将原来的订单处理费、取件包装费、首重续重费合并在一起进行收取，配送费的多少和卖家的产品包装后的重量以及尺寸有关，在费用的收取上分为标准尺寸商品和大件商品。

第一步：单位换算。

因为美国 FBA 的计量单位是英制尺寸，长度单位为英寸、英尺，重量单位为盎司、磅，所以我们先要将公制尺寸换算成英制尺寸。

FBA 中常见计量单位换算：

1 in(英寸)＝2.54 cm(厘米)
1 lb(磅)＝0.453 6 kg(千克)＝453.6 g(克)
1 oz(盎司)＝28.35 g(克)
1 lb(磅)＝16 oz(盎司)
1 cu ft(立方英尺)＝28.32 dm^3(立方分米)

手机包装尺寸为 17.6×9×6 cm^3，换算成英寸为单位是 6.93×3.54×2.36 in

手机包装后重量 380 g，换算成磅为单位是 380÷453.6＝0.84 lb＝13.44 oz

第二步：根据包装尺寸判断 FBA 包裹所属标准(见表 5－7－1)。

表 5-7-1　**FBA 标准尺寸**

包装后的商品最大尺寸和重量					
产品尺寸	**最长边**	**次长边**	**最短边**	**长边+底面周长**	**重　量**
小标准尺寸	15 in	12 in	0.75 in	N/A	12 oz
大标准尺寸	18 in	14 in	8 in	N/A	20 lb
小超标准尺寸	60 in	30 in	N/A	130 in	70 lb
中超标准尺寸	108 in	N/A	N/A	130 in	150 lb
大超标准尺寸	108 in	N/A	N/A	165 in	150 lb
特殊超标准尺寸	超过 108 in	N/A	N/A	超过 165 in	超过 150 lb

根据 FBA 标准尺寸判断依据，该手机属于大标准尺寸。

注意：

1. 单个包装单位的商品满足以下所有要求的为标准尺寸，只要有一个条件不满足的就是超大尺寸：

(1) 重量≤20 lb。

(2) 最长边≤18 in。

(3) 中长边≤14 in。

(4) 最短边≤8 in。

2. 标准尺寸里面的小标准尺寸和大标准尺寸的区别：

(1) 小标准尺寸为：最长边≤15 in，中长边≤12 in，最短边≤0.75 in，重量≤12 oz。

(2) 大标准尺寸为：最长边≤18 in，中长边≤14 in，最短边≤8 in，重量≤20 lb。

3. 超标准尺寸里的"长边+底面周长"是以最长边为高，另两边组成的平面为底面。

第三步：查询订单配送费用。

上一步我们已得出本手机属于大号标准尺寸，根据 FBA 订单配送费(标准尺寸)中，大号标准尺寸收费分为三类：不超过 1 磅，1～2 磅和超过 2 磅。本手机重量为 13.44 盎司/台，不超过 1 磅。

根据任务条件，100 台手机在配送日期为 2019 年 3 月 1 日—2019 年 5 月 5 日，对应表 5-7-2，本手机对应的 FBA 配送费用为 2.99 美元/台。

本批手机共产生 FBA 配送费为：2.99 美元/台×100 台=299 美元。

表 5-7-2　**FBA 订单配送费(标准尺寸)**

执行时间	小号标准尺寸(不超过 1 磅)	大号标准尺寸(不超过 1 磅)	大号标准尺寸(1 磅到 2 磅)	大号标准尺寸(超过 2 磅)
1 月—9 月	USD2.41	USD2.99	USD4.18	USD4.18+USD0.39/磅(超出 2 磅的部分)
10 月—12 月	USD2.39	USD2.88	USD3.96	USD3.96+USD0.35/磅(超出 2 磅的部分)

超大尺寸 FBA 订单配送费用详见表 5-7-3。

表 5-7-3 **FBA 订单配送费(超大尺寸)**

执行时间	小号超大尺寸	中号超大尺寸	大号超大尺寸	特殊超大尺寸
1月—9月	USD6.85+USD0.39/磅(超出2磅的部分)	USD9.20+USD0.39/磅(超出2磅的部分)	USD75.06+USD0.80/磅(超出90磅的部分)	USD138.08+USD0.92/磅(超出90磅的部分)
10月—12月	USD6.69+USD0.35/磅(超出2磅的部分)	USD8.73+USD0.35/磅(超出2磅的部分)	USD69.50+USD0.76/磅(超出90磅的部分)	USD131.44+USD0.88/磅(超出90磅的部分)

三、计算亚马逊FBA库存仓储费

仓储费按照卖家的库存在运营中心所占空间的日均体积(以立方英尺为单位)收取。

体积基于已根据亚马逊物流政策和要求妥善包装且准备配送的商品尺寸测量得出。亚马逊有权按照自己的测量方式,计算所有包装后的商品或代表性样品的体积或重量。如与卖家提供的信息发生冲突,将以亚马逊的测量结果为准。

第一步:计算库存手机在亚马逊运营中心所占空间的日均体积。

每台手机的体积为17.6×9×6=950.4立方厘米,即0.950 4立方分米,换算成英制尺寸是0.950 4÷28.32=0.033 6立方英尺。100台手机所占空间为0.033 6×100=3.36立方英尺。

第二步:判断商品需要支付的库存仓储费用类别。

库存仓储费包括两个部分:月度库存仓储费和长期库存仓储费。根据FBA收费标准,在亚马逊运营中心储存超过半年的商品需要支付长期库存仓储费。

本批商品2019年1月5日入库,截止到2019年5月5日,库存时间不足6个月,仅需支付月度库存仓储费,无须支付长期库存仓储费。

第三步:查询商品FBA月度库存仓储费。

根据前面的判断,该手机属于标准尺寸,储存期间在1—9月内,根据FBA收费标准,对应表5-7-4,月度库存仓储费为每立方英尺0.69美元,月度库存仓储总费用为0.69美元×3.36立方英尺=2.32美元/月。该批手机共存放了3个月,故该批手机的库存仓储费共计2.32美元/月×3月=6.96美元。

表 5-7-4 **FBA 月度库存仓储费**

时　间	标　准　尺　寸	超　大　尺　寸
1月—9月	每立方英尺0.69美元	每立方英尺0.48美元
10月—12月	每立方英尺2.4美元	每立方英尺1.2美元

注意:每月15日,亚马逊FBA会进行库存清点。在此日期,亚马逊将按每立方英尺USD6.90的标准对已在美国亚马逊运营中心存放超过365天的库存收取长期仓储费(LTSF)。

四、计算退货处理费

退货处理费等于某个指定商品的总配送费用。亚马逊上的FBA订单如果客户要求退货,

一般的品类卖家无须再额外支付费用(FBA工作人员免费上门取退货件)。享受免费退货服务必须同时符合以下两个条件:

一是退货产品是在亚马逊上出售的。

二是符合免费退货配送的商品分类。不享受免费退货服务的品类,包括:服装、钟表、珠宝首饰、鞋靴、手提包、箱包和太阳镜。

本任务中手机属于亚马逊FBA免费退货服务品类,故任务中发生的2例退货情况卖家无须额外支付费用。

注意:由于亚马逊根据一次只运送一件商品来收取退货处理费,在单个订单中向买家配送了多件商品时,单件商品要支付的退货处理费可能要高于总配送费用。

五、计算订单移除费用

对于出现不可销售的产品,卖家们选择移除订单,亚马逊FBA会按照每件产品进行收取费用,处理方式分为退还、弃置、清算这三种。

任务中有2件商品发生退还操作,本批手机为标准尺寸商品,对照表5-7-5的FBA订单移除费规则,退还费用为0.5×2=1美元。

表5-7-5　FBA订单移除费

服　务	标准尺寸(每件费用)	超大尺寸(每件费用)
退还	0.50美元	0.60美元
弃置	0.15美元	0.30美元
清算	10%的清算收益	10%的清算收益

订单移除费用按移除的每件商品收取。通常情况下,移除订单会在10—14个工作日内处理完毕。但是,在假日和高峰期(2月、3月、8月和9月),处理移除订单可能长达30天或更久。

六、计算计划外预处理服务费

对于运送到亚马逊仓库的产品,如果出现了没有经过妥善预处理或贴标的,则需要在亚马逊运营中心实施计划外预处理服务,例如贴标或塑料袋包装。

(一)计划外预处理服务费(初次发生)

如果运送至亚马逊运营中心的货件首次被发现存在上述问题,将按照表5-7-6中的初次发生栏中列出的费率针对每件问题商品收取费用。

表5-7-6　FBA计划外预处理服务费

问题类型	计划外预处理服务	初次发生收费	后续情况收费
条形码标签缺失	为商品贴标	USD0.20	USD0.40
需要标签	为商品贴标	USD0.20	USD0.40
需要使用塑料袋包装	使用塑料袋封装商品	USD0.70	USD1.40
需要使用气泡膜包装	使用气泡膜封装商品	USD1.00	USD2.00

续表

问 题 类 型	计划外预处理服务	初次发生收费	后续情况收费
需要使用不透明塑料袋包装	使用不透明塑料袋封装商品	USD1.20	USD2.40
需要封装	使用胶带封装商品	USD0.20	USD0.40
需要附上窒息警告标签	粘贴警告标签	USD0.20	USD0.40

（二）计划外预处理服务费（后续情况）

如果运送的库存再次出现上述问题，将按照表 5－7－6 中后续情况栏中列出的费率针对每件问题商品收取费用。

任务中发生 3 台手机出现条码缺失情况，需要亚马逊运营中心进行商品贴标的计划外预处理服务，由于都非首次发生，按照 FBA 计划外预处理服务费用标准，每件收费 0.4 美元，卖家需支付费用为 0.4×3＝1.2 美元。

所以，截至 2019 年 5 月 5 日，该批手机会产生的 FBA 费用约为：299＋6.96＋1＋1.2＝308.16 美元。

注意：实际 FBA 操作中，还会有各种额外情况，如单笔订单含两台以上手机；随着手机的销售，仓库所占体积也会有减少；参加亚马逊轻小商品计划，收费标准有不同优惠等，在此任务中不做展开。

小贴士：常用货币（见表 5－7－7）

表 5－7－7　常用货币符号

国　家	货　币	货币代码	货币符号	与人民币汇率（数据参考 2019 年 4 月平均）
中　国	人民币	RMB	¥	—
美　国	美　元	USD	$	USD 1 ＝RMB 6.82
英　国	英　镑	GBP	£	GBP 1 ＝RMB 8.86
欧　盟	欧　元	EUR	€	EUR 1＝RMB 7.66
日　本	日　元	JPY	JP¥	JPY 100＝RMB 6.20
中国香港	港　币	HKD	HK$	HKD 1＝RMB 0.87

任务实施 2

使用亚马逊 FBA 计算器，预测以下商品的 FBA 费用。

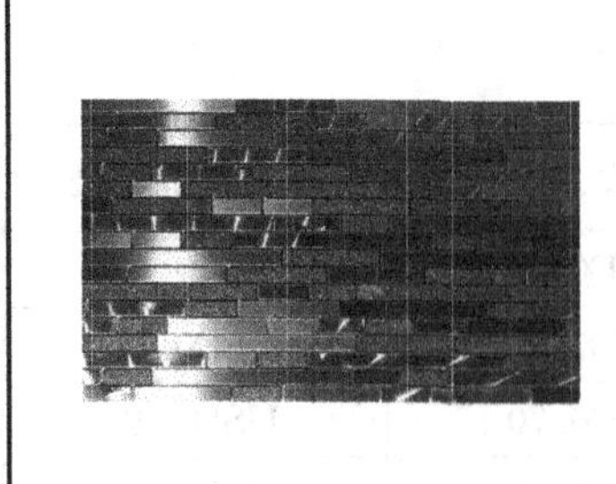	商品名称：马赛克瓷砖 Mosaic Tile
	ASIN 编码：B004P3IRW6
	包装尺寸：11.8×11.8×4 英寸
	商品重量（含包装）：35 磅
	入库地点：FBA 美国仓
	配送范围：美国境内

第一步：打开亚马逊计算器，搜索 ASIN 编码(见图 5－7－1)。

图 5－7－1　在亚马逊计算器搜索栏中输入 ASIN 编码

亚马逊计算器网址：https://sellercentral.amazon.com/fba/profitabilitycalculator/index，在搜索框中，输入 ASIN 编码“B004P3IRW6”(ASIN 就是 Amazon Standard Identification Number，即亚马逊的商品编号)。

注意：以上搜索也可输入商品名称，但由于种类繁多，如仅需使用计算器，可直接输入 ASIN 编码“B004P3IRW6”进入下一步。

第二步：输入商品包装尺寸、重量等信息(见图 5－7－2)。

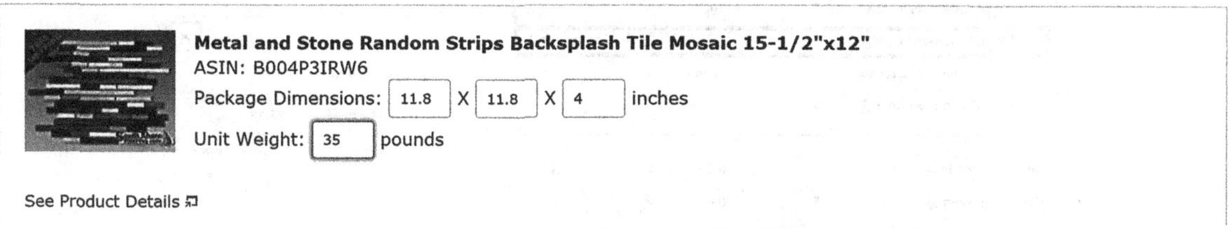

图 5－7－2　输入商品尺寸重量信息

第三步：点击网页下方的“calculate”计算按钮(见图 5－7－3)。

第四步：点击网页下方的“calculate”计算按钮(见图 5－7－4)。

计算结果中 Fulfillment by Amazon fee 即 FBA 费用，显示出来的 FBA 费用包含仓存费，处理费，包装费等。

本任务中，FBA 运费预计为 21.33 美元。

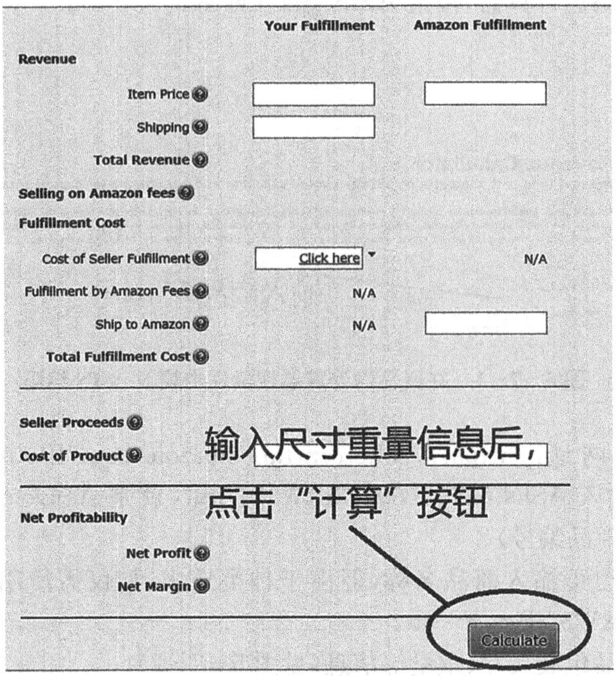

图 5-7-3 点击“计算”按钮

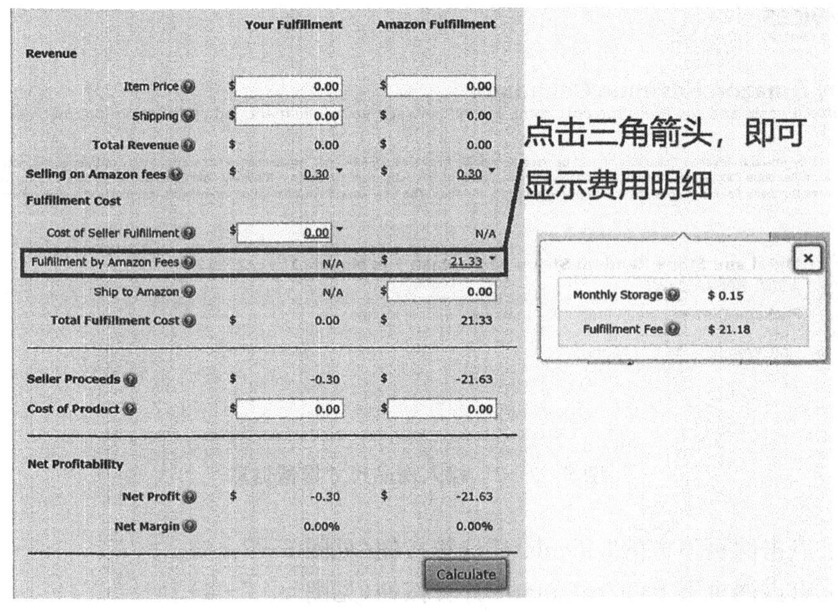

图 5-7-4 计算结果

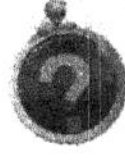 课后习题

1. 单选题：欧美通常采用的计量单位是(　　)尺寸，长度单位为英寸、英尺，重量单位为盎司、磅。

A. 美制　　B. 德制　　C. 公制　　D. 英制

2. 单选题：(　　)，亚马逊 FBA 会进行库存清点。在此日期，亚马逊对已在美国亚马逊运营中心存放超过(　　)天的库存收取长期仓储费(LTSF)。

A. 每月 15 日，365　　B. 每月 15 日，180

C. 每月 1 日，365　　D. 每月 1 日，180

3. 多选题：FBA 规定的标准尺寸，需满足以下哪些要求(　　)。

A. 重量≤20 lb　　B. 最长边≤18 in

C. 中长边≤14 in　　D. 最短边≤8 in

4. 多选题：移除订单的处理方式包括(　　)。

A. 退还　　B. 弃置　　C. 清算　　D. 销毁

5. 判断题：运送到亚马逊仓库的产品漏贴标签，第一次警告，从第二次开始收取费用。(　　)

6. 判断题：服装类商品可享受亚马逊免费退货配送。(　　)

7. 判断题：在单个订单中向买家配送了多件商品，单件商品支付的退货处理费不可能高于总配送费用。(　　)

8. 换算题：将以下单位进行换算。

12 cm=(　　　)in　　19 in=(　　　)dm

250 g=(　　　)lb=(　　　)oz　　340 oz=(　　　)kg

9. 计算题：某公司在亚马逊上售出一个婴儿床，该婴儿床于 2019 年 10 月 5 日入库，亚马逊于 2019 年 10 月 6 日进行配送。试计算婴儿床的 FBA 配送费用。

	商品名称：婴儿床 Baby bed
	包装尺寸：$125\times100\times4\ cm^3$
	商品重量(含包装)：1.3 kg
	入库时间：2019 年 10 月 5 日
	入库地点：FBA 美国仓
	入库数量：1 台
	配送范围：美国境内

10. 计算题：使用亚马逊计算器，预估以下商品的 FBA 费用。

	商品名称：电脑 computer
	ASIN 编码：B07J9J1CJF
	包装尺寸：12.2 英寸×16.4 英寸×19.4 英寸
	商品重量(含包装)：28.75 磅
	入库地点：FBA 美国仓
	配送范围：美国境内

学习评价

序　号	评　价　内　容	参　考　分　值	得　分
1	了解亚马逊 FBA 费用组成	10	
2	能进行英寸与厘米、磅与千克的换算	10	
3	能利用亚马逊 FBA 计算器计算费用	10	
4	知晓 FBA 标准尺寸、超大尺寸的界定标准	10	
5	能计算商品的 FBA 订单配送费用	10	
6	能计算商品的月度库存仓储费用	10	
7	了解 FBA 计划外预处理服务费标准	10	
8	能够完成课后拓展题	10	
9	能够积极参与小组讨论	10	
10	能够积极回答老师提问	10	
总　分			

第三部分
跨境电商物流进口篇

又见面啦！
这次跟着我一起学习跨境电商
物流进口吧！

项目六　跨境电商直邮进口操作

项目背景

经过2个月的出口部实习，王梦掌握了跨境电商出口物流的直邮操作和海外仓操作，带教老师 Amanda Wu 对王梦的好学态度和学习能力也赞誉有加，接下来1个月王梦将进入最后一个实习阶段——进口部的实习。进口部的带教老师是之前带教王梦的 John。

项目要点

◇ 个人代购与进口直邮的含义

◇ 直邮进口物流渠道的种类

◇ 直邮和转运两种方式流程及利弊

◇ 了解保税进口及直邮进口的含义和特点

◇ 掌握集货直邮和保税备货直邮的优缺点

◇ 能够上网查询个人本年额度

◇ 跨境电商进口综合税的计算

任务一　区分个人代购与海淘

任务导入

John：王梦，又见面啦，出口部的学习感觉怎么样？

王梦：跨境电商出口物流还挺复杂的，不管直邮还是海外仓，都有各种各样的费用。

John：相比出口，进口更好理解一点，毕竟我们都有在平台网购进口商品的经验嘛。还记得之前跟你说的跨境电商进口平台吗？

王梦：记得，天猫国际、京东全球购、网易考拉、洋码头……对了，John 老师，这里我一直有个疑问，我微信朋友圈有几个做“海外代购”的朋友，这种直接从国外将商品“人肉”带回来的方式，与洋码头这种“全球买手模式”有什么区别呢？

John：2019 年 1 月 1 日起生效的《电子商务法》第十条明确规定，电子商务经营者应当依法办理市场主体登记。相对“个人代购”，洋码头、淘宝全球购平台上的买手在合法性上更有保障(见图 6-1-1)。

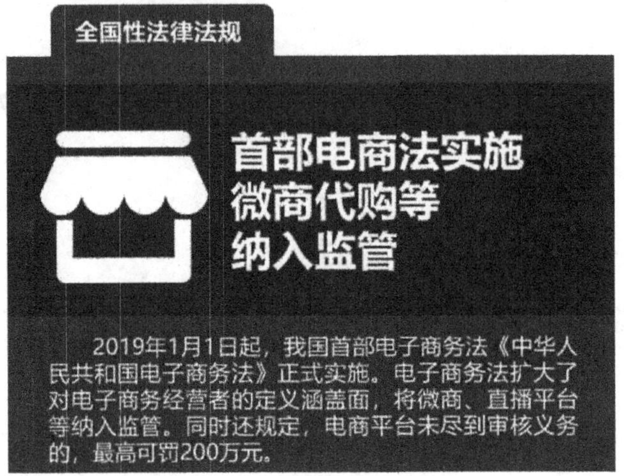

图 6-1-1 新电商法实施规定

王梦：那我从国外旅游回来给亲戚代买些化妆品是不是就算违法行为了呢？

John：根据《电商法》，个人从事零星小额交易活动，依照法律、行政法规不需要办理市场主体登记。但同样要依照税收征收管理法律、行政法规的规定，申请办理税务登记，并如实申报纳税。违不违法关键在于该“行为”是否会被认定为“经营活动”。

任务实施 1

观看新电商法解读视频，分组讨论，个人代购的风险以及新电商法对个人代购的影响。

新电商法于 2019 年 1 月 1 日正式实施，其中哪些条款值得我们关注，且对电商行业有何影响呢？我们一起来看下吧！

一、个人代购的定义

个人代购，就是找人帮忙购买你需要的商品，这些商品或者尚未在国内上市，或者其价格比当地的售价低，然后通过快递包裹的形式发货到国内，或者从国外直接携带商品到国内。

个人代购在可靠性、法律风险、物流监管等方面存在不可忽视的问题。

二、个人代购的风险

(一) 货源价格高

大部分个人代购都是向居住在国外的亲戚、朋友拿货，因为采购方面都是直接当地零售采购，因此，商品的基础价格是高于零售价格的。

（二）货源真假难辨

部分个人代购使用正品包装假货，冒充正品卖出，买家收货后即使发现，往往投诉无门。即使附上购物小票，也无法避免调包的风险，是否是真货无法辨认。即使从国内代理商拿货，价格虽然便宜，同样是真假难辨（见图 6-1-2）。

万亿市场已经形成黑色产业链!暴利逾六倍,你还在为假货买单么?

大金牛财经　2019年06月25日 09:43

所以如果想要彻底根除,除了相关部门的努力以外,消费者也要从自身做起,拒绝假货和山寨货,这样我们携起手来才能够真正的买到正品,规范整个代购市场。 ...

查看更多相关资讯>> - 百度快照

惊爆大事件,650%的暴利代购,大部分都是假货,购买需谨慎

新农财经　2019年06月24日 16:18

在近几年海外代购的行业可以说是越来越火,尤其是主播行业的发达,很多人甚至在直播...所以在市面上出现了各种各样的假货,他们挂着真货的名字各种招摇撞骗,但是依旧... 百度快照

"假"的生意经:美妆产品的需求旺盛 代购买入一些假货后再充当...

医药观察家网　2小时前

近日,第一财经记者走进韩国美妆代购行业,经过实地调研及多方采访后发现,由于美妆产品的旺盛消费需求使不少商家难抵诱惑,代购买入一些假货后再充当正品出售,整个假...

查看更多相关资讯>> - 百度快照

奢侈品代购造假黑幕被揭:一转手获利6倍利润惊人,做工比正品还好?

星辰在线　2019年06月17日 12:05

随着高仿奢侈品充斥市场,也让假代购行业兴起,高仿品代购也是一门技术活儿,除了...黄某一方面从吕某夫妇处获取不贴标仿品,另一方面从幸某处购买假冒商标,将仿品...

查看更多相关资讯>> - 百度快照

揭秘代购的内幕:你买的香港直邮化妆品多假货

晓炀说社会　2019年03月18日 23:44

揭秘代购的内幕:你买的香港直邮化妆品多假货 代购已经成为人们日常生活当中重要的一种购买商品的方式之一,越来越多的人都会通过代购的方式来买回自己想要的物品,通... 百度快照

图 6-1-2　代购假冒事件层出不穷

（三）法律风险高

大部分个人代购的商品都不缴税，一旦被发现，就会面临承担相应法律后果。

（四）物流监管难度大

个人代购的商品如果使用快递、邮包运输，经常会出现货品缺失、货品损坏等问题。因为针对出现问题的环节无法监控，个人代购的卖家既损失了资金和个人信用，也降低了买家的满意度。

（五）售后服务无法保障

由于个人代购出具的发票都是国外采购地的发票，大部分代购来的商品都无法在国内享受到售后服务，特别是 3C 产品。

三、《电商法》对个人代购的影响

2018 年 8 月 31 日，中华人民共和国第十三届全国人民代表大会常务委员会第五次会议通过《中华人民共和国电子商务法》（下文简称《电商法》），该法案于 2019 年 1 月 1 日起正式施行。经历五年四次审议、三次公开征求意见才出台的《电商法》对整个电子商务市场带来了不

少的影响，尤其是“微商”和“代购”。

第一，《电商法》的出台，明确了何为电子商务经营者。《电商法》第九条规定“本法所称电子商务经营者，是指通过互联网等信息网络从事销售商品或者提供服务的经营活动的自然人、法人和非法人组织，包括电子商务平台经营者、平台内经营者以及通过自建网站、其他网络服务销售商品或者提供服务的电子商务经营者。”该款规定表明电商经营者包括法人和非法人组织，包括电子商务平台经营者或平台内经营者等，即淘宝、京东等电商平台以及时不时在朋友圈发广告的微商及代购均属于电子商务经营者，均受《电商法》的管辖与约束。

第二，电商经营者均需要进行登记，办理营业执照及相关的行政许可。《电商法》第十条、第十二条明确规定“电子商务经营者应当依法办理市场主体登记”，即除了依照法律、行政法规不需要进行登记的，都需要办理营业执照。如果销售的是需要取得相关行政许可的物品，则还需要依法取得相关的行政许可。例如，如果是销售食品，则需要申请食品流通许可证；如果是销售进口食品的，按照我国《食品卫生法》第三十条的规定，进口的食品，必须符合国家卫生标准和卫生管理办法的规定。经营、销售进口食品必须按照有关规定，向检验检疫机构报检，取得合格的《食品卫生许可证》等。如果未登记或未取得相关行政许可证的，将会依照有关法律、行政法规规定的处罚。

第三，《电商法》明确了电子商务经营者的依法纳税义务，并且按照《电商法》规定，对于不需要办理市场主体登记的电子商务经营者在首次纳税义务发生后，也应当依照税收征收管理法律、行政法规的规定申请办理税务登记。

第四，关于电商经营者资质需显著标识的规定。按照《电商法》的规定，电商经营者应当在产品销售的首页显著且持续的标识、公示注册的营业执照信息以及与经营的相关行政许可信息或载有上述信息的链接标识。如果电商经营者不想再从事电商事务，亦应当提前三十日在销售的首页进行显著标识。根据《电商法》第七十六条规定，如果未在首页显著标识上述信息的，市场监督管理部门可以处以最高一万元的罚款。

第五，关于电商经营者收受押金返还的问题。《电商法》明确规定，电子商务经营者应当明示押金的退还程序或方式，不得对押金的退还设置不合理的条件，当消费者符合押金退换条件并申请退还押金的，电子商务经营者应当及时退还。如果未向消费者明示押金退还程序、方式，或者设置不合理的条件，或者不及时退还押金的，有关部门可以处五万元以上二十万元以下的罚款；情节严重的，则可处二十万元以上五十万元以下的罚款。

第六，关于产品信息披露的要求。根据《电商法》第十七条规定，电子商务经营者应当全面、真实、准确、及时地披露商品或者服务信息，保障消费者的知情权和选择权。电子商务经营者不得以虚构交易、编造用户评价等方式进行虚假或者引人误解的商业宣传，欺骗、误导消费者。第三十九条第二款规定，电子商务平台经营者不得删除消费者对其平台内销售的商品或者提供的服务的评价。根据该款规定，在《电商法》实施以后，电商经营者的刷单、伪造好评、删除差评等行为均属于违法行为。

第七，关于电商交易物流风险承担的规定。物流是电子商务活动中的重要环节之一，《电商法》规定电商经营者应当按照承诺或者与消费者约定的方式、时限向消费者交付商品或者服务，并承担商品运输中的风险和责任，但是，消费者另行选择快递物流服务提供者的除外。该条规定明确了电商交易中物流环节由电商经营中按照承诺和约定发货的，物流中的货损风险由电商经营者承担，但是由消费者自己选择指定的物流公司的，物流运输中的货损风险由消费

者自行承担。

第八，关于购物凭证的规定。《电商法》第十四条规定“电子商务经营者销售商品或者提供服务应当依法出具纸质发票或者电子发票等购货凭证或者服务单据。电子发票与纸质发票具有同等法律效力。”即无论是网络平台购物，抑或是微商、代购等，在销售产品或者提供服务后都应当出具发票，抑或是购物凭证或服务单据等。

总体来说，《电商法》主要从保护消费者的角度对电商经营者进行管理。

任务实施 2

观看某海淘转运公司的广告视频，分组讨论海淘和个人代购有什么区别？

海淘即海外/境外购物，就是通过互联网检索海外商品信息，并通过电子订购单发出购物请求，然后填上私人信用卡号码，由海外购物网站通过国际快递发货，或是由转运公司代收货物再转寄回国。

对于海淘购物来说，物流主要有两个渠道：转运和直邮。

直邮，顾名思义，就是商家按照买家下单留的国内的地址，直接漂洋过海的运到买家手中，多数走的是邮政路线，也有部分用的是自己合作的国际物流。随着海淘的兴起，海外越来越多地商家都支持了直邮中国，这种方式就是方便，但费用价格就会高一些。

转运从名称来听就是需要转手，就是找一家海外的公司先代收买家的快件，再由他们转手邮寄回国内给买家。只要选一家转运公司注册号账号，网站会给一个自己在国外的专属的转运地址。买家在国外网站下单使用此地址，商家将商品先邮寄至转运地址，转运公司再按照买家在该网站所留国内地址邮寄到国内。目前，转运公司已经形成产业，并且非常成熟，市面上有多个转运公司可以选择，提供各种线路服务，可以放心转运。这种方式是在直邮没有出现之前主流的物流方式。这种模式耗费的周期会比直邮长一些，但费用要划算许多。

一、海淘和个人代购的区别

1. 购买方式：海淘是购买者自己浏览国外网店进行购买；代购则是通过代购人或代购网店进行购买，支付一定的代购费。

2. 语言限制：由于国外大多数网店都是外语界面，如果英语不好，则网购时有一定的困难；代购若是通过国内专业代购网站或代购人购买，则不存在此问题。

3. 商品质量：消费者自己在海外网站上进行海淘，一般都是正品，可以放心购买；而代购如果遇到黑心商家，会有假货风险。

4. 价格：海外购物网站经常会打折促销，自己进行海淘可以多方比价，选择价廉物美的；代购则要加收商品 10%的代购费和一定的商品仓储及保险费。

5. 退换货：国外的商业信用系统很发达，大部分网站都支持 30—60 天的无条件退换货，不过退换货的运费需由消费者自己承担；个人代购一般不接受退换货。

二、海淘的基本流程

1. 跨境海外购网站、境外品牌官网注册(见图 6-1-3)。

图 6-1-3 境外品牌官网

2. 注册转运公司,拿到自己的海外转运仓库地址(如果海外购物网站支持免费直运到中国,则不需要转运公司,可跳过此环节)。

3. 挑选商品,加入购物车。

4. 全部挑选完毕,确认数量及金额,直接 check out。

5. 输入转运公司提供的代收地址和收货人名(如果海外购物网站支持免费直运到中国,则可直接填写国内的收件地址和收件人信息)。

6. 输入信用卡账单地址、卡号、姓名、有效期限。

注意,海淘需要一张国际信用卡,可以是 VISA,也可以是 Master(见图 6-1-4)。Visa 和 Master 是国际上专门解决国际支付的组织,基本上海外所有商户都支持这两类标识的卡。建议外币账户上开通美元及欧元,海淘基本上就这两种货币支付方式了。

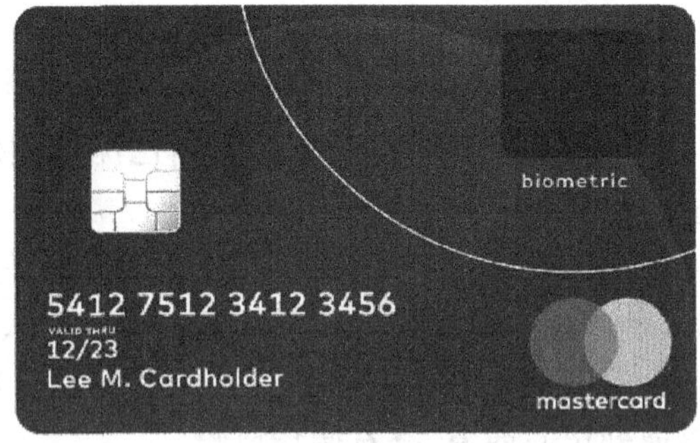

图 6-1-4 VISA/Master Card 信用卡

7. 购物成功。

8. 过几个小时后收到海外购物网站的扣款短信。

9. 海外购物网站发货。

10. 转运公司代收仓库收到包裹，支付转运费并提交转运回国内的发货指令（如果海外购物网站支持免费直邮到中国，跳过此环节）。

11. 转运公司发货，一般5—7天后到达（如果海外购物网站支持免费直邮到中国，跳过此环节）。

12. 快递送货上门。

课后习题

1. 单选题：我国“电商法”实施日期是（　　）。
   A. 2019年1月1日　B. 2018年1月1日　C. 2018年12月1日　D. 2017年1月1日
2. 单选题：以下说法正确的是（　　）。
   A. 海淘的物流方式只有转运　B. 海淘的商品不能退换货
   C. 海淘需要有一张国际信用卡　D. 海淘需要用的信用卡只能是VISA卡
3. 多选题：“个人代购”存在的问题有（　　）。
   A. 商品真假难辨　B. 有法律风险
   C. 物流环节无法监控　D. 售后无法保障
4. 多选题：《电商法》规定了（　　）属于电子商务经营者。
   A. 全球购平台　B. 微商　C. 个人代购　D. 咸鱼二手平台
5. 判断题：个人代购都是向在国外居住或旅行的亲戚、朋友“拿货”，所以不会有假货。（　　）
6. 判断题：海淘商品时，物流方式选择转运往往要比直邮贵。（　　）
7. 判断题：消费者在电商购物中，如自行选择快递物流服务，电商经营者则无须承担商品运输中的风险和责任。（　　）
8. 判断题：《电商法》主要从保护消费者的角度对电商经营者进行管理。（　　）

学习评价

序　号	评　价　内　容	参　考　分　值	得　分
1	知晓个人代购的含义	10	
2	知晓个人代购的风险	20	
3	知晓新电商法对个人代购的影响	20	
4	知晓海淘的含义	10	
5	知晓海淘的流程	10	
6	能够完成课后习题	10	
7	能够积极参与小组讨论	10	
8	能够积极回答老师提问	10	
总　分			

任务二 了解直邮进口模式

任务导入

王梦：John老师，我之前有过一次海淘经历，我在一个美国品牌官网上买了一个钱包和一个背包，通过转运公司寄送，过了一个多月收到的，但是收到后发现少了一个钱包，追责转运公司和国内快递，邮件发了十几封，无法确认是哪个环节出了问题，最后只能自认倒霉。为什么明明是包给一个转运公司的，之后物流环节又是国内快递又是国外快递的。

John：跨境电商直邮进口方式从物流渠道来分，分为直邮方式和转运方式（见图6-2-1）。

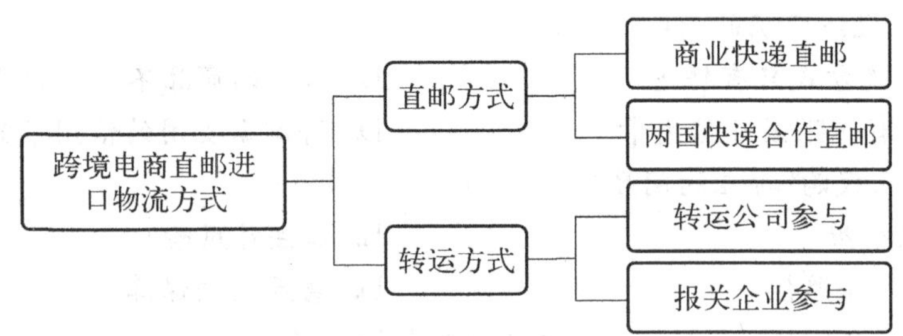

图6-2-1 跨境电商直邮进口物流方式

任务实施1

根据跨境电商直邮进口方式的流程，完成表6-2-1，分组讨论通过转运发生丢件，难以追究的原因。

表6-2-1 跨境电商直邮进口物流方式的流程内容

内容		商业快递直邮	两国合作直邮	转运公司参与寄递	报关企业参与寄递
流程	揽收	国外快递	国外快递	国外快递	国外快递
	出口国境内运输	国外快递	国外快递	国外快递	国外快递
	出口国清关	国外快递	国外快递	国外快递	国外快递
	跨境运输	国外快递	国外快递	转运公司、国际货代	转运公司、国际货代
	进口国清关	国外快递	国外快递	国内快递	报关企业
	进口国境内运输	国外快递	国内快递	国内快递	国内快递

一、跨境电商直邮进口物流方式流程比较

（一）直邮方式（见图6-2-2）

1. 操作更简单。直邮相比转运来说，更简单，不需要注册转运公司，只要在订单中将自己的地址填写清楚了，下单付款后就等着收货了。

2. 运输更快捷。由于直邮是直接将商品运回国，从时间上来讲，自然比转运更具优势。

3. 直邮最大的劣势大概就是运费较高了。

（二）转运方式（见图 6－2－3）

1. 费用较低。海外网站如淘宝一样，国内很多地方都可以包邮，这就意味着商品在国外可以免邮费，即使是含邮费，也比较便宜，然后由第三方（转运公司）发回国内，收取一定的费用，价格比直邮便宜很多。

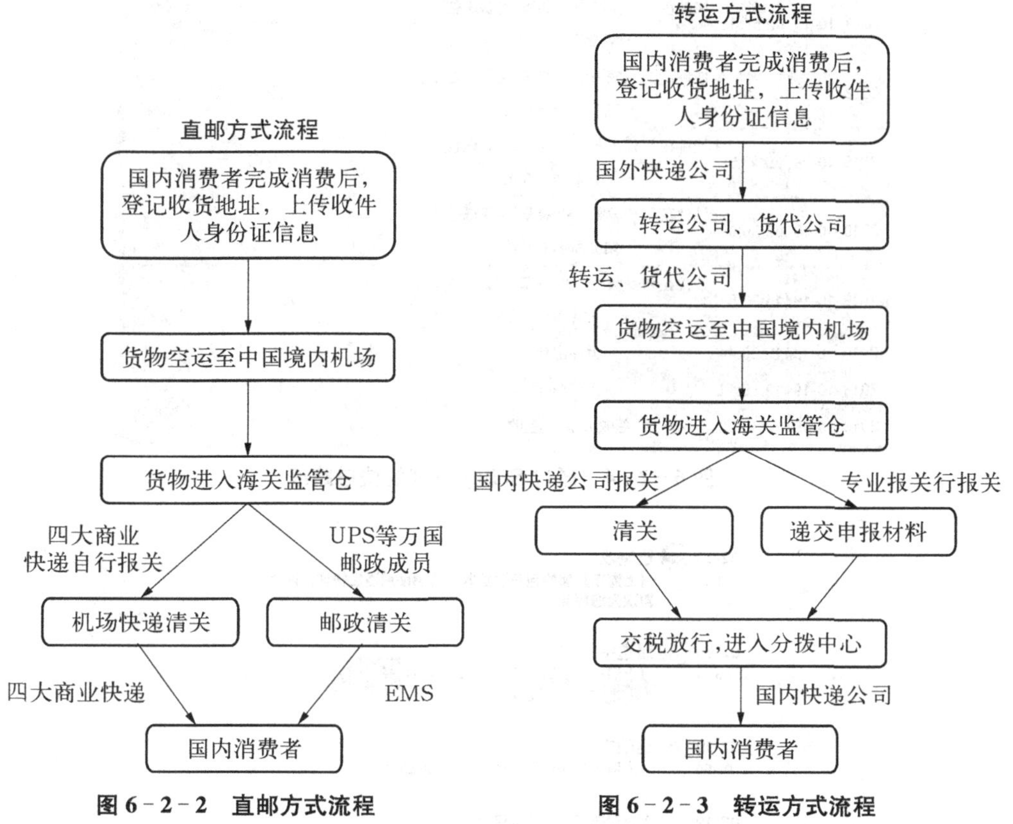

图 6－2－2　直邮方式流程　　**图 6－2－3　转运方式流程**

2. 选择面更大。现在很多国外的网站还没有提供直邮中国的服务，而转运覆盖了绝大部分网站，大家可以不受限制的买到自己喜欢的商品。

3. 提供增值服务。由于跨境电商越发流行，国外的转运公司也迅速增多，为了吸引客户，转运公司都提供比较好的增值服务，比如说提供合包、分包、加固等服务，降低被海关查税的概率，还提供免税州的地址，减少征税。

4. 丢件风险高，售后服务难。转运方式牵涉到多个环节和公司，商品会经过多次转手，所以发生丢件或破损件的概率要高于直邮，一旦发生丢件或破损件，也较难追溯到责任公司。

任务实施 2

图 6－2－4 是某用户在美国 Timberland 官网上定了一双鞋，选择 SFBuy（顺丰旗下的海购丰运）直邮方式寄送的物流跟踪信息；图 6－2－5 是另一位用户在天猫国际上订购的一双鞋，从宁波保税仓发货的物流跟踪信息，比较两者不同，分组讨论说一说直邮进口和保税进口的区别。

随着跨境电商的发展，转运方式的不稳定，直邮方式运费贵的物流问题，在“集货直邮”和

日期	时间	快件状态	当前地点
2018-09-26	19:16:34	收件	纽约
2018-09-26	20:22:13	快件在 美国纽约 装车，准备送往下一站 天津集散中心	纽约
2018-10-17	02:54:15	快件在 天津集散中心 装车，准备送往下一站 北京集散中心	天津市
2018-10-17	23:38:00	快件在 北京集散中心 装车，准备送往下一站 广州集散中心	北京市
2018-10-18	05:47:58	快件在 广州集散中心 装车，准备送往下一站 深圳集散中心	广州市
2018-10-18	09:36:02	快件在 深圳集散中心 装车，准备送往下一站 汕头集散中心	深圳市
2018-10-18	16:23:51	快件在 汕头集散中心 装车，准备送往下一站 潮州	汕头市
2018-10-19	12:26:44	派件出仓	潮州市
2018-10-19	13:30:11	上门派件	潮州市
2018-10-19	13:30:00	签收人是 已签收	潮州市

图 6-2-4 通过 SFBuy 直邮的快递路线

02-19 12:25 已签收
【上海市】您的包裹已签收，感谢使用百世快递，期待再次为您服务

02-19 08:01 派送中
【上海市】上海黄浦区六部派件员：正在为您派件

02-19 07:54 运输中
【上海市】快件已到达 上海黄浦区六部

02-19 07:54 到上海市【上海黄浦区六部】

02-19 05:24 【上海市】快件已从上海转运中心发出，准备发往上海黄浦区六部

02-19 03:16 【上海市】快件已到达 上海转运中心

02-18 20:46 【宁波市】快件已从宁波转运中心发出，准备发往上海转运中心

02-18 20:44 【宁波市】快件已到达 宁波转运中心

02-18 10:37 已揽件
【宁波北仑】揽收成功

02-18 10:01 保税仓作业中
您的包裹已出库，等待国内配送，配送公司：百世汇通，运单号：10225

02-18 08:34 您的订单打包完成

02-18 00:41 您的订单清关完成，[菜鸟宁波保税3号仓]发货准备中

02-18 00:27 您的订单开始清关，申报口岸[宁波海关]

图 6-2-5 通过保税仓发货的物流跟踪记录

“保税备货直邮”模式出现后，得到了解决，目前，“集货直邮”模式和“保税备货直邮”模式成为跨境直邮进口主流两种直邮进口物流方式。

一、集货直邮

“集货直邮”模式是指符合条件的电商平台与海关联网，境内消费者跨境网购后，平台供应商集中发货至国外集货站，由物流公司进行跨境运输，同时平台将“三单信息”实时传输给海关，商品通过海关跨境电商专门监管场所入境，再发往国内集货站，分拣后配送(见图 6－2－6)。

简单来说，“集货进口”模式其实是将“直购进口”模式下的国际物流改为集运——境内消费者购买的海外商品，先在国外的“集货中心”(海外仓)集中，然后将众多收货人的小包裹汇集成一个大单，在出口国一次性交运和办理通关，如此可极大地降低国际物流的成本。

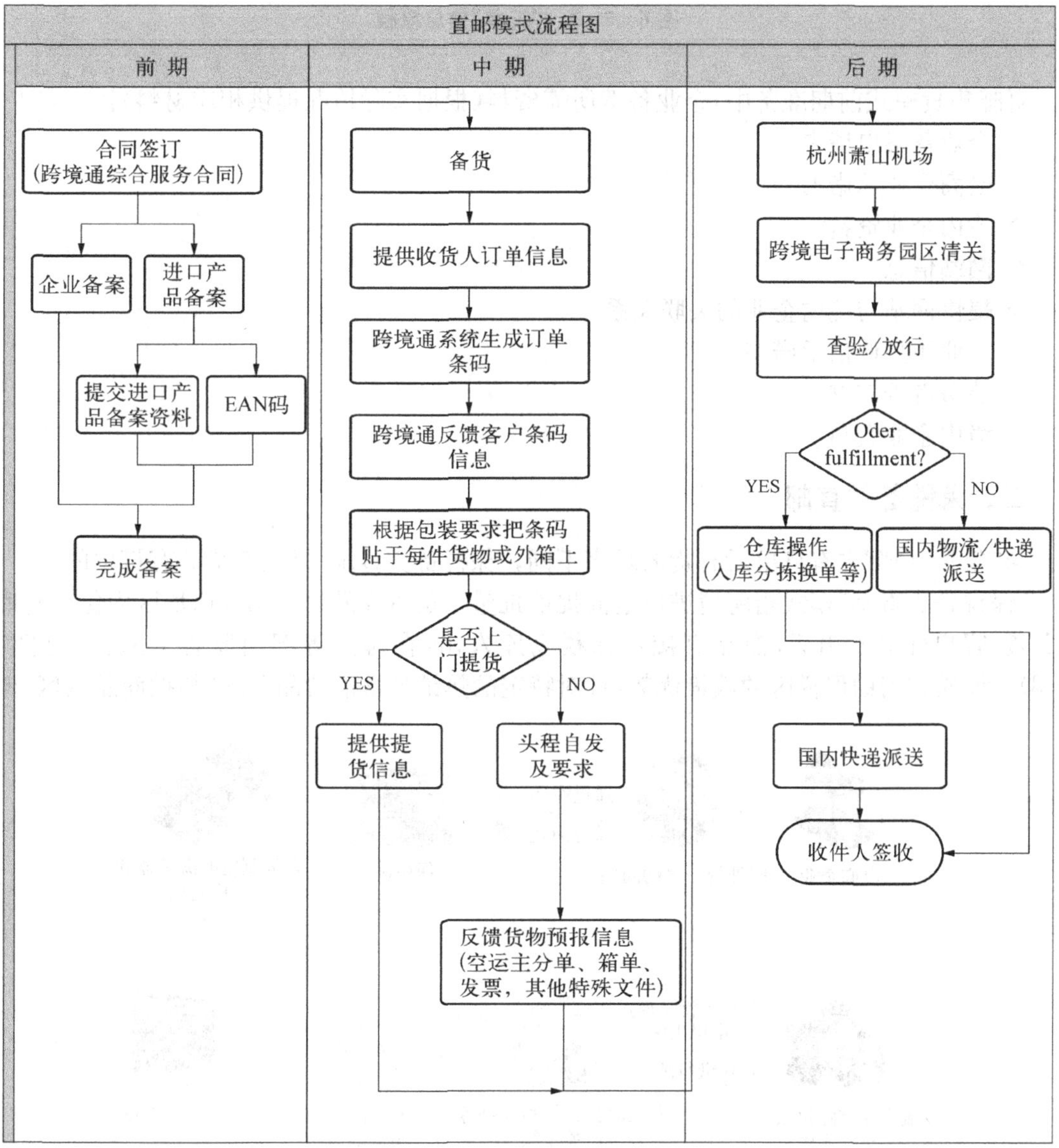

图 6－2－6　“集货直邮”模式流程

小贴士："三单信息"

"三单"指跨境电商企业提供的订单、支付企业提供的支付清单、物流企业提供的物流运单(见图 6-2-7)。"三单"数据确认无误后,海关才可放行。

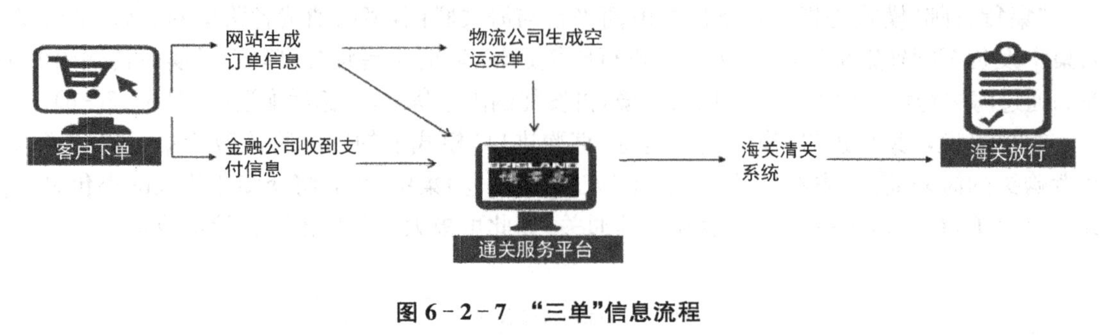

图 6-2-7 "三单"信息流程

直邮集货模式前期准备中,企业备案所需资料(根据实际情况提供相应材料):

◇ 企业备案申请表
◇ 电商企业承诺书
◇ 境内企业资料
◇ 网站信息
◇ 提供网站与境内企业的关联关系
◇ 企业质量诚信承诺书
◇ 消费者告知书
◇ 境内企业资料

二、保税备货直邮

与"集货直邮"先有订单后有货的顺序不同,"保税备货直邮"是先有货后有订单的。

"保税备货直邮"模式指跨境进口电商提前批量采购将商品运至国内保税区内保税仓库免税备货,客户订单发出后,商品直接从保税仓库发出,在海关等部门监管下通关(见图 6-2-8)。该模式借助保税区的政策优势,针对特定的热销日常消费品开展"整批商品入区、消费

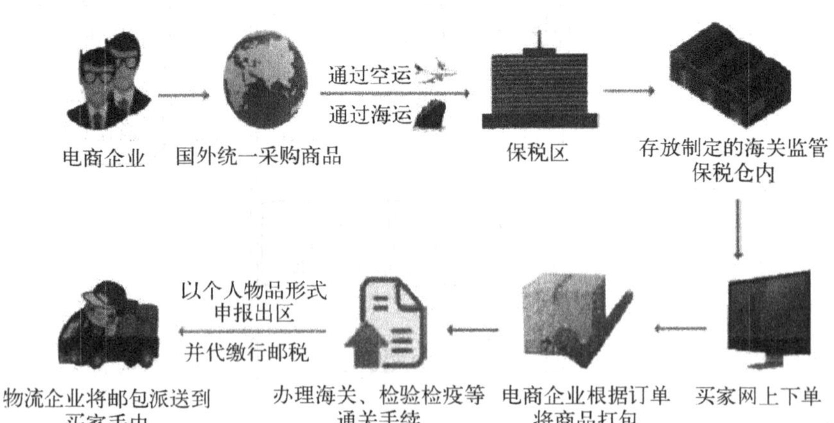

图 6-2-8 保税备货直邮流程

者下单后分批以个人物品出区，征缴行邮税（税改后改为缴增值税和消费税）”的进口业务。试点商品以“个人自用、合理数量”为原则，从而降低进口电商企业的货物价格，同时货物从国内发出，缩短消费者的等待时间。

以浙江/上海保税进口流程为例，“保税备货直邮”模式前期准备中（见图 6－2－9），企业备案所需资料（根据实际情况提供相应材料）：

◇ 企业备案申请表
◇ 电商企业承诺书
◇ 境内企业资料
◇ 网站信息
◇ 提供网站与境内企业的关联关系
◇ 企业备案申请表
◇ 企业质量诚信承诺书
◇ 保税中心对海关国检提供的担保书
◇ 消费者告知书
◇ 境内企业资料

同时跨境电商需要确定区内仓储企业，包括办理区内入驻企业。监管部门要求入驻企业公司注册地址在保税区内，最低注册资金不低于 500 万元且经营范围要包括从事货物和技术进出口业务、仓储服务。同时跨境电商须与区内入驻企业签订仓储协议。

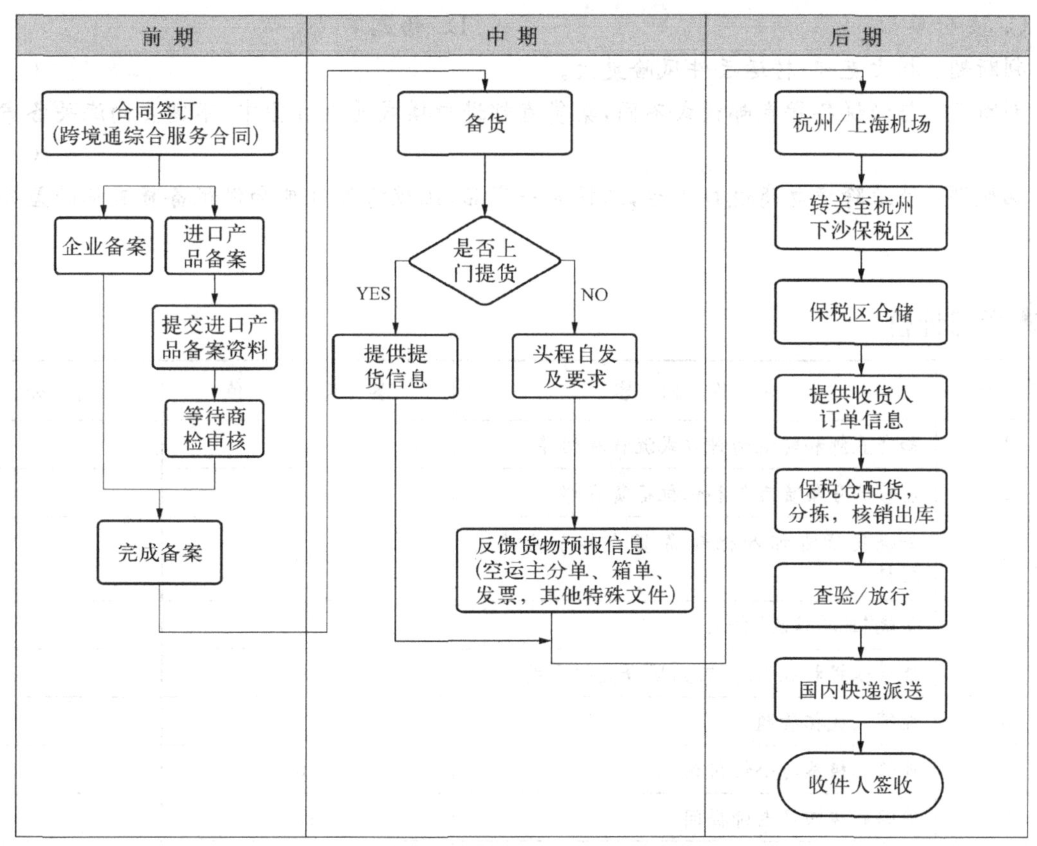

图 6－2－9　“保税备货直邮”模式报税流程

课后习题

1. 单选题：直邮方式的特点是(　　)。
   A. 费用较低　　B. 选择面更大
   C. 提供增值服务　　D. 运输更快捷
2. 单选题：以下说法正确的是(　　)。
   A. “集货直邮”先有订单后有货
   B. “保税备货直邮”的商品直接从海外仓发出
   C. “集货直邮”比“保税备货直邮”时效要短
   D. “集货直邮”到达国内后直接配送
3. 单选题：在集货直邮进口模式前期准备中，企业备案所需资料不包括以下哪项？(　　)
   A. 企业备案申请表　　B. 电商企业承诺书
   C. 保税中心对海关国检提供的担保书　　D. 企业质量诚信承诺书
4. 多选题：跨境电商直邮进口按物流方式分为(　　)。
   A. 直邮　　B. 保税
   C. 转运　　D. 集货
5. 多选题：三单信息指的是(　　)。
   A. 商品订单　　B. 报关单
   C. 支付单　　D. 物流单
6. 判断题：相比直邮，转运丢件风险更大。(　　)
7. 判断题：与保税备货直邮模式不同，集货直邮进口模式前期准备中，不需要向海关备案。(　　)
8. 拓展题：登录跨境电商进口平台，选择同一商品，比较海外直邮和保税备货直邮的差异。

学习评价

序　号	评　价　内　容	参　考　分　值	得　分
1	知晓直邮和转运两种方式流程及利弊	10	
2	能够区分集货直邮和保税备货直邮	20	
3	知晓集货直邮和保税备货直邮前期准备材料	20	
4	知晓“三单信息”含义	10	
5	能够根据物流跟踪信息，区分直邮方式	10	
6	能够完成拓展题	10	
7	能够积极参与小组讨论	10	
8	能够积极回答老师提问	10	
总　分			

任务三　计算跨境电商综合税

任务导入

王梦：John 老师，跨境电商出口有关税、VAT 增值税等，那进口有什么税费呢？

John：跨境电商进口须缴纳“跨境电商综合税”，综合税主要有三种税费组成：关税、增值税和消费税。跨境电商综合税率＝(关税率＋消费税率＋增值税率)×70%，采取直邮进口物流模式的商品，进口税是由买家承担的，各大电商平台会在商品页面上有提示(见图 6－3－1)。

图 6－3－1　京东平台商品进口税提示

另外，跨境电商进口有个特别要注意的地方，就是个人年度交易额。

任务实施 1

某买家在某跨境电商平台上购买一瓶 60 ML 的防晒霜，防晒霜销售价格为人民币 198 元，该买家今年个人年度交易额如图 6－3－2 所示，试计算该笔订单须缴纳的跨境进口税。

图 6－3－2　某买家个人年度交易额

一、税费说明

进口缴税主要有三种：关税、增值税和消费税。

关税，是世界各国海关对进出境的货物或者物品普遍征收的一种税，关税和非关税措施是衡量一个国家市场开放度的主要标志。

进口增值税，即进口环节征缴的增值税，是以环节增值额为征税对象的流转税。

消费税，主要针对小部分高价值的进口消费品，个别还要加收奢侈品税。

不同的进口方式，缴纳种类会有差异，传统贸易货物通常要三税合缴(见表 6－3－1)。

表 6-3-1　　不同通关模式进口税收缴情况

税　种	征　收　范　围	一般贸易	邮件快件	跨境电商	免税商店
关　税	进出口货物	√	×	×	×
消费税	进口，主要是烟、酒、化妆品、首饰等	√	×	70%	×
增值税	进口货物	√	×	70%	×

二、计算关税

根据跨境电子商务零售进口税收政策，个人单笔交易限值人民币 5 000 元，个人年度交易限值人民币 26 000 元。在限值以内进口的跨境电子商务零售进口商品，关税税率暂设为 0%；进口环节增值税、消费税按法定应纳税额的 70%征收。

小贴士："个人单笔交易限值查询"

登录 http://ceb2pub.chinaport.gov.cn/limit/outIndex，输入姓名、身份证号，可查询跨境电子商务年度个人额度(见图 6-3-3)，每年 1 月 1 日 0 点，额度清零。

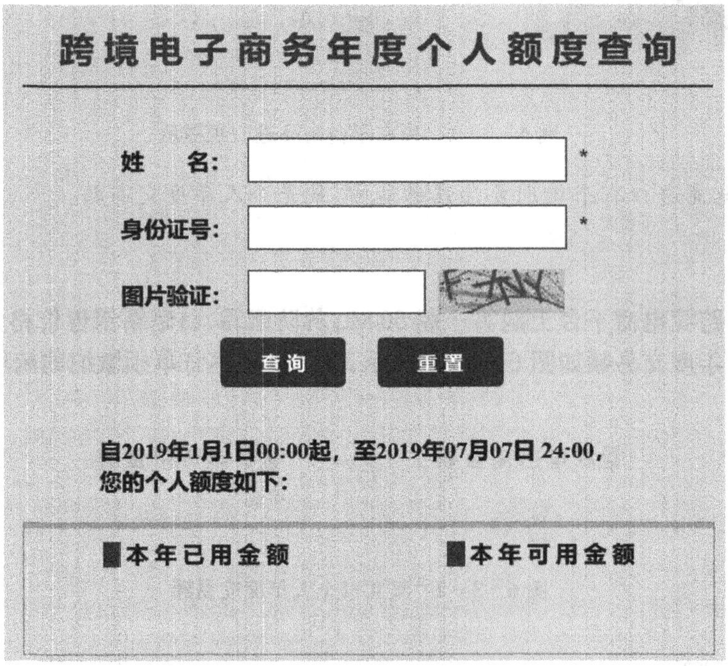

跨境电子商务年度个人额度查询

姓　名： *

身份证号： *

图片验证：

查询　重置

自2019年1月1日00:00起，至2019年07月07日 24:00，您的个人额度如下：

本年已用金额　本年可用金额

图 6-3-3　输入姓名、身份证号查询跨境电子商务年度个人额度

本任务中，防晒霜售价人民币 198 元，低于单笔人民币 5 000 元，且个人年度交易限值未超过人民币 26 000 元，所以关税=0 元。

三、查询消费税率和增值税率

防晒霜属于化妆品类，查询消费税率和增值税率表，化妆品税率如表 6-3-2 所示。

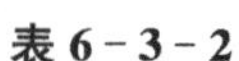

表 6-3-2　　化妆品消费税和增值税率

类　目		增值税率（%）	消费税率（%）
化妆品	面膜（片装）＜15 元/片	13	0
	面膜（片装）≥15 元/片	13	15
	护肤品（非片装面膜）＜10 元/g 或＜10 元/ml	13	0
	护肤品（非片装面膜）≥10 元/g 或≥10 元/ml	13	15
	化妆品/彩妆（片装）＜15 元/片	13	0
	化妆品/彩妆（片装）≥15 元/片	13	15
	化妆品/彩妆（非片装）＜10 元/g 或＜10 元/ml	13	0
	化妆品/彩妆（非片装）≥10 元/g 或≥10 元/ml	13	15
	香水＜10 元/ml	13	0
	香水≥10 元/ml	13	15

常见的跨境电商消费税率和增值税率表
截至 2019 年 6 月 30 日

本任务中防晒霜，198 元÷60 ml＝3.3 元/ml，归类在护肤品（非片装面膜）＜10 元/g 或＜10 元/ml 一类，所以增值税率为 13%，消费税为 0。

四、计算跨境电商综合税率

根据跨境电子商务零售进口税收政策，在限值以内进口的跨境电子商务零售进口商品，进口环节增值税、消费税按法定应纳税额的 70%征收。

跨境电商综合税率＝（消费税率＋增值税率＋关税率）×70%＝（13%＋0＋0）×70%＝9.10%，本任务中的防晒霜跨境电商进口税率为 9.10%。

五、计算跨境电商综合税费

跨境电商综合税＝购买单价×件数×跨境电商综合税率＝198×1×9.10%＝18.02 元。

任务实施 2

客户小刘在某跨境电商平台上购买一个名牌真皮钱包，销售价格为人民币 8 800 元，钱包从美国直邮进口，小刘今年个人年度交易额如图 6-3-4，计算小刘须缴纳的跨境电商综合税。

本年已用金额	本年可用金额
0元	26 000元

图 6-3-4　小刘个人年度交易额

一、计算关税

小刘此次购买的钱包，售价已超过“个人单笔交易限值人民币 5 000 元”的限额，需缴纳关税。

关税税率以中华人民共和国海关总署官网上《中华人民共和国进境物品完税价格表》为标准（网址：http://www.customs.gov.cn/customs/302427/302442/shangpinshuilv/index.html）。由于类别非常繁多，所以在购买时需要咨询平台客服，具体的关税编号。对于此类超过人民币 5 000 元的商品，跨境电商平台也会做相关提示（见图 6－3－5）。

图 6－3－5 跨境电商平台税费提醒

经过客服咨询，此款钱包关税税率为 16%。

二、查询消费税率和增值税率

查表 6－3－3 可知小刘购买的钱包增值税率为 13%，消费税为 0。

表 6－3－3 化妆品消费税和增值税率

类目		增值税率(%)	消费税率(%)
服装、轻奢	女装、男装、内衣	13	0
	包、钱包、箱包	13	0
	贱金属仿首饰(项链、耳环等)	13	0
	玻璃制仿首饰(项链、耳环等)	13	0
	完税价格小于 1 万元手表	13	0
	完税价格大于等于 1 万元手表	13	20
	包贵金属制首饰	13	10
	宝石或半宝石制品、天然或养殖珍珠制品	13	10
	鞋	13	0
	皮带	13	0
	围巾	13	0
	手机壳	13	0

三、计算跨境电商综合税率

跨境电商综合税率＝(消费税率＋增值税率＋关税率)×70%＝(0＋13%＋16%)×

70%＝20.30%，本任务中的名牌钱包跨境电商进口税率为 20.30%。

四、计算跨境电商综合税

跨境电商综合税＝购买单价×件数×跨境电商综合税率＝8 800×1×20.30%＝1 786.40 元。

课后习题

1. 单选题：根据跨境电子商务零售进口税收政策，个人单笔交易限值人民币 5 000 元，个人年度交易限值人民币 26 000 元。在限值以内进口的跨境电子商务零售进口商品，关税税率为(　　)。

   A. 0%　　B. 5%　　C. 10%　　D. 3%

2. 单选题：根据跨境电子商务零售进口税收政策，在限值以内进口的跨境电子商务零售进口商品，进口环节增值税、消费税按法定应纳税额的百分之(　　)征收。

   A. 100%　　B. 70%　　C. 50%　　D. 30%

3. 多选题：跨境电商综合税由(　　)组成。

   A. 关税　　B. 消费税　　C. 增值税　　D. 行邮税

4. 判断题：护肤品(非片装面膜)品类的增值税是 13%，消费税是 0%。　(　　)
5. 判断题：消费者买的跨境电商零售进口商品，不得再次销售。　(　　)
6. 计算题：某人今年个人年度交易额度已用 3 500 元，现在电商平台上购买 3 罐婴儿奶粉(每罐 500 g)，售价 120 元/罐，计算跨境电商综合税。

学习评价

序　号	评　价　内　容	参　考　分　值	得　分
1	知晓进口税的组成	10	
2	知道跨境电商进口综合税的组成	15	
3	能够查询跨境电商消费税和增值税	15	
4	能够计算跨境电商进口综合税	15	
5	知道跨境电商消费者的职责	15	
6	能够积极参与任务实施	10	
7	能够积极参与小组讨论	10	
8	能够积极回答老师提问	10	
总　分			

项目七　跨境电商保税进口操作

项目背景

自 1990 年 6 月,全国第一个保税区——外高桥保税区成立,到上海自由贸易区建设,上海在贸易便利化、投资自由化等方面积累了不少可复制的经验,对推动全面深化改革、扩大开放有着不小的作用。

结束了直邮进口实习任务的王梦,将在 John 的带领下,认识上海自由贸易区,并探访保税仓库,学习保税仓库的管理、保税进口商品的出入库及退换货管理。

项目要点

◇ 认识上海自由贸易区

◇ 区分跨境进口试点城市和跨境综合试验区

◇ 保税区的意义和特点

◇ 保税仓库的监管

◇ 保税仓库的政策及税收优惠

◇ 保税仓库的盘点方法

◇ 保税仓的出入库流程

◇ 保税仓退换货规则

任务一　认识上海自由贸易区

任务导入

John：前面说到了“保税备货直邮”,在“双十一”“情人节”等大规模订单时,“保税”模式的优势尤为明显。考考你,上海一共有几个保税区?

王梦：这可难不倒我,上海一共有 3 个保税区,分别是外高桥保税区(含外高桥保税物流园区)、洋山保税港区和上海浦东机场综合保税区。

John：很好，那上海自由贸易区是哪里？

王梦：额……这 3 个保税区合在一起就叫自由贸易区吧……

John：错啦，这 3 个保税区都归属于上海自由贸易试验区，也就是我们常说的自由贸易区，但是上海自由贸易区远不止这 3 个保税区。

任务实施 1

图 7－1－1 是上海自由贸易区范围地图，说一说上海自由贸易区包含了哪些区域。

图 7－1－1　上海自由贸易区范围

一、上海自由贸易区简介

中国（上海）自由贸易试验区[China (Shanghai) Pilot Free Trade Zone]，简称上海自由贸易区或上海自由贸易区，是设于上海市的一个自由贸易区，也是中国大陆境内第一个自由贸易区，并将为上海带来 10 年发展红利。

从上海自由贸易区的英文名称可以知道，上海自由贸易区是 FTZ 类型的，所以它是在上海境内划出一个特定区域，区内在货物监管、企业设立、税收政策、外汇管理等领域实施特殊的经济管理体制和特殊政策。

2013 年 8 月，国务院正式批准设立中国（上海）自由贸易试验区。该试验区成立时，以上海外高桥保税区为核心，辅之以浦东机场综合保税区和洋山港保税区，成为中国经济新的“试验田”，实行政府职能转变、金融制度、贸易服务、外商投资和税收政策等多项改革措施，并将大力推动上海市转口、离岸业务的发展。

2013 年 9 月 29 日，上海自由贸易区正式挂牌成立。上海自由贸易区范围涵盖上海市外高桥保税区、外高桥保税物流园区、洋山保税港区和上海浦东机场综合保税区等 4 个海关特殊监管区域，总面积为 28.78 平方千米。

小贴士：我国设立的自由贸易试验区

中国自由贸易试验区是政府全力打造中国经济升级版的最重要的举动，其力度和意义可与20世纪80年代建立深圳特区和20世纪90年代开发浦东两大事件相媲美。其核心是营造一个符合国际惯例的，对内外资的投资都要具有国际竞争力的国际商业环境。

2013年9月27日，国务院批复成立中国（上海）自由贸易试验区。

2015年4月20日，国务院决定扩展中国（天津）自由贸易试验区实施范围。

2015年4月20日，国务院批复成立中国（广东）自由贸易试验区、中国（天津）自由贸易试验区、中国（福建）自由贸易试验区3个自由贸易区。

2017年3月31日，国务院批复成立中国（辽宁）自由贸易试验区、中国（浙江）自由贸易试验区、中国（河南）自由贸易试验区、中国（湖北）自由贸易试验区、中国（重庆）自由贸易试验区、中国（四川）自由贸易试验区、中国（陕西）自由贸易试验区7个自由贸易区。

2018年10月16日，国务院批复同意设立中国（海南）自由贸易试验区。

截至2019年6月30日，我国共批准12个自由贸易试验区。

二、上海自由贸易区各片区发展定位

（一）综合保税区片区

1. 外高桥保税区

外高桥保税区成立于1990年6月，是全国第一个保税区。经过20多年的发展，外高桥保税区已经成为国内经济规模最大、业务功能最丰富的海关特殊监管区域，也是全国第一个“国家进口贸易促进创新示范区”。外高桥保税区做大做强酒类、钟表、汽车、工程机械、机床、医疗器械、生物医药、健康产品、化妆品、文化产品十大专业贸易平台，其中文化贸易平台被文化部授予全国首个“国家对外文化贸易基地”。

外高桥保税区依托区域先发优势，联动森兰区域，打造成为以国际贸易服务、金融服务、专业服务功能为主，商业、商务、文化、休闲多元功能集成的综合性功能集聚区。

2. 外高桥保税物流园区

外高桥保税物流园区于2003年12月设立，是我国第一个保税物流园区。作为全国第一个实施“区港联动”的试点区域，外高桥保税物流园区内可同时享受保税区、出口加工区相关政策和上海港的港航资源。

外高桥保税物流园区依托外高桥港区和外高桥保税区，打造成为国际物流服务功能区，依托“区区联动”“进区退税”等政策功能优势，保税物流园区与外高桥保税区相辅相成、联动发展，是现代国际物流发展的重要基地。

3. 洋山保税港区

洋山保税港区设立于2005年6月，是我国第一个保税港区，包括小洋山港口区域、陆域部分和连接小洋山岛与陆地的东海大桥。洋山保税港区充分利用洋山深水港得天独厚的深水岸线和航道条件，联动临港地区（包括南汇新城），依托自由贸易试验区和国际航运发展综合试验区的政策叠加优势，打造成为具有全球竞争力的国际航运服务和离岸服务功能区。

洋山保税港区实行“区港一体”监管运作，是上海国际航运发展综合试验区的核心载体，集聚了包括通信及电子产品、汽车及零部件、高档食品、品牌服装等的分拨配送中心，基本形成了面向欧美的分拨配送基地、大宗商品产业基地、面向国内的进口贸易基地以及航运龙头企业集聚地。

4. 浦东机场综合保税区

浦东机场综合保税区设立于 2009 年 7 月，它充分依托浦东国际机场的亚太航空枢纽地位，发挥国际客流、商流、物流密集的独特优势，与周边国际旅游度假区等区域联动发展，在强化国际航空服务功能的同时，拓展高端商业、贸易等功能，打造成为具有全球竞争力和吸引力的国际航空服务和现代商贸功能区。

浦东机场综合保税区实行保税物流区域与机场西货运区一体化运作，具有浦东机场亚太航空复合枢纽港优势，是上海临空服务产业发展的先导区。目前已引进包括电子产品、医疗器械、高档消费品等全球知名跨国公司空运分拨中心以及一百多个融资租赁项目，UPS、DHL 和 FedEx 三大全球快件公司均入区发展，一批重点功能性项目已启动运作，机场综保区已逐步形成空运亚太分拨中心、融资租赁、快件转运中心、高端消费品保税展销等临空功能服务产业链。

（二）陆家嘴金融片区

陆家嘴金融片区包括陆家嘴金融贸易区和世博前滩地区。陆家嘴金融片区是上海国际金融中心的核心区域、上海国际航运中心的高端服务区、上海国际贸易中心的现代商贸集聚区。这里将探索建立与国际通行规则相衔接的金融制度体系，与总部经济等现代服务业发展相适应的制度安排，持续推进投资便利化、贸易自由化、金融国际化和监管制度创新，加快形成更加国际化、市场化、法治化的营商环境。

世博前滩地区是上海新一轮发展的重点区域，正在打造总部经济航运金融、文化体育旅游业、高端服务业集聚区。

（三）金桥开发片区

金桥开发片区成立于 1990 年，经过二十多年的发展，已经成为上海重要的先进制造业核心功能区、生产性服务业聚集区、战略性新兴产业先行区和生态工业示范区。这里将以创新政府管理和金融制度、打造贸易便利化营商环境、培育能代表国家参与国际竞争的战略性新兴产业为重点，不断提升经济发展活力和创新能力。

（四）张江高科技片区

张江高科技片区是上海贯彻落实创新型国家战略的核心基地。这里将推动上海自由贸易试验区建设（见图 7 - 1 - 2）与张江国家自主创新示范区建设深度联动，提升张江园区创新力，重点在国家科学中心、发展“四新”经济、科技创新公共服务平台、科技金融、人才高地和综合环境优化等重点领域开展探索创新。

图 7 - 1 - 2　俯瞰上海自由贸易区

任务实施 2

完成表 7－1－1，罗列城市名称。说一说哪些城市，既是跨境进口试点城市又是跨境电商综合试验区城市。

表 7－1－1　跨境进口试点城市和跨境电子商务综合试验区的城市名单

跨境进口试点城市	跨境电子商务综合试验区
宁波、郑州、上海、重庆、杭州、广州、深圳、天津、合肥、成都、大连、青岛、苏州、福州、平潭。	杭州、天津、上海、重庆、合肥、郑州、广州、成都、大连、宁波、青岛、深圳、苏州、北京、呼和浩特市、沈阳、长春、哈尔滨、南京、南昌、武汉、长沙、南宁、海口、贵阳、昆明、西安、兰州、厦门、唐山、无锡、威海、珠海、东莞、义乌。

截至 2018 年 12 月 31 日，我国共有跨境进口试点城市 15 个，跨境电商综合试验区 35 个。

试点城市中除了福州和平潭，其余 13 个城市也获批了综合试验区。但须注意的是，试点城市和综合试验区的获批先后，并无规律。

跨境进口试点城市和跨境电子商务综合试验区区别（见图 7－1－3）：

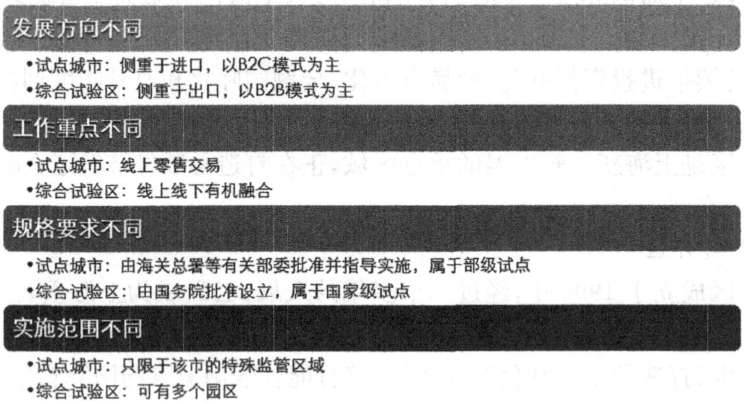

发展方向不同

- 试点城市：侧重于进口，以B2C模式为主
- 综合试验区：侧重于出口，以B2B模式为主

工作重点不同

- 试点城市：线上零售交易
- 综合试验区：线上线下有机融合

规格要求不同

- 试点城市：由海关总署等有关部委批准并指导实施，属于部级试点
- 综合试验区：由国务院批准设立，属于国家级试点

实施范围不同

- 试点城市：只限于该市的特殊监管区域
- 综合试验区：可有多个园区

图 7－1－3　跨境进口试点城市和跨境电子商务综合试验区区别

一、名字决定发展方向的不同

跨境进口试点城市中有“进口”两个字，而跨境综合试验区中没有。由此可以判定试点城市主要侧重于进口。根据 2014 年海关 56、57 号文，确立了 1210 模式（即保税进口模式）只能在跨境进口试点城市海关特殊监管区域开展。

而综合试验区则是以出口为主攻方向，以 B2B 为主要模式，目前前两批设立的 13 个跨境综合试验区的实施方案的主要目标，基本上都是 B2B 为主的模式。

二、工作重点不同

试点城市主要是线上零售交易；综合试验区则把推动外贸领域供给侧改革、促进产业发展作为重点，着力实现线上线下有机融合、互相支撑、联动发展。

三、规格要求不同

试点城市由海关总署等有关部委批准并指导实施，属于部级试点，旨在促进单向的进口和网购便利化；综合试验区由省级人民政府向国务院正式上报请示，商务部等12个部委共同审核同意，国务院批准设立，属于国家级试点，旨在推进贸易便利化，探索形成更加有利于跨境电商发展的制度体系和营商环境，通过“互联网＋外贸”“互联网＋流通”，实现优进优出和外贸转型升级。

四、实施范围各不相同

跨境贸易电子商务服务试点城市只限于该市的特殊监管区域；跨境电子商务综合试验区是立足本市、梯次推进、全面推开、共同发展，比如杭州既是跨境进口试点城市，也是第一批设立的跨境综合试验区的城市。在杭州能够进行1210保税备货模式的地区只有下沙综保区和萧山空港，但综合试验区认定的线下园区多达十多个。

课后习题

1. 单选题：(　　)，上海自由贸易区正式挂牌成立。

A. 2012年9月29日　　B. 2015年9月29日

C. 2013年9月29日　　D. 2014年9月29日

2. 单选题：截至2018年12月31日，我国共有跨境进口试点城市(　　)个。

A. 20　　B. 25

C. 15　　D. 35

3. 单选题：截至2018年12月31日，我国共有跨境电子商务综合试验区(　　)个。

A. 20　　B. 25　　C. 15　　D. 35

4. 单选题：全国第一个实施“区港联动”的试点区域是(　　)。

A. 外高桥保税区　　B. 外高桥保税物流园区

C. 洋山保税港区　　D. 浦东机场综合保税区

5. 多选题：以下说法正确的是(　　)。

A. 跨境进口试点城市中有“进口”两个字，而跨境综合试验区中没有。由此可以判定试点城市主要侧重于进口。

B. 跨境贸易电子商务服务试点城市只限于该市的特殊监管区域。

C. 跨境综合试验区由海关总署等有关部委批准并指导实施，属于部级试点。

D. 试点城市主要是线上零售交易。

6. 多选题：关于外高桥保税物流园区，以下说法正确的是(　　)。

A. 外高桥保税园区于2003年12月设立。

B. 外高桥保税区是我国第一个保税区。

C. 外高桥保税区是我国第一个“国家进口贸易促进创新示范区”。

D. 外高桥保税区的文化贸易平台被文化部授予全国首个“国家对外文化贸易基地”。

7. 判断题：跨境综合试验区是以出口为主攻方向，以B2B为主要模式。(　　)

8. 判断题：试点城市获批后，才有可能获批综合试验区。(　　)

9. 简答题：请罗列既是跨境进口试点城市又是跨境综合试验区的城市。

10. 简答题：上海自由贸易区的“四区三港”指的是什么？

学习评价

序 号	评 价 内 容	参 考 分 值	得 分
1	认识上海自由贸易区	10	
2	能够区分自由贸易区和保税区	15	
3	知晓跨境进口试点城市	15	
4	知晓跨境电商综合试验区的城市	15	
5	能区分试点城市和综合试验区	15	
6	能够积极参与任务实施	10	
7	能够积极参与小组讨论	10	
8	能够积极回答老师提问	10	
总 分			

任务二 执行保税商品入库

任务导入

John：王梦，今天我们的保税仓库有一批商品入库，跟着我过去一起清点收货吧。

王梦：好的。

John：之前有没有去过保税仓库呀？

王梦：以前学校有组织过一次物流仓储参观，那个是普通的电商仓库。

John：那我先带你参观一下保税仓库，看看保税仓库和普通物流仓库有什么区别。

任务实施 1

视频中为天猫国际杭州保税仓库的介绍，观看视频后，分组讨论，保税货物是如何在保税仓库中进行管理的。

保税仓库，是指经海关批准设立的专门存放保税货物及其他未办结海关手续货物的仓库。

一、保税仓库介绍

保税仓库是为适应国际贸易中的时间和空间差异的需要而设置的特殊库区，货物进出该库区可免交关税。保税仓库还提供其他的优惠政策和便利的仓储、运输条件，以吸引外商的货物储存和包装等业务。保税仓库的功能多样，主要是货物的保税储存，一般不进行加工制造和其他贸易服务。除此之外，保税仓库还具有转口贸易、简单仓储加工和增值服务等功能。

其中，转口贸易是指国际贸易中进出口货品不是在生产国与消费国之间直接进行，而是通过第三国进行的买卖。例如，美国与中国进行一宗交易，但是货物不直接从美国运往中国，而是先运往新加坡，再从新加坡运往中国。对于新加坡来说，这笔交易就是转口贸易，一般在保税区内进行简单仓储加工是指在保税仓库内可以进行分拣、包装、装卸等物流活动，通过对货物的物流属性（如把货物放至相应货架、单元化货物等）的改变进行简单加工。相应的，此类物流操作也可以相应的提高货物的价值，达到增值的效果。

简单来说，保税仓库，是指经海关批准设立的专门存放保税货物及其他未办结海关手续货物的仓库。储存于保税仓库内的进口货物经批准可在仓库内进行改装、分级、抽样、混合和再加工等，这些货物如再出口则免缴关税，如进入国内市场则须缴关税。

保税仓库必须具备海关监管条件，保税仓库的负责人要严格遵守海关规定，对海关负责。保税物流的仓储管理是对保税仓库中的保税货物进行入库、在库和出库管理，并且在传统的仓库管理内容之外，还须建立仓库货物的详细列表，称为账册，传送至海关，以方便海关对保税区内的保税仓储企业的货物进出库进行监管和控制。

保税仓库按照使用对象不同分为公用型保税仓库、自用型保税仓库和专用型保税仓库。其中专用型保税仓库包括液体危险品保税仓库、备料保税仓库、寄售维修保税仓库和其他专用型保税仓库。

二、保税仓储的政策优惠

保税仓储企业的优惠政策包括以下几点。

1. 在保税区内，允许中外企业开设外汇账户，实行现汇管理。企业经营所得的外汇扣除应纳的税金，剩余部分在企业成立五年内全部归企业所有。

2. 在保税区内进行国际货物进出口贸易，可免除进出口许可证。

3. 区内企业可从事国际转口贸易和代理国际贸易业务。

4. 区内各保税仓库和工厂内的货物可以买卖，也可通过保税生产资料市场与区外企业进行交易。

三、保税仓储的税收优惠

投资保税区的中外企业具体可享受以下优惠政策。

1. 从境外进入保税区的货物，可免征关税和工商统一税（也称工商税、营业税）、增值税。

2. 从非保税区进入保税区的货物，凡符合出口条件的，免征生产环节的工商统一税，或退还已征的产品税。

3. 对于保税区内的企业生产的产品，当运往境外及在区内销售时，免征关税和生产环节的工商统一税、增值税。

4. 允许与我国有贸易往来的外国商船在保税区内指定的泊位上停靠，装卸货物或进行中途补给等。

四、保税仓库的监管

保税仓库是进行来料加工和区内生产所必须具备的物流职能企业。保税仓库不仅能够缓解区内生产企业的库存压力，还能够合理安排区内的企业格局，促进区内经济的协调和可持续发展。但是作为区内货物流转的重要组成部分，保税仓库必须处于海关的监管之下，监管的主体为各保税区所在地的海关。这样不仅能够有效保证仓库内部货物的储存和操作安全，还能够更加方便快捷地统计保税仓储企业的财务数据，为我国经济发展提供决策资料。

海关监管内容包括以下几方面。

（一）保税仓库管理制度执行情况

保税仓库管理制度是指对仓库各方面的流程操作、作业要求、注意细节、6S管理、奖惩规定、其他管理要求等进行明确的规定，指出工作的方向和目标，工作的方法和措施；且在广泛范畴内由一系列其他流程文件和管理规定形成，如仓库安全作业指导书、仓库日常作业管理流程、仓库单据及账务处理流程、仓库盘点管理流程等。

（二）有关单证、账册品

保税仓库电子账册是企业开展保税仓储业务前必须向主管海关申请建立的电子文档，是企业向海关申报进出仓货物的电子凭证，是海关为控制和记录企业申报进出及存仓保税货物所建立的电子数据账册。

（三）电子账册系统

保税仓库电子账册系统是海关为适应保税仓库的发展需要，加强和规范保税仓库管理，建立健全保税仓库管理电子底账，最终实现全国统一的保税仓库和海关计算机联网监管模式而采取的一项重要举措。实践证明该系统具有贴近实际、操作简便、运作顺畅、管理严谨、数据齐全等优点。为此，海关总署决定对该系统在全国海关进行推广应用，如企业未办理保税仓库电子账册的，将无法开展保税仓储业务。

五、保税仓库与一般仓库的区别

保税仓库与一般仓库最不同的特点：保税仓库及所有的货物受海关的监督管理，非经海关批准，货物不得入库和出库。保税仓库的经营者既要向货主负责，也要向海关负责。

（一）专人负责

保税仓库对所存放的货物，应有专人负责，要求于每月的前五日内将上月所存货物的收、付、存等情况列表报送当地海关核查。

（二）明确经营范围

保税仓库中不得对所存货物进行加工，如需改变包装、刷代码，必须在海关监管下进行。海关认为必要时，可以会同保税仓库的经理人，共同加锁，即实行连锁制度。海关可以随时派员进入仓库检查货物的储存情况和有关注册，必要时要派员驻库监管。

（三）单证齐全

保税货物在保税仓库所在地海关入境时，货主或其代理人（如货主委托保税仓库办理的即由保税仓库经理人）填写进口货物报关单一式三份，加盖“保税仓库货物”印章，并注明此货物系存入保税仓库，向海关申报，经海关查验放行后，一份由海关留存，另两份随货带交给保税仓库。

保税仓库管理人员应于货物入库后即在上述报关单上签收，其中一份留存保税仓库，作为入库的主要凭证，一份交回海关存查。保税货物复运出口时，货主或其代理人要填写出口货物报关单一式三份并交验进口时由海关签印的报关单，向当地海关办理复运出口手续，经海关核查与实货相符后签印，一份留存，一份返还，一份随货带交出境地海关凭已放行货物出境。存放在保税仓库的保税货物要转为国内市场销售，货主或其代理人必须事先向海关申报，递交进口货物许可证件，进口货物报关单和海关需要的其他单证，并交纳关税和产品（增值）税或工商统一税后，由海关核准并签印放行。保税仓库凭海关核准单证发货，并将原进口货物报关单注销。对用于中外国际航行船舶的保税油料和零配件，以及用于保税期限内免税维修有关外国产品的保税零配件，海关免征关税和产品（增值）税或工商统一税。对从事来料加工、进料加工备料保税仓库提取的货物，货主应事先将批准文件、合同等有关单证向海关办理备案登记手续，并填写《来料加工专用报关单》和《保税仓库领料核准单》一式三份，一份由批准海关备存，一份由领料人留存，一份由海关签盖放行章后交货主。仓库管理人员凭海关签印的领料核准单交付有关货物，并凭此向海关办理核销手续。

（四）分类处理

海关对提取用于来料、进料加工的进口货物，按来料加工、进料加工的规定进行管理并按实际加工出口情况确定免税或补税。根据《海关法》规定，保税仓库所存货物储存期限为一年。如因特殊情况可向海关申请延期，但延长期最长不得超过一年。保税货物储存期未满，既不复运出口又未转为进口的，由海关将货物变卖，所得价款按照《海关法》第 21 条规定处理，即所得价款在扣除运输、装卸、储存等费用和税款后，尚有余款的，自货物变卖之日起一年内，经收货人申请，予以发还，逾期无人申请的，上缴国库。保税仓库所存货物在储存期间发生短少，除因不可抗力的原因外，其短少部分应当由保税仓库经理人承担交纳税款的责任，并由海关按有关规定处理。保税仓库经理人如有违反海关上述规定的，按《海关法》的有关规定处理。

鉴于保税仓库的特殊性质，海关代表国家监督管理保税仓库及所存的保税货物，执行行政管理职能。保税仓库的经营者具体经营管理保税货物的服务工作，可以说是海关和经营者共同管理保税仓库。经营者要依靠海关经营好保税仓库，因此必须充分协作配合，保税仓库经营者要严格执行海关的法令规定，海关需要的报表应及时报送，海关要检查的注册，须完整无误，发生问题应及时向海关报告，请求处理，以利于海关监管。在这个前提下，海关力求简化手续，提供方便，共同把保税仓库管理好，以充分发挥保税仓库的优越性，为发展对外经济贸易服务。

（五）分类存储

保税仓库应与国内货库隔离；进口、出口监管仓库必须分开。严禁国际、国内货物及进口、出口货物混装混放。

（六）分库储存

为保证各种特殊物品的存放条件，保税仓库中应设立冷库、危险品库和贵重物品库。

（七）设施齐全

保税仓库应具有拆、装、卸货物的各种设备和工具。具备完善的消防和安全设施。为海关提供必要的办公场所、查验场所和扣留物品仓库；提供必要的办公及通信设备、查验工具。

任务实施 2

图 7-2-1 为商品入库保税仓库时，各岗位的工作内容，根据该图，简述商品入库保税仓库的流程。

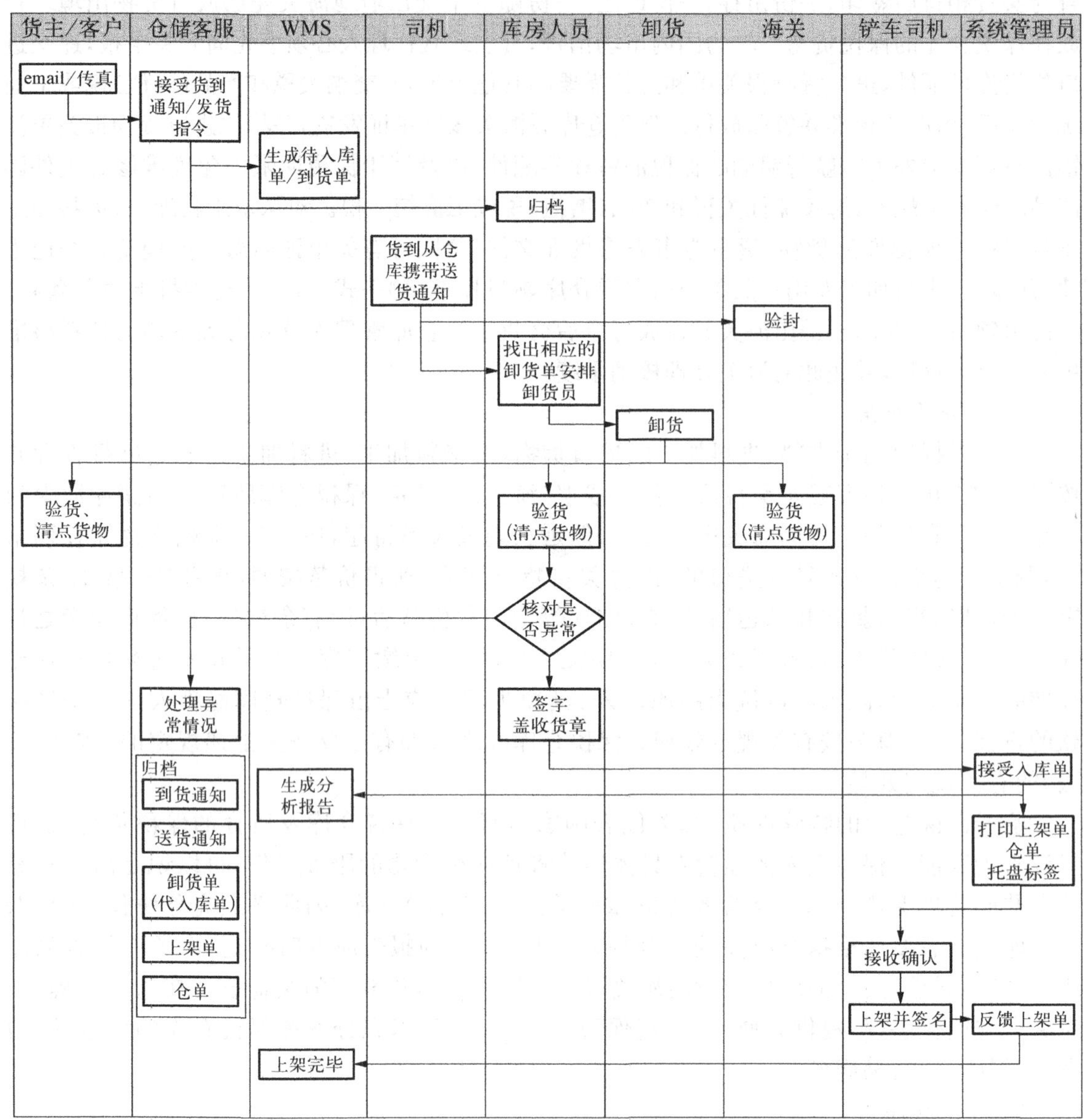

图 7-2-1 商品入库保税仓库时，各岗位工作内容

一、做好入库前的准备工作

首先要做好入库前的准备工作。事先掌握入库商品品种、性能、数量和到库日期，准备好入库需要的单据（不限于以下几种）：

◇《保税仓库入库核准单》（见图 7-2-2）

◇《中华人民共和国海关进口货物报关单》（见图 7-2-3）

◇ 入库货物的合同、发票、提单、装箱单等（见图 7-2-4）

[redacted]物流有限公司

保税仓库货物入库核准单

海关编号：

[redacted]有限公司联系人			电话		
货物代理人					
货物所有人					
进境口岸	天津机场		运输方式		空运
提/运单号			转关单号		
商品名称	单位	数量	币种	总价	用途
研磨剂	千克	1000	美元	10000	加工材料
合计：		100		10000	
备注：					
以上情况属实报请海关审批					
保税仓库签章栏			海关审批栏		
签字　　　　盖章 年　月　日			签字　　　　盖章 年　月　日		

第一联：审批联　第二联：核销联　第三联：报关联　第四联：保税仓留存

图 7-2-2　某公司保税仓入库核准单

中华人民共和国海关进口货物报关单  

516620191669000153

预录入编号：I2019000[redacted]　　海关编号：51662019[redacted]　（南沙新港）　　页码/页数：1/1

境内收货人 (91440115347511184P) 广州市　　商贸有限公司	进境关别 (5166) 南沙新港		进口日期 20181228		申报日期 20190102		备案号
境外发货人 (NO) AUST　　PTY LTD.	运输方式 (2) 水路运输		运输工具名称及航次号 UN9297864/K[illegible]		提运单号 AYT01[illegible]		货物存放地点 南沙新港二期
消费使用单位 (91440115347511184P) 广州市·　　商贸有限公司	监管方式 (0110) 一般贸易		征免性质 (101) 一般征税		许可证号		启运港 (AUS147) 墨尔本（澳大利亚）
合同协议号 YJD-W004	贸易国（地区） (AUS) 澳大利亚		启运国（地区） (AUS) 澳大利亚		经停港 (AUS147) 墨尔本（澳大利亚）		入境口岸 (443405) 南沙港二期码头
包装种类 (22/93) 纸制或纤维板制盒/箱/天然木托	件数 1428	毛重(千克) 11424	净重(千克) 6426	成交方式 (1) CIF	运费	保费	杂费
随附单证及编号 随附单证1:原产地证明<18>CWBC11270754 随附单证2:发票;企业提供的其他;企业提供的标签标识;合同;提/运单;原产地证据文件;装箱单;代理报关委托协议（纸质）							
标记唛码及备注 备注:港口区 二期码头 N/M　集装箱标箱数及号码：1;ECMU1832240;							

项号	商品编号	商品名称及规格型号	数量及单位	单价/总价/币制	原产国(地区)	最终目的国(地区)	境内目的地	征免
1	2204210000	伊伶庄园格兰屏西拉红葡萄酒 4|3|英文名:2014 Chateau Yering Grampians Shiraz,中文名:伊伶庄园格兰屏西	4032升 4032千克 5376瓶	[illegible] 澳大利亚元	澳大利亚 (AUS)	中国 (CHN)	(44019/440100)广州其他/广东省广州市	照章征税 (1)
2	2204210000	伊伶庄园赤霞珠红葡萄酒 4|3|英文名2012 Chateau Yering Cabernet Sauvignon,中文名:伊伶庄园赤霞珠	1152升 1152千克 1536瓶	[illegible] 澳大利亚元	澳大利亚 (AUS)	中国 (CHN)	(44019/440100)广州其他/广东省广州市	照章征税 (1)
3	2204210000	伊伶庄园赤霞珠红葡萄酒 4|3|英文名: 2014 Chateau Yering Cabernet Sauvignon,中文名:伊伶庄园赤霞	1152升 1152千克 1536瓶	[illegible] 澳大利亚元	澳大利亚 (AUS)	中国 (CHN)	(44019/440100)广州其他/广东省广州市	照章征税 (1)
4	2204210000	伊伶庄园黑皮诺红葡萄 4|3|英文名: 2015 Yering Station Pinot Noir,中文名:伊伶庄园黑皮诺红葡萄	90升 90千克 120瓶	[illegible] 澳大利亚元	澳大利亚 (AUS)	中国 (CHN)	(44019/440100)广州其他/广东省广州市	照章征税 (1)

特殊关系确认:否　　价格影响确认:否　　支付特许权使用费确认:否　　自报自缴:是

报关人员　　报关人员证号51004091　　电话　　兹申明对以上内容承担如实申报、依法纳税之法律责任 申报单位 (91[redacted])广州市　　报关有限公司　　申报单位（签章）	海关批注及签章

图 7-2-3　2018 年 8 月 1 日启用的海关进口报关单

装箱单

制造商： 上海 电气有限公司
地址： 上海市虹口区 760号
单据编号： ZXD171004001
装箱日期：

序号	物料编号	名称	规格型号	单位	数量	备注
1	CBM1600063	变频器\进口2.2kW 380V有输入电抗器	(6SE6440-2AD23-0BA1)	批	1	
2	CBM1600064	直流屏\远程通讯模块	(HY-Z0206B)	批	1	
3	CBM1600067	阀控密封式铅酸蓄电池	(12V-90AH (C&D 12-90 GEL (带连接件) 厂家：西恩迪))	批	1	
4	CBM1700007	备品备件		批	1	
5	CBM1700009	直流屏\通讯模块		批	1	
6	CBM1700014	触摸屏	(Smart 1000 IE V3)(Smart 1000 IE V3)	件	1	MP-277PE\GZTW见生产通知单 见生产通知单 见生产通知单 见生产通知单
7	DG02011002	电池检测模块	(输入0V~+16V，端子插头，波特率9600) (HY-ZJC2B-1-V2.1)	只	1	
8	DG04011002	(停用150731) 远程通讯模块/带隔离	(RS485通讯，输入输出隔离，另焊接RS485隔离芯片) (HY-Z0206B-1-V3.1)	只	1	

图 7－2－4 某公司装箱单

二、通知仓库管理员

提前将预备进保税仓库的货物发票和装箱单复印件或传真件交给仓库管理员，以便仓库安排仓位和相关资源。

三、海关报关

商品经过保税区关口时，海关查验人员会对保税货物进行核对、查验，通过后发放《放行通知书》，之后商品才可实际入库。

四、进行商品接收工作

货物抵库后，仓库管理员向送货人核对单证、并根据单证核对货物的数量、唛头（见图 7－2－5）与包装是否吻合。

查验货物无误后，仓库管理员要在送货单上签收。如有问题，应会同交付入库的有关人员做出记录、分清责任，并立即通知业务部门及时处理。

小贴士：唛头

唛头，音译名词，即“mark”头。外贸中“唛头”是为了便于识别货物，防止发错货，通常由型号、图形或收货单位简称、目的港、件数或批号等组成，其作用在于使货物在装卸、运输、保管过程中容易被识别，以防错发、错运。

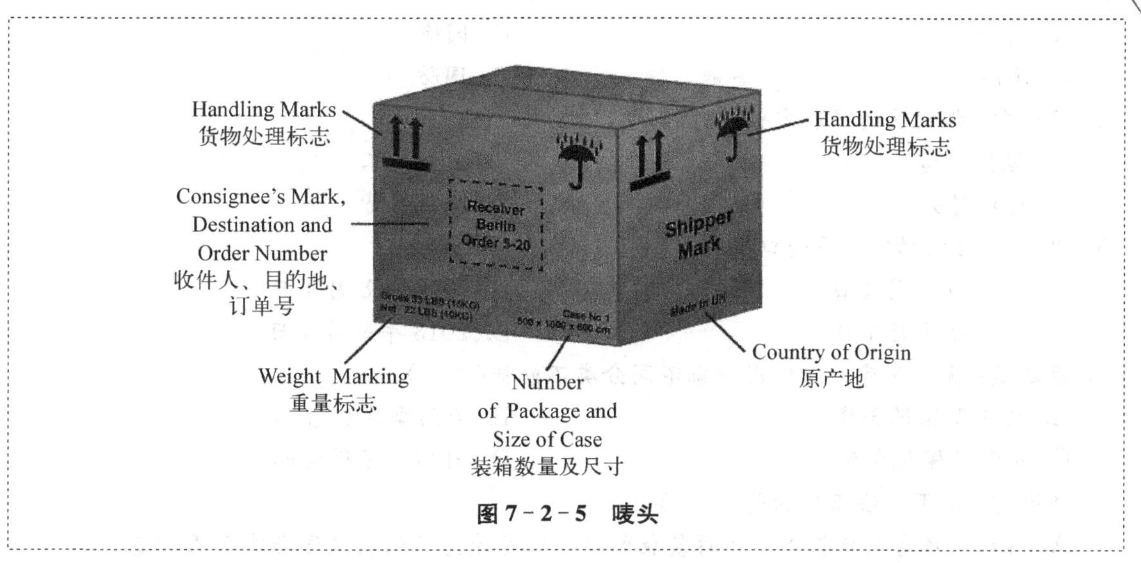

图 7-2-5　唛头

五、检验商品细数、质量

开箱、拆包点验品种、规格、数量是否正确无误，检查质量是否符合标准，并协助填写收货预检单（见图 7-2-6）。

收货预检单

供应商：　　　　　　　　　　　　预检单号：

预检号：　　　　收货月台：　　　订单号：

所需托盘数：　　托盘类型：

商品代码：

商品条码	商品名称	品名与规格	计量单位	包装	件数	单位	数量	装盘标准
合计								

填单人：　　　　　　收货人：　　　　　　填单日期：

图 7-2-6　收货预检单

六、库存管理系统信息录入

在保税商品入库完成后，需及时将信息录入到库存管理系统中，让跨境电商的运营部门能够最快速度得到反馈，更新跨境电商平台上的商品库存数量。

课后习题

1. 单选题：保税仓库必须具备（　　）监管条件。

A. 海关　　B. 国检
C. 消防　　D. 国防

2. 单选题：保税区的功能定位不包括(　　)功能。
A. 保税仓储　　B. 出口加工
C. 转口贸易　　D. 降低税费

3. 单选题：最新的《海关进口报关单》是(　　)启用的。
A. 2019 年 1 月 1 日　　B. 2018 年 8 月 1 日
C. 2018 年 1 月 1 日　　D. 2018 年 9 月 1 日

4. 单选题：保税仓库按照使用对象不同分类不包括(　　)。
A. 公用型保税仓库　　B. 专用型保税仓库
C. 特种型保税仓库　　D. 自用型保税仓库

5. 多选题：以下说法正确的是(　　)。
A. 保税仓库每月要将上月所存货物的收、付、存等情况列表报送当地海关核查
B. 保税仓库是由海关和经营者共同管理的
C. 保税仓库应与国内货库隔离，进口和出口的货物可以放在同一区域
D. 保税仓库应为海关提供必要的办公场所、查验场所、扣留物品仓库以及查验工具

6. 多选题：专用型保税仓库包括(　　)。
A. 液体危险品保税仓库　　B. 备料保税仓库
C. 寄售维修保税仓库　　D. 其他专用型保税仓库

7. 判断题：货物从保税仓库运往国内非保税区，视同进口。　　(　　)
8. 判断题：保税仓库内的货物如果不进入国内市场是不需要缴纳关税的。　　(　　)
9. 判断题：货物抵库后，核对完货物的数量、唛头和包装等后，即入库完成。　　(　　)
10. 判断题：保税仓库中如需改变包装、刷代码，必须在海关监管下进行。　　(　　)

学习评价

序号	评价内容	参考分值	得分
1	知道保税仓库的定义	10	
2	知道保税仓库海关监管的内容	10	
3	区分保税仓库和普通仓库	15	
4	知道保税仓库入库各岗位的工作内容	15	
5	能够掌握保税商品入库的流程	20	
6	能够积极参与任务实施	10	
7	能够积极参与小组讨论	10	
8	能够积极回答老师提问	10	
总分			

任务三　盘点保税仓库

任务导入

王梦：完成商品已经入库了，这批货可以在电商平台上架商品了吧。

John：是的。

王梦：今天仓库很忙吗？我看到同事们都忙得焦头烂额的。

John：今天是季度盘点，需要查清实际库存数量，与系统记录对比。

王梦：保税仓内商品出入库都有反复清单和记录，这个数量应该不会出错了呀，为什么还需要这么烦琐的盘点呢？

John：盘点的目的是为保证库存的准确性，但是这个准确性不仅仅是数量的准确性，还包括存放位置的准确性、存货质量的准确性等。

任务实施 1

某保税仓库，进行月度盘点时，发现有一箱一个月前入库的膨化食品由于包装袋破损漏气，里面的食品已经变质了，仓库及时对该膨化食品进行清查，分拣出变质的食品做了货损处理。针对以上案例，分组讨论，仓库盘点的意义以及盘点的内容。

一、盘点作业的含义

（一）盘点的定义

在保税仓储作业过程中，商品处于不断地进库和出库状态，产生的误差经过一段时间的积累会使库存资料反映的数据与实际数量不相符。有些商品因为长期存放，品质下降、不能满足用户需要。为了对库存商品数量进行有效控制，并查清商品在库房中的质量状况，必须定期对各储存场所进行清点作业，这一过程我们称为盘点作业。

（二）盘点的内容

◇ 查数量

通过点数计数查明物品在库的实际数量，核对库存账面资料与实际库存数量是否一致。

◇ 查质量

检查在库物品质量有无变化，有无超过有效期和保质期，有无长期积压等现象，必要时还必须对物品进行技术检验。

◇ 查保管条件

检查保管条件是否与各种物品的保管要求相符合。如温度、湿度要求等。

◇ 查安全

检查各种安全措施和消防设备、器材是否符合安全要求，建筑物和设备是否处于安全状态。

二、盘点的策略

1. 明盘：盘点员根据盘点表上的商品数量，与实物一一核对，如有差异，记录后，进行复盘。
2. 暗盘：是在库商品的一种盘点方法。针对每次盘点，盘点员拿到的盘点表，不包括库存商品数量，盘点员和复核员进行盘点后，将盘点数量填写在空白处。报表人员将盘点数量输入盘点表，进行数量的匹配，如有数量的差异，需进行二次盘点，二次盘点后无差异存档。如有差异，需进行核查。

三、盘点方法

1. 永续盘点法：入库时随之盘点，及时与保管卡记录核对，可随时知道准确存量，盘点工作量小。

2. 循环盘点法：按入库先后，每天盘点一定数量的存货，全部盘完后开始下一轮盘点。

3. 重点盘点法：对进出频率高、损耗、价值高的存货重点盘库，可控制重点存货动态，有效防止发生差错。

4. 定期盘点法：定期(周/月/季/年末)全面清点所有存货，便于及时处理超储、呆滞存货。

四、盘点设备

目前，各大物流公司均配备图 7-3-1 的库存盘点机，他是将条码扫描装置与数据终端一体化，带有电池可离线操作的终端电脑设备。具备实时采集、自动存储、即时显示、即时反馈、自动处理、自动传输功能。通过盘点机，能将盘点作业变得既省时又省力。

图 7-3-1 库存盘点机

小贴士：射频识别(RFID)

射频识别(RFID)是 Radio Frequency Identification 的缩写。它是自动识别技术的一种，通过无线射频方式进行非接触双向数据通信，利用无线射频方式对记录媒体(电子标签或射频卡)进行读写，从而达到识别目标和数据交换的目的，其被认为是 21 世纪最具发展潜力的信息技术之一。

RFID 技术的基本工作原理并不复杂：标签进入阅读器后，接收阅读器发出的射频信号，凭借感应电流所获得的能量发送出存储在芯片中的产品信息(Passive Tag，无源标签或被动标签)，或者由标签主动发送某一频率的信号(Active Tag，有源标签或主动标签)，阅读器读取信息并解码后，送至中央信息系统进行有关数据处理。RFID 技术在物流仓储中的应用见图 7-3-2。

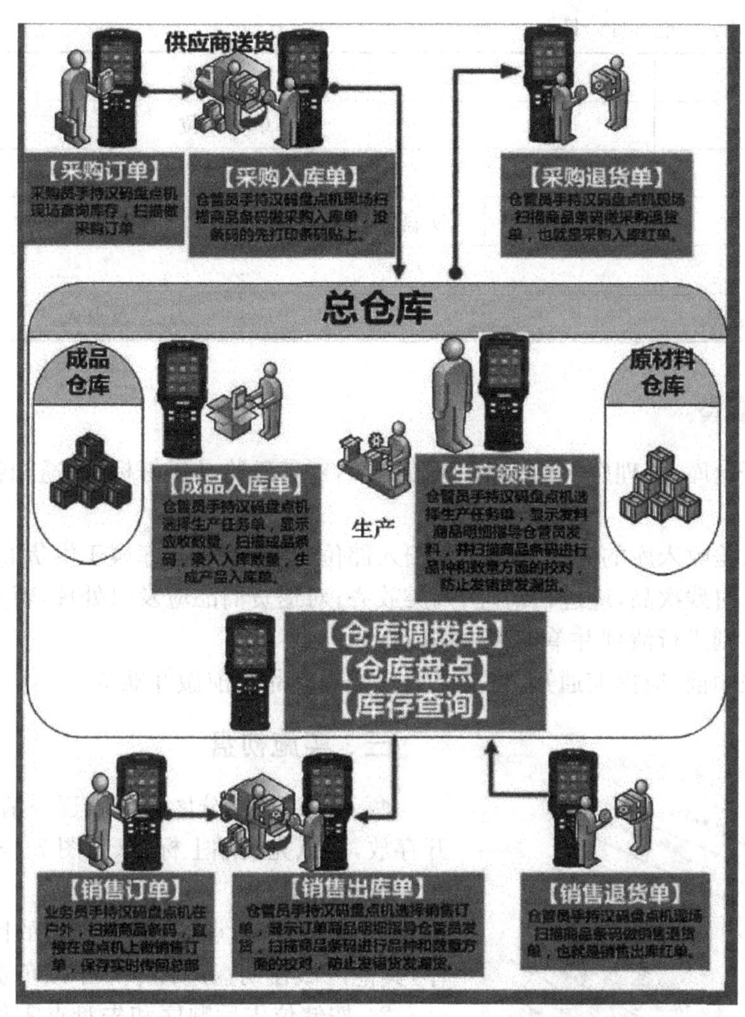

图 7－3－2　RFID 在物流仓储中的应用

任务实施 2

对以下仓库盘点环节进行排序。

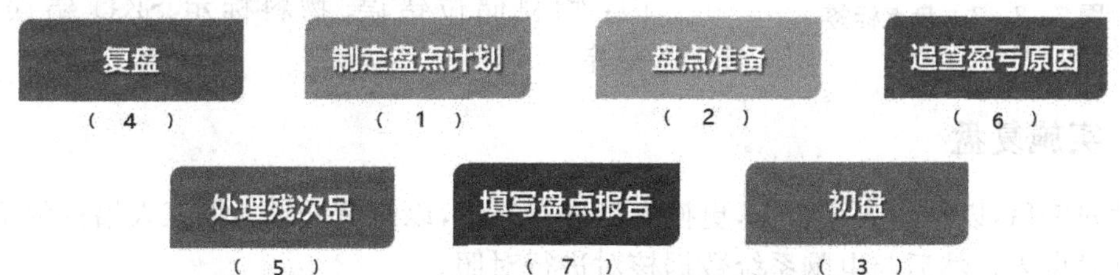

一、制定盘点计划

确定盘点时间、盘点人员、盘点范围、盘点方法、分配责任区，并制定分区盘点表（见表 7－3－1）。

表 7-3-1 **仓库盘点单**

卡号：盘点日期： 年 月 日

<table>
<tr><td colspan="2">品　　名</td><td colspan="2"></td><td colspan="2">规　　格</td><td colspan="2"></td></tr>
<tr><td colspan="2">编　　号</td><td colspan="2"></td><td colspan="2">单　　位</td><td colspan="2"></td></tr>
<tr><td colspan="2">存放位置</td><td colspan="6"></td></tr>
<tr><td colspan="2">账面数量</td><td></td><td>实盘数量</td><td></td><td>差　　异</td><td colspan="2"></td></tr>
<tr><td colspan="2">说　　明</td><td colspan="6"></td></tr>
<tr><td colspan="4">复盘人：</td><td colspan="4">盘点人：</td></tr>
</table>

二、盘点准备

清洁整理好仓库，整理好单据账本，账目结清，对特殊物品做好标识，通知各部门及人员盘点时间。

盘点前对已验收入库的商品进行整理归入储位，对未验收入库属于供货商的商品，应区分清楚，避免混淆；对残次品，应进行清理、归类放齐；对退货商品应及时处理，暂无法退货的应进行标识；对赠品，则进行清理并单独存放加以标识。

盘点区域关闭前，应提前通知，将需要出库配送商品提前做好准备。

三、实施初盘

两人一组按照分区盘点表逐一清点，不合格品分开存放，清点完后贴上标签(见图 7-3-3)。

初盘要求：

1. 只负责“盘点计划”中规定的区域内的初盘工作，其他区域在初盘过程中不予以负责。

2. 按储位先后顺序和先盘点零件盒内物料再盘点箱装物料的方式进行先后盘点，不能采用零件盒与箱装物料同时盘点的方法。

3. 所负责区域内的物料一定要全部盘点完成。

4. 初盘时需要重点注意一下盘点数据错误原因：物料储位错误、物料标示 SKU 错误、物料混装等。

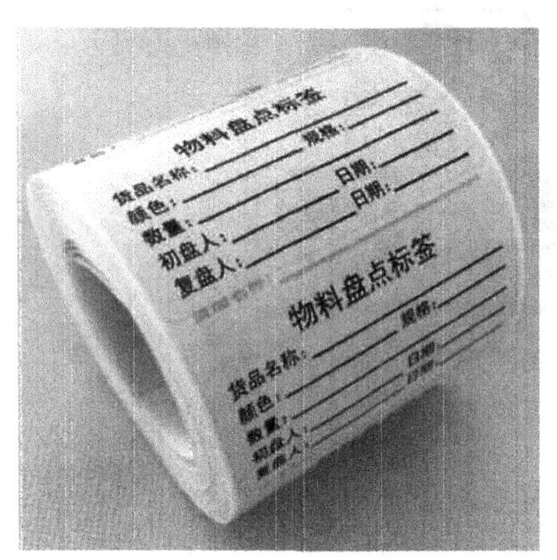

图 7-3-3 盘点标签

四、实施复盘

初盘完毕后，以初盘表为依据，更换人员进行复盘，以红笔记录。第三人稽查两组数据，无误后汇总盘点表。然后与电脑系统数据核对进行对照。

复盘要求：

1. 复盘人对“初盘盘点表”进行分析，快速做出盘点对策，按照先盘点差异大后盘点差异小、再抽查无差异物料的方法进行复盘工作；复盘可安排在初盘结束后进行，且可根据情况在复盘结束后再安排一次复盘。

2. 复盘时根据初盘的作业方法和流程对异常数据物料进行再一次点数盘点，如确定初盘盘点数量正确时，则“盘点表”的“复盘数量”不用填写数量；如确定初盘盘点数量错误时，则在“盘点表”的“复盘数量”填写正确数量。

3. 初盘所有差异数据都需要经过复盘盘点。

4. 复盘时需要重点查找以下错误原因：物料储位错误，物料标示 SKU 错误，物料混装等。

5. 复盘完成后，与初盘数据有差异的需要找初盘人予以当面核对，核对完成后，将正确的数量填写在“盘点表”的“复盘数量”栏，如以前已经填写，则予以修改。

6. 复盘时需要查核是否所有的箱装物料全部盘点完成及是否有做盘点标记。

五、处理残次品

确认残次品是否能退调并汇集商品，如不能则报损，计入盈亏。

六、追查盈亏原因

出现盈亏，均需查明原因，及时处理。

七、填制盘点分析报告

盘点负责人和财务人员在盘点结束后及时总结盘点全过程，填写有关盘点报告，出具书面盘点总结。

课后习题

1. 多选题：盘点的方法有(　　)。

A. 永续盘点法　　B. 循环盘点法

C. 重点盘点法　　D. 定期盘点法

2. 多选题：盘点的策略有(　　)。

A. 明盘　　B. 复盘　　C. 暗盘　　D. 询盘

3. 多选题：以下关于保税仓盘点目的描述正确的是(　　)。

A. 查清实际库存数量

B. 帮助企业计算资产损益

C. 发现仓库管理中发现的问题

D. 便于海关监管

4. 判断题：盘点就是核对库存数量。　(　　)

5. 判断题：执行盘点作业时，每个盘点区域只需一个人即可。　(　　)

6. 判断题：安装盘点机的必要条件就是数据管理系统要能将产品一览表的数据传进，并且也能接收盘点机上传过来的盘点数据。简单来说就是软硬件要互相配合才能以一种既省时又省力的方式完成整个盘点的作业。　(　　)

7. 判断题：第一次盘点时发现差异后，需进行复盘。　(　　)

8. 拓展题：仓库盘点的内容是什么？

学习评价

序　号	评　价　内　容	参　考　分　值	得　分
1	知晓保税区仓库盘点的目的	10	
2	知晓盘点的步骤	15	
3	知晓盘点的方法	15	
4	知晓盘点的策略	15	
5	认识盘点机	15	
6	能够积极参与任务实施	10	
7	能够积极参与小组讨论	10	
8	能够积极回答老师提问	10	
总　　分			

任务四　执行保税商品出库及退换货

任务导入

王梦：John 老师，昨天上架的商品已经有客户下单了，仓库收到订单后会直接发货吗?

John：保税仓的发货和普通仓库的发货流程略有不同，必须在海关监控下，执行出库。

任务实施 1

保税仓库出库不同于普通出库，根据目的地的不同分别有区内调拨、区间流转、二线出区、一线出境、退仓出库、直送出库和一日游出库 7 种出库类型。请完成以下连线题。

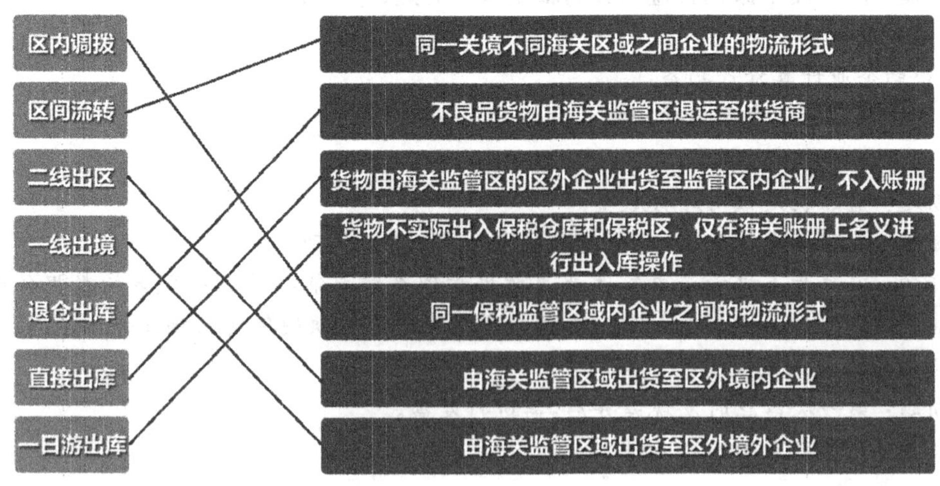

一、区内调拨

区内调拨是同一保税监管区域内企业之间的物流形式，分为分送集报调拨和逐笔报关调拨。分送集报表示分批送货、集中报关，这种方式一般适用于保税区、物流园区、出口加工区等特殊监管区域。海关对信用良好的企业的进出口业务，允许多次出入区域，然后在月底向海关做一次正式申报。分送集报区别于逐单申报(即逐笔报关)，采用逐单申报时每一单进出口都逐一向海关正式申报。这类情形适用于同一保税区之间不同保税企业间出现的原材料或半成品短缺，这种物流形式能够有效规避从区外境内的企业采购原材料的报关、进出境税收等成本，降低了保税去内企业的运行成本。

二、区间流转

区间流转是同一关境不同海关监管区域之间企业的物流形式，在海关特殊监管区域信息化系统的辅助下，向海关申请报关、调用监管车，并且海关监管货物运输车辆必须在海关监管运输路线运输货物。这类情形适用于同一海关监管区域内不同保税区之间出现的原材料或半成品短缺，区间流转能够协调不同保税区的原材料或半成品的需求，而不需要从区外的企业另行采购，有效地缩短了保税区内企业的生产时间，生产效率得到提高。

三、二线出区

由海关监管区域出货至区外境内企业，如某一企业生产制造的产品不需要复运出境，直接在保税区所在国境内销售，则该企业在完成报关等一系列程序后，将货物运出保税区的行为称为二线出区。

四、一线出境

由海关监管区域出货至区外境外企业。区外境外是指某一保税区所在国国境之外的海关监管区域。例如，美国某一企业在中国某一保税区内从事保税加工生产，其生产的产品需运输至美国地区销售，那么，这一批货物会复运出中国国境，也将运出其生产加工所在的保税区，达到美国的某一海关监管区域，此类情形称为一线出境。

五、退仓出库

不良品货物由海关监管区退运至供货商，分为分送集报退仓和逐笔报关退仓。集报退仓和逐笔退仓的含义与区内调拨中的集报调拨和逐笔报关调拨一致，都是指不同批量和时间点的不同退仓出库服务。

六、直接出库

货物由海关监管区的区外企业出货至监管区内企业，比如账册，分为分送集报调拨和逐笔报关调拨。

七、一日游出库

在不违背海关出关规定的前提下，准许货物不实际出入保税仓储企业的仓库和保税区，在保税仓储企业的海关账册上名义进行出入库操作。

任务实施 2

图 7－4－1 为一笔保税商品出库保税仓库时，各平台系统间的流程图，简述商品出库保税仓库的流程。

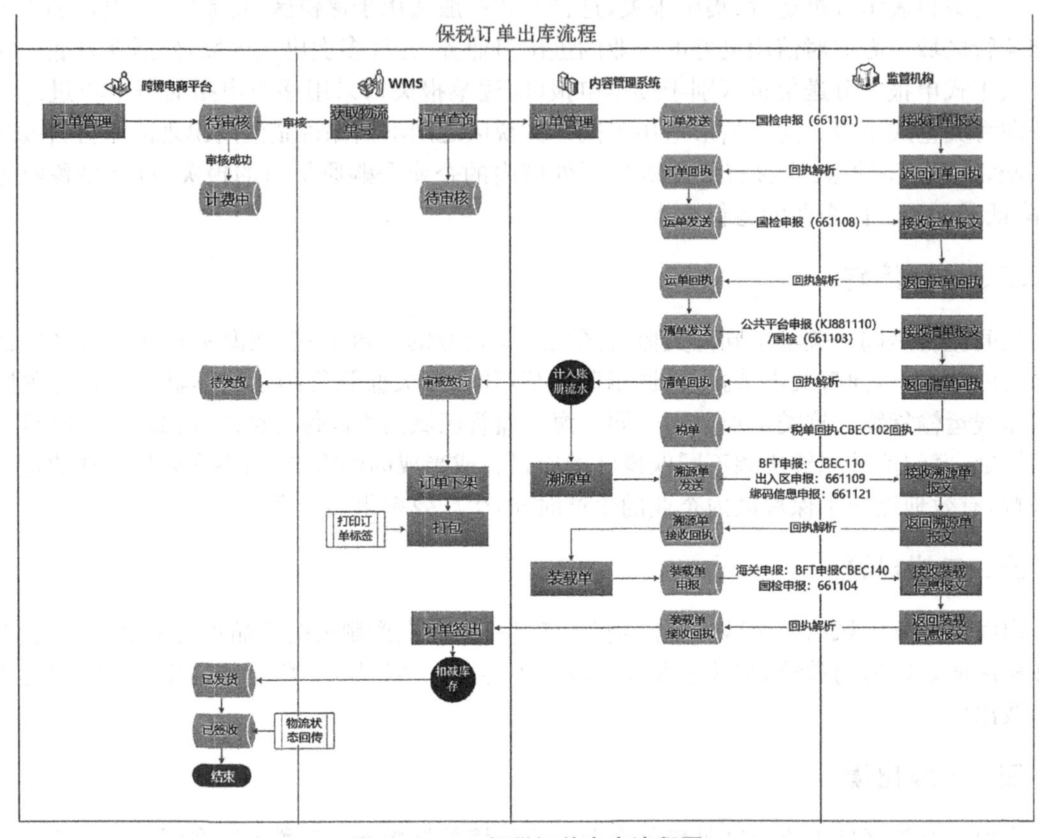

图 7－4－1 保税订单出库流程图

一、录入订单

根据跨境平台传来数据录入海关仓库管理系统生成《出库提货单》，进行报关(见图 7－4－2)。

产品出库单

编号： 年 月

型 号	品 名	数 量	包 装	备 注

提货人： 库管员：

注：本单一式两联，第一联仓库存根，第二联交营业部。

图 7－4－2 出库单

二、办理出库审批手续

填写《保税仓库出库审批表》，并随附《保税仓库货物出库核销单》等有关单证向主管海关申请办出库审批手续。

三、海关审核

1. 海关接到申请后，对递交有关单证的齐全性、真实性、有效性进行审核。
2. 海关审核后，同意出库的，在出库报关单上签注姓名、日期，并加盖海关验讫章。

四、海关查验

带齐单证到现场查验部门办理查验手续。查验货物时，必须按照海关要求搬移货物，开拆和重封货物的包装，并如实回答查验人员的询问以及提供必要的资料。查验完毕后，在《查验记录单》上签名确认。

五、出库核准

办理通关手续后，保税仓库货物应在 10 日内实际出库，并将出库情况在《保税仓库出库核准单》上如实登记，交海关核准。

小贴士：保税仓库正品保证

1. 商家要入驻跨境试点，要在保税区注册企业，必须先向海关申请试点资质，海关审批通过后才能入驻。

2. 商家所有的销售数据必须通过试点服务平台向监管单位申报，试点平台有所有的数据：企业备案、商品备案、店铺备案、订单数据、消费者数据等。

3. 货物进入保税港区保税仓库要报关报检，商检介入(图 7－4－3 为天猫国际宁波保税仓实景)。

图 7－4－3　天猫国际宁波保税仓

4. 货物到岸以后，在销售出去之前，商家是完全接触不到货物的，保税仓库全流程处于监管范围内。

5. 如果出现假货，那么商品追回体系会立即启动，追责到人。

任务实施 3

分组讨论跨境进口商品大都不支持“7 天无理由退换货”的理由(见图 7－4－4)。

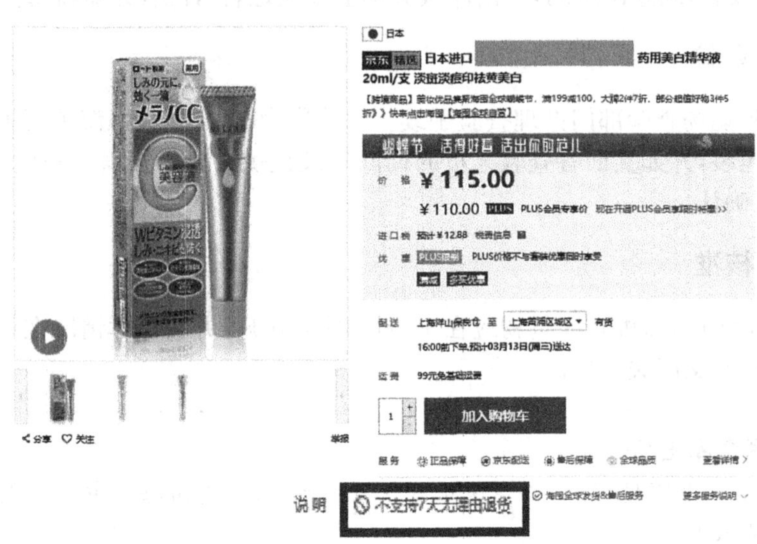

图 7－4－4 跨境电商平台不支持 7 天无理由退货

由于库存与市场均在国内，商品从保税仓出库后，与海关对接资金、信息、物流信息，然后计税放货。如果退货，涉及的问题是返回货物重新入仓及税收返还问题。

根据最新政策，针对保税模式，海关与电商间的结算周期为 15—30 天，消费者在 7 天无理由退货期限内退货，一般均可在 15 天内完成退换货。此时海关与电商之间并未结算，消费者缴纳的商品关税还没有进入海关流程，因此退货不涉及退税问题，一定程度上降低了退货对跨境电商的影响。

以京东全球购为例，跨境电商平台的退换货原则一般如下：

1. 当订单状态为未支付时

在平台“我的订单”页面操作栏中点击取消，即可取消订单(见 7－4－5)。

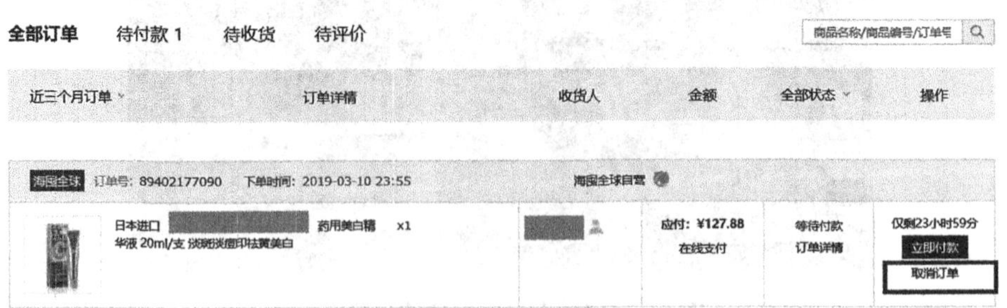

图 7－4－5 未付款订单

2. 当订单状态为支付成功

因涉及跨境订单推送，订单相关信息将直接被推送至海关系统进行报关审核，故无法修改订单，且仅当清关失败时，订单方可取消，清关中、清关成功订单均不支持取消。

3. 当商品已配送

不支持拒收。若买家未经商家同意强行拒收，一旦退运过程中出现丢件、破损等问题，损失需要买家自行承担。

4. 收到商品后

在收到商品后的 7 天内可提交退货申请，退货时，需确保：

◇ 商品完好，生产厂商原包装完整，相关附(配)件齐全；

◇ 商品及相关附(配)件表面无划痕、无磨(破)损、无磕碰、无使用、无拆卸等痕迹；

◇ 标签或其他防伪措施未刮开、撕损、修改及改动(若有)；

◇ 赠品无遗失、破损。

课后习题

1. 单选题：跨境平台传来数据录入海关仓库管理系统生成(　　)。

A. 电商订单　　B. 出库提货单

C. 报关单　　D. 库存清单

2. 单选题：办理通关手续后，保税仓库货物应在(　　)日内实际出库。

A. 5　　B. 10　　C. 15　　D. 20

3. 单选题：京东全球购中，下订单状态为(　　)时，可以取消订单。

A. 未支付　　B. 已支付

C. 已发货　　D. 已完成

4. 单选题：京东全球购中，收到商品后的(　　)天内可提交退货申请。

A. 5　　B. 7　　C. 10　　D. 3

5. 多选题：海关接到出库申请后，对递交有关单证的(　　)进行审核。

A. 齐全性　　B. 真实性

C. 有效性　　D. 复杂性

6. 多选题：京东全球购中，退货时，需注意(　　)。

A. 商品完好，生产厂商原包装完整，相关附(配)件齐全

B. 商品及相关附(配)件表面无划痕、无磨(破)损、无磕碰、无使用、无拆卸等痕迹

C. 标签或其他防伪措施未刮开、撕损、修改及改动(若有)

D. 赠品无遗失、破损

7. 判断题：保税模式下退货，涉及的问题是返回货物重新入仓及税收返还问题。　(　　)

8. 判断题：商家要入驻跨境试点，要在保税区注册企业，必须先向海关申请试点资质，海关审批通过后才能入驻。　(　　)

9. 判断题：保税仓的货物到岸以后，在销售出去之前，商家是可以接触到货物的，但是保税仓库全程处于监管范围内，所以商家不可能作假。　(　　)

10. 判断题：商家所有的销售数据必须通过试点服务平台向监管单位申报，试点平台有所有的数据。　(　　)

学习评价

序　号	评　价　内　容	参　考　分　值	得　分
1	区分保税仓出库类型	15	
2	知晓保税仓出库流程	15	
3	了解保税仓的质量保障	10	
4	知晓京东全球购退换货规则	15	
5	跨境电商进口退货涉及的问题	15	
6	能够积极参与任务实施	10	
7	能够积极参与小组讨论	10	
8	能够积极回答老师提问	10	
总　分			

习题答案

第一部分　跨境电商物流准备篇

项目一　初识跨境电商物流行业

任务一　区分跨境电商与国际物流

1. B　2. ABCE　3. ABCD　4. ACD　5. AB　6. √　7. ×　8. √

9. 跨境电商之中，企业与消费者合约践行的基础就在于非虚拟性的国际物流，而影响消费者消费体验的因素也在于物流的效率及成本；因此跨境电商不仅为国际物流的发展提供市场机遇，更为其发展带来挑战；因此，国际物流发展水平的高低也成为跨境电商供应链融合及跨境电商供应链企业获得经营效益的关键因素。

10. (1) 运营模式对物流的敏捷性和柔性要求不同　(2) 物流功能性的附加价值不同　(3) 点面服务范围不同　(4) 服务的主动性不同　(5) IT 系统化、信息智能化重视程度不同

任务二　认识跨境电商物流网络

1. B　2. A　3. ABC　4. ABC　5. BCD　6. ×　7. √　8. ×

9. Base port　基本港
Bonded Warehouse　保税仓库
Free Trade Zone　保税区
Export Processing Zone　出口加工区
WCO　世界海关组织

10. 中国(上海)自由贸易试验区属于 FTZ。

举例 FTZ：中国(广东)自由贸易试验区、中国(天津)自由贸易试验区、中国(福建)自由贸易试验区。举例 FTA：东南亚国家联盟(Association of Southeast Asian Nations，简称：东盟)、中国和澳大利亚签署自由贸易协定，2008 年 4 月 7 日与新西兰协定签署自由贸易协定，是我国与发达国家签署的第一个自由贸易协定。

任务三　初识海关报关报检

1. C　2. C　3. ABCD　4. BCD　5. ABCD　6. AB　7. ×　8. √　9. √　10. √

项目二　认识跨境电商平台

任务一　认识跨境电商进口平台

1. 蜜芽　　网易　　京东　　小红书　　天猫　　亚马逊　　洋码头

2. B　3. A　4. D　5. C,D　6. ABCD　7. √　8. ×　9. √

10. 该平台属于线上线下融合模式,该平台突破了传统海产流通模式,利用"互联网+传统海产贸易"的优势,充分发挥现有的线下业务资源拓展线上业务。

与其他跨境电商平台相比,它有以下特点:B2B模式,只针对企业级客户、批发客户;自有实体经营中心、仓储系统,覆盖全国网络;服务体系相对完善,以客户为中心,提供增值服务;产品线丰富,活鲜、冻品、加工品兼具优势。

任务二　认识跨境电商出口平台

1. D　2. A　3. B　4. ABD　5. ABC　6. ABCD　7. ×　8. √　9. √　10. ×

项目三　认识跨境电商物流

任务一　认识"一带一路"

1. A　2. C　3. C　4. D　5. A　6. ABC　7. BD　8. ABCD　9. √　10. ×

任务二　了解跨境运输方式

1. C　2. C　3. A　4. D　5. ABC　6. √　7. √　8. ×　9. ×

10. 服饰类物品受季节和潮流影响较大,海运快则40天,慢则60天,很可能物品运到的时候,物品已经过季,而空运通常在2周内都能到仓上架销售。但需要注意的是,类似礼服等偏重且季节性不强的服饰,结合数量和运费成本的原因,也是可以考虑海运的。

第二部分　跨境电商物流出口篇

项目四　跨境电商直邮出口操作

任务一　选择物流方式

1. C　2. A　3. A　4. D　5. B　6. √　7. ×　8. ×　9. √　10. ×

任务二　选择包装材料

1. D　2. C　3. ABCD　4. ACD　5. √　6. ×　7. √　8. √　9. ×　10. 略

任务三　填制跨境物流面单

1. C　2. A　3. B　4. ABCD　5. √　6. √　7. ×　8. ×　9. ×　10.

1.From		**4.Express Package Service** ■FedEx Intl. Priority □FedEx Intl.First □__________ □FedEx Intl.Economy FedEx Envelope and FedEx Pak rate not available.
DATE 18/04/04 Shipper's Name HEJING	Sender's FedEx Account Number Phone 0571-5345073	
Company		**5.Packaging** □FedEx Envelope □FedEx Pak ■FedEx Box □FedEx Tube □Other____ □FedEx 10kg Box □FedEx 25kg Box
Address NO. 228 JINGZHOU ROAD, HANGZHOU CITY		**7.Special Handing** □HOLD at FedEx Location ■SATURDAY Delivery
City HANGZHOU	Province ZHEJIANG	**7a Payment Bill transportation charges to:** □Sender Acct.No.in Section 1 will be billed. □Recipient □Third Party ■Credit Card □Cash Check Cheque FedEx Acct.No.__________ Credit Card No. 6214-8888-1078-0053 Credit Card Exp.Date__________
Country CHINA	Post Code 310036	**7b Payment Bill duties and taxes to:** ■Sender Acct.No.in Section 1 will be billed. □Recipient □Third Party FedEx Acct.No.__________
2.To		**8.Your Internal Billing Reference** __________
Recipient's Name SEVEN WU	Phone 03-3263-0695	**10.Required Signature** Use of this Air waybill constitutes your agreement to the Conditions of Contract on the back of this Air waybill, and your represent that this shipment does not require a U.S.State Department License or contain dangerous goods.Certain international treaties, including the Warsaw Convention, may apply to this shipment and limit our liability for damage, loss, or delay, as described in the Conditions of Contract. **WARNING:** These Commodities, technology, or software were exported from the United States in accordance with Export Administration Regulations.Diversion contrary to U.S.law prohibited. **Sender's Signature:** __________ This is not authorization to deliver this shipment without a recipient signature.
Company		
Address PORT SOUTH CASTLE PEAK, TOYKO, JAPAN		
City TOKYO	Province TOKYO或 空白	
Country JAPAN	Post Code 10031	
3.Shipment information Total packages 1 Total weight 0.5 □ts ■kg DIM 30 L 20 W 10 H □ft ■cm		

Commodity Description **DETAIL REQUIRED**	Harmonized Code	Country of Manufacture	Value for Customs **DETAIL REQUIRED**
TEA	0902301000	CHINA	USD35.00

任务四 计算跨境物流运费

1. D 2. B 3. C 4. √ 5. × 6. × 7. √

8. (1) 可以用e邮宝投寄。(2) 运费=(17+55×0.5)×0.9=40.05(元)。

9. (1) 可以用中邮大包投寄。

(2) 按首重1 kg,续重1.5 kg算,中邮大包运费=(240.2+122.5×1.5)×0.8+8=347.16(元)。

10. 体积重0.57 kg,实际重量0.3 kg,计费重量为1 kg;新加坡Zone 4;本订单运费为人民币399元。

项目五 跨境电商海外仓出口操作

任务一 认识海外仓模式

1. B 2. C 3. C 4. ABD 5. ABCD 6. BCD 7. × 8. √ 9. √

10. (1) 德国经济发达,是我国出口商品的重要市场;德国地处欧洲中部,地理位置优越,是中欧班列的重要枢纽，交通网络发达，便于货物迅速运往欧洲各国。

(2) 西欧经济发达，地价高，建仓成本高；西欧面积小，水陆交通便利(欧洲市场范围较小)，重复建设海外仓容易造成资源浪费。

任务二 分析海外仓选品

1. A 2. A 3. C 4. 根据 Top 10 可以看到，该市场大卖家均来自中国，所以该品类跨境交易竞争非常激烈，低价位的 blouse 基本被中国卖家垄断，新卖家不建议以此作为海外仓选品，较难突破重围，易造成滞销。 5. 略

任务三 执行海外仓仓储管理

1. D 2. A 3. ABCD 4. ABC 5. BD 6. × 7. × 8. √ 9. 打印拣货单，贴出货标签，分渠道放入出货篮子 10. 卸货→质检→实物上架→记录库位→系统确认上架

任务四 计算海外仓头程费用

1. D 2. A 3. A 4. AB 5. BCD 6. BD 7. × 8. √

9. 体积重 41×33×20/6 000=4.51 kg≈5 kg，小于实际重量 5.3 kg≈5.5 kg，故计费重量为 5.5 kg。

运费 5.5×52.81=290.46 元，低于最小运费 320 元，所以此票货物的航空运费应为 CNY320.00。

头程费用=320+230+3×5.5=566.50 元。

10. 尺码吨=120×0.4×0.4×0.6=11.52CBM，重量吨=120×2.3=312 kg=0.312 吨，所以取尺码吨，对应运价 1 300 元/CBM，运费=11.52×1 300=14 976 元，平摊每顶帽子=14 976/120/50=2.50 元。

任务五 核算海外仓税金

1. A 2. B 3. D 4. C 5. ABCD 6. × 7. × 8. √

9. VAT=[100 000/6−(60 000+3 000+60 000×10%)×20%]×10.822 1=31 023.35 元

10. VAT=[1 800 000/6−(1 000 000+120 000+1 000 000×11.5%)×20%]×0.108 6=5 755.8 元

任务六 认识亚马逊 FBA

1. A 2. C 3. ACD 4. ABCD 5. ACD 6. × 7. × 8. √ 9. × 10. (3)(5)(1)(2)(4)

任务七 核算亚马逊 FBA 费用

1. D 2. A 3. ABCD 4. ABC 5. × 6. × 7. ×

8. 12 cm=(4.72)in；19 in=(4.83)dm；250 g=(0.55)lb=(8.82)oz；340oz=(9.64)kg

9. 第一步，尺寸换算：49.21×39.37×1.57 in，2.87 lb

第二步，归属“大超标准尺寸”，其中“长边+底面周长”是以最长边为高，另两边组成的平面为底面，即(39.37+1.57)×2+49.21=131.09 in

大超标准尺寸	108 in	N/A	N/A	165 in	150 lb

第三步，对应表 5-7-4，婴儿床属于“USD69.50+USD0.76/磅(超出 90 磅的部分)”

所以该笔订单 FBA 配送费为 USD69.50。

10. USD19.98

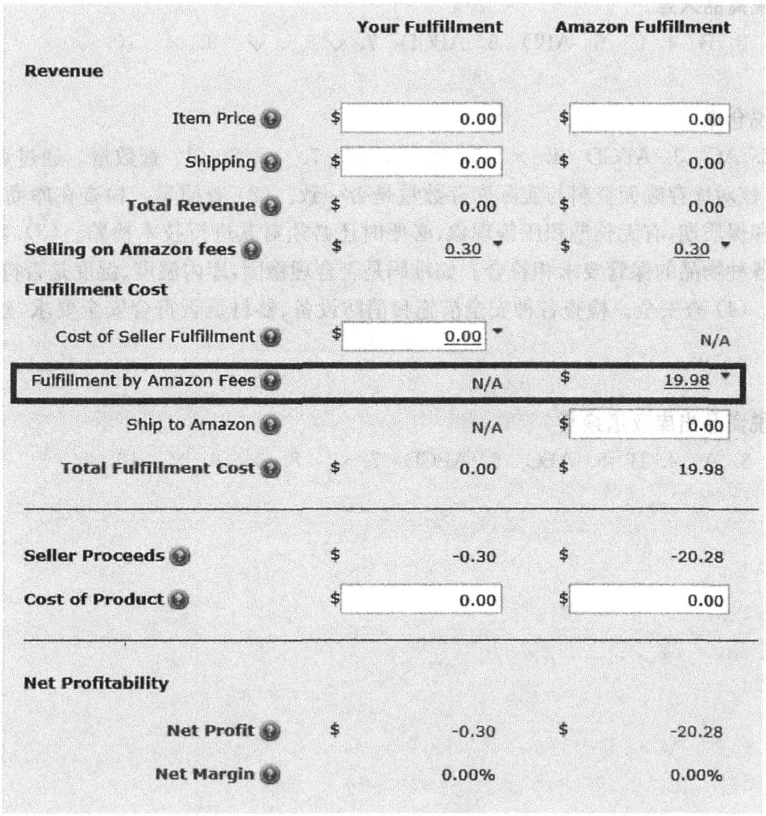

	Your Fulfillment	Amazon Fulfillment
Revenue		
Item Price	$ 0.00	$ 0.00
Shipping	$ 0.00	$ 0.00
Total Revenue	$ 0.00	$ 0.00
Selling on Amazon fees	$ 0.30	$ 0.30
Fulfillment Cost		
Cost of Seller Fulfillment	$ 0.00	N/A
Fulfillment by Amazon Fees	N/A	$ 19.98
Ship to Amazon	N/A	$ 0.00
Total Fulfillment Cost	$ 0.00	$ 19.98
Seller Proceeds	$ -0.30	$ -20.28
Cost of Product	$ 0.00	$ 0.00
Net Profitability		
Net Profit	$ -0.30	$ -20.28
Net Margin	0.00%	0.00%

第三部分　跨境电商物流进口篇

项目六　跨境电商直邮进口操作

任务一　区分个人代购与海淘

1. A　2. C　3. ABCD　4. ABCD　5. ×　6. ×　7. √　8. √

任务二　了解直邮进口模式

1. D　2. A　3. C　4. AC　5. BCD　6. √　7. ×　8. 略

任务三　计算跨境电商综合税

1. A　2. B　3. ABC　4. ×　5. √　P　6. 120×3×13%×70%=32.76 元

项目七　跨境电商保税进口操作

任务一　认识上海自由贸易区

1. C　2. C　3. D　4. B　5. ABD　6. BCD　7. √　8. ×　9. 宁波、郑州、上海、重庆、杭州、广州、深圳、天津、合肥、成都、大连、青岛、苏州　10. 四区：上海市外高桥保税区、外高桥保税物流园区、洋山保税港区和上海浦东机场综合保税区。三港：外高桥港、洋山港、浦东空港等三个枢纽港。

任务二　执行保税商品入库

1. A　2. D　3. B　4. C　5. ABD　6. ABCD　7. √　8. √　9. ×　10. √

任务三　盘点保税仓库

1. ABCD　2. AC　3. ABCD　4. ×　5. ×　6. √　7. √　8. (1) 查数量。通过点数计数查明在库物品的实际数量，核对库存账面资料与实际库存数量是否一致。(2) 查质量。检查在库商品质量有无变化，有无超过有效期和保质期，有无长期积压等现象，必要时还必须对其进行技术检验。(3) 查保管条件。检查保管条件是否与各种物品的保管要求相符合。如堆码是否合理稳固，库内温度、湿度是否符合要求，各类计量器具是否准确等。(4) 查安全。检查各种安全措施和消防设备、器材是否符合安全要求，建筑物和设备是否处于安全状态。

任务四　执行保税商品出库及退换货

1. B　2. B　3. A　4. B　5. ABC　6. ABCD　7. √　8. √　9. ×　10. √